Hamburger Edition

Isabel Feichtner

Bodenschätze

Über Verwertung und Vergesellschaftung

Hamburger Edition

Hamburger Edition HIS Verlagsges. mbH
Verlag des Hamburger Instituts für Sozialforschung
Mittelweg 36
20148 Hamburg
verlag@hamburger-edition.de
www.hamburger-edition.de

Gestaltung: Lisa Neuhalfen, Berlin
Satz aus der Alegreya Serif und Sans
Druck und Bindung: CPI books GmbH, Leck
ISBN 978-3-86854-393-3
2. Auflage Juli 2025

Inhalt

Einleitung

> Der Mensch steht nicht im Mittelpunkt einer »Wohnungsfrage«, eher die Bewohnbarkeit im Mittelpunkt der menschlichen Existenz.
>
> *Frederic Hanusch, Claus Leggewie und Erik Meyer*[1]

In Berlin setzen sich Stadtbewohnerinnen dafür ein, dass Artikel 15, eine fast vergessene Vorschrift des Grundgesetzes, genutzt wird, um Privateigentum an Boden und Wohnimmobilien großer Unternehmen in Gemeineigentum zu überführen. Als der Berliner Senat nach dem erfolgreichen, von der Kampagne »Deutsche Wohnen & Co. enteignen« initiierten Referendum und auch nach Veröffentlichung des Berichts der von ihm selbst eingesetzten Expertenkommission die Vergesellschaftung weiter blockierte, haben die Stadtbewohnerinnen die Vergesellschaftung selbst in die Hand genommen. Heute arbeiten sie zusammen mit Rechtsanwälten an Gesetzesentwürfen für den Eigentumstransfer und für die Verwaltung des vergesellschafteten Wohnungsbestands als Gemeingut. Doch nicht nur Stadtbewohnerinnen kämpfen gegen privatnützige Verwertung. In Kingston auf Jamaika fordern Ozeanbewohnerinnen in der Internationalen Meeresbodenbehörde einen Stopp des Tiefseebergbaus und Teilhabe an der Gestaltung des Meeresbodenregimes. Beide Anliegen sind miteinander verknüpft. Sowohl in der Stadt als auch auf dem Meeresgrund erfolgt die Verwertung mittels rechtlicher und technischer Infrastrukturen, die Privateigentum begründen und Ozean- wie Stadtboden in Kapitalanlagen transformieren. Die Wohnungskrise in Berlin ist Teil der planetaren Krise der Bewohnbarkeit, die die Ozeanbewohnerinnen mit steigenden Meeresspiegeln und verheerenden Stürmen schon heute als Verwüstung ihres Zuhauses erleben.

In Berlin und in Kingston wird nicht nur gegen Verwertung, Vertreibung und Zerstörung des Gemeinsamen protestiert. Die

1 Hanusch/Leggewie/Meyer, *Planetar denken*, S. 122.

Initiativen der Bewohnerinnen zeichnen sich auch durch eine intensive Arbeit mit dem Recht aus. Sie mobilisieren das Recht für Transformation und transformieren zugleich das Recht selbst. Dabei sind sie nicht naiv. Die Stadtbewohnerinnen erfahren am eigenen Leib die Macht des Rechts, wenn sie ihre Wohnungen verlieren und aus ihren Stadtvierteln verdrängt werden. Die Ozeanbewohnerinnen leben bis heute mit den Folgen der gewaltvollen Kolonisierung ihres Landes (zu dem sie auch den Ozean zählen), die durch Recht ermöglicht und legitimiert wurde.

Recht ist tief in die Zerstörung des Gemeinsamen verstrickt. Aus dieser Erkenntnis ergeben sich drei Dimensionen der transformativen Mobilisierung des Rechts, die sich in den Aktivitäten der Stadt- und Ozeanbewohnerinnen zeigen: Sie setzen dem Recht der Verwertung ein Gegenrecht entgegen. Indigene Aktivisten tragen ihr Gegenrecht der Beziehungswahrung zu Land, Ozean, Vor- und Nachfahren sowie nichtmenschlicher Mitwelt nach Kingston und singen es in der Meeresbodenbehörde. In Berlin rufen die Aktivistinnen von »Deutsche Wohnen & Co. enteignen« nicht zur Sprengung von Pipelines oder Unternehmenszentralen auf. Sie wollen vielmehr Infrastrukturen der Verwertung abbauen und Privateigentum an Boden und Wohnungen in den Portfolios großer Unternehmen in Gemeineigentum transformieren. »Blow up law«: So könnte die Voraussetzung für die gemeinsame Verwaltung von Boden und Wohnungen als Gemeingut geschaffen werden.

Neben der Aktivierung von Gegenrechten steht die mühselige Arbeit mit und am Recht der Verwertung, der sich so viele Bewohnerinnen, Aktivisten und vermehrt auch Wissenschaftlerinnen widmen. Sie erarbeiten und teilen Wissen über die Wirkungsweise des Rechts in seinem gesellschaftlichen Kontext, sie identifizieren Anschlussstellen für Interpretationen und Auslegungen zum Schutz und der Wiederaneignung des Gemeinsamen. »Staying with the trouble«: So könnte, einen Buchtitel Donna Haraways aufgreifend, das Motto dieser Anstrengungen lauten, mit denen sich Aktivistinnen das Recht aneignen, es demokratisieren und vergesellschaften.

Und schließlich wird in den Ruinen des Kapitalismus auch Neues gebaut. In Abrisslücken, auf Brachen und in leerstehenden Kaufhäusern entstehen Gärten, Bauernhöfe und Gemeinschaftszentren. Hier werden die angestrebten lebendigen, generativen und verbindenden Beziehungsweisen erprobt. Eine auf Bewohnbarkeit ausgerichtete Welt wird dort schon erfahrbar. Es entstehen Commons. Der Begriff bezeichnet hier nicht nur die gemeinsam genutzten und geschaffenen Dinge, die Häuser, Gärten, Beete. Commons ist der Name für das Beziehungssystem, in dem die Nutzerinnen durch die Nutzung Teil einer Gemeinschaft werden und der genutzte Gegenstand zum Gemeingut wird. Diese Commons sind weder an die Eigenschaften von Objekten noch an die Identität von Subjekten gebunden. Und auch hier wird mit Recht gearbeitet. »Hacking the law«: So bezeichnen Commons-Aktivisten schon seit einiger Zeit den subversiven Gebrauch von rechtlichen Instrumenten und Organisationsformen für Zwecke, für die sie ursprünglich nicht gedacht waren. Ein häufig genanntes Beispiel ist die Nutzung der Gesellschaftsform der GmbH durch das Mietshäuser Syndikat, um Boden dauerhaft dem Markt zu entziehen.

Ich stelle in diesem Buch den Boden ins Zentrum, weil sich an unserem Umgang damit die Zukunft der Bewohnbarkeit entscheidet. Weltweit holen soziale Bewegungen heute die sozialökologischen Debatten zurück auf den Boden. »Deutsche Wohnen & Co. enteignen« und die Ozeanbewohnerinnen gegen Tiefseebergbau sind nur zwei davon. Die Vergesellschaftung von Boden und Wohnimmobilien und die Stärkung von Commons könnten Wege weisen, wie Menschen wieder terrestrisch werden, Ressourcenkreisläufe schließen und Versorgungsweisen so gestalten können, dass sie nicht auf Kosten anderer Lebewesen und Gemeinschaften gehen. Zugleich kann die Auseinandersetzung mit Commons und Vergesellschaftung zu einer wichtigen

Neubestimmung von Freiheit und Demokratie führen, die Alternativen zum Autoritarismus eröffnet. Dieses Buch ist das vorläufige Ergebnis einer langen Suche nach Antworten: auf die Frage nach der Verantwortung von Recht und von Juristinnen für Vertreibung, Verdrängung und die Zerstörung von Bewohnbarkeit; auf die Frage nach den Möglichkeiten verantwortungsvoller, kooperativer und transdisziplinärer Zusammenarbeit zwischen Wissenschaft und gesellschaftlichen Akteuren außerhalb der Universität. Es ist der Versuch, mich selbst als Rechtswissenschaftlerin zu verorten; der Versuch, eine Debatte mit meinen Kolleginnen und Studierenden anzustoßen, wie wir künftig an Recht für und als Commons arbeiten; aber auch der Versuch, Nichtjuristinnen die Bedeutung des Rechts in gesellschaftlichen Transformationsprozessen verständlich zu machen.

Viele Orte, Projekte, Menschen und Begegnungen waren auf dieser Suche und für dieses Buch von Bedeutung. Von Frühjahr 2022 bis Sommer 2023 war ich Mitglied der Expertenkommission zum Berliner Volksentscheid über Vergesellschaftung, die sich vor allem mit der Vereinbarkeit der Vergesellschaftung von Wohnimmobilien mit dem Grundgesetz und der Berliner Verfassung beschäftigte und auf deren Arbeit ich in diesem Buch an einigen Stellen verweise.

Teil I Aneignung, Beherrschung und Verteilung

> Von außen, aus dem All betrachtet, ist die zerbrechliche, nur wenige Kilometer dünne Oberfläche der kritischen Zone kaum sichtbar. Sie ist nicht mehr als ein Firnis, eine dünne Schicht, ein Film, ein Biofilm. Und dennoch: Solange wir noch keine anderen Welten entdeckt und Kontakt zu ihnen aufgenommen haben, ist sie für uns der einzige Ort, auf dem es jemals Leben gab. Sie bildet die Gesamtheit unserer begrenzten Welt, die wir uns als Haut vorstellen müssen: die Haut der Erde – verletzlich, komplex, kitzlig, reaktiv. Sie ist unser aller Lebensraum – für Einzeller, Pflanzen, Insekten, Tiere oder Menschen.
>
> *Bruno Latour*[2]

In Deutschland werden jeden Tag durchschnittlich 56 Hektar Land in Verkehrs- und Siedlungsfläche umgewidmet und circa 45 Prozent davon versiegelt.[3] Die Größe der umgewidmeten Fläche entspricht jährlich 13.000 Fußballfeldern. Vor ein paar Jahren traf dieses Schicksal auch die Wiese neben meinem Elternhaus. Das Haus steht am Waldrand, keine 100 Meter entfernt erstreckten sich Acker- und Wiesenflächen bis zu einem kleinen Bach. Im Sommer wuchsen auf der Wiese viele unterschiedliche Blumen, im Herbst war sie mit Maulwurfshügeln übersät, im Winter trafen sich dort die Kinder aus der Nachbarschaft zum Schlittenfahren. Zuerst wurden Straßen gebaut und Leitungen verlegt. Inzwischen stehen gut zwei Dutzend neue Häuser und die Bauarbeiten gehen weiter. Wie meine Eltern vor 45 Jahren, wollen sich auch heute Familien in dem Dorf nahe einer deutschen Kleinstadt den Traum von einem Einfamilienhaus erfüllen. Diesem Wunsch müssen nicht nur Wiesen, Äcker, Apfelbäume, sondern auch die Bewohnerinnen des Bodens weichen. Im versiegelten Boden be-

2 Latour, »Über Critical Zones«, https://zkm.de/de/bruno-latour-ueber-critical-zones [30. 9. 2024].

3 UBA, »Bodenversiegelung«, https://www.umweltbundesamt.de/daten/flaeche-boden-land-oekosysteme/boden/bodenversiegelung#was-ist-bodenversiegelung [30. 9. 2024].

kommen sie weder Luft noch Nahrung. Wasser kann nicht mehr versickern, Gase können nicht mehr zwischen Boden und Atmosphäre ausgetauscht werden.

Der Boden fällt nicht nur Haus-, Straßen- und Fabrikbau zum Opfer. Böden werden abgegraben, um Rohstoffe für Warenproduktion und Energieversorgung zu fördern; sie werden durch Land- und Forstwirtschaft verdichtet, ausgelaugt, teilweise auch vergiftet und dadurch ihrer Funktionen als Lebensraum, Kohlendioxid- und Wasserspeicher enthoben. Nach dem Dashboard des EU Soil Observatory (EUSO), das die Bodengesundheit anhand verschiedener Kriterien, darunter Bodenversiegelung, -erosion und -verschmutzung, beurteilt, sind derzeit 62 Prozent der Böden in der Europäischen Union ungesund.[4] Im Braunkohleabbaugebiet Garzweiler werden durch den Tagebau 12.000 Jahre alte Lössböden zerstört, eine beliebte Heimat der vom Aussterben bedrohten Hamster. In der Magdeburger Börde sollten Schwarzerdeböden für den Bau einer Chipfabrik versiegelt werden.[5] Schwarzerden gelten als die ertragfähigsten Böden und bekommen daher 100 von 100 Punkten in der Bodenbewertung.[6] In Magdeburg gab es Pläne, vor Baubeginn zunächst die oberste Erdschicht abzutragen, um den guten Humus an anderen Orten zur Verbesserung weniger fruchtbarer Böden einzusetzen. Doch während sich Erde in Säcke füllen und transportieren lässt, kann man Boden nicht versetzen. Böden bestehen aus unterschiedlichen Sedimentschichten mit diversen Funktionen. Sie sind lebendige Öko-

4 European Soil Data Centre (ESDAC), »EUSO Soil Degradation Dashboard«, https://esdac.jrc.ec.europa.eu/esdacviewer/euso-dashboard/ [21. 11. 2024]; weitere Informationen zur Bedeutung und Gefährdung von Böden: Heinrich-Böll-Stiftung u.a., *Bodenatlas 2024*; Grefe/Busse, *Der Grund*.

5 Inzwischen kam es zu einem vorläufigen Baustopp der Intel-Halbleiterwerke.

6 Bundesverband Boden e. V., Glossar, https://www.bodenwelten.de/lexicon/glossar#Bodenschtzung [30. 9. 2024].

systeme, ja Ökosozialsysteme, denn auch menschliche Bodenbewohnerinnen stehen in vielfältiger Beziehung zum Boden.[7]

Nicht nur an Land gibt es viele verschiedene Arten von Böden, sondern auch unter Wasser. Der Meeresgrund gleicht nicht der Bodenplatte eines Aquariums. Wie der Boden an Land weist der Meeresboden vielfältige geologische Formationen auf und die Bewohnerinnen und ihre Interaktionen mit den Meeresbodensedimenten variieren von Gebiet zu Gebiet. Böden an Land wie die Böden unter Wasser sind noch sehr wenig erforscht und unsere Bodenmitbewohnerinnen sind uns weitgehend unbekannt.[8] Doch sie sind überlebenswichtig. Sie sind Teil des Bereichs, den Geowissenschaftlerinnen als »kritische Zone« bezeichnen und die Bruno Latour als die verletzliche, kitzlige und reaktive Haut der Erde beschreibt. Die fortschreitende Beeinträchtigung von Böden durch Erosion, Verwüstung, Versiegelung und Rohstoffförderung verletzt auch diese dünne Haut, die begrenzte Welt, in der Leben auf dem Planeten Erde möglich ist.

Es gibt viele politische Bekenntnisse und rechtlich verbindliche Verpflichtungen zur Bewahrung von Biodiversität und Bodengesundheit.[9] Doch, während die Aufmerksamkeit für Böden als Ökosozialsysteme und auch ihr Schutz zunehmen, behandelt das Recht den Boden weiterhin als eine Sache, an der Privat-

7 So soll auch der Begriff der »sozialen Natur« ausdrücken, dass menschliche Aktivitäten und die Natur untrennbar miteinander verbunden sind: Burke u.a., »Planet Politics«.

8 An der Universität Bremen erforscht das Excellenzcluster »Der Ozeanboden – unerforschte Schnittstelle der Erde« die Beschaffenheit des Meeresbodens.

9 Ginzky, »Soil Governance at the International, Regional and National Level«; Europäische Kommission, »EU-Bodenstrategie für 2030«, https://eur-lex.europa.eu/legal-content/DE/TXT/PDF/?uri=CELEX:52021DC0699 [3.10.2024]; im Rahmen des UN-Übereinkommens zur Bekämpfung der Wüstenbildung wird seit 2011 am Konzept der Land Degradation Neutrality gearbeitet; 2012 wurde bei der Rio+20-Konferenz »The Future We Want« das Ziel der Erreichung weltweiter Landdegradationsneutralität formuliert, das anschließend Eingang in das UN-Nachhaltigkeitsziel (SDG) 15 gefunden hat.

eigentum bestehen kann. Das Privateigentum ist aber ein wesentliches Hindernis für gerechte und ökologische Bodenbeziehungen.

Im ersten Kapitel skizziere ich die Infrastruktur, die Voraussetzung dafür ist, dass Boden erstens zu einer Sache im rechtlichen Sinne und damit Gegenstand von Privateigentum wird und dass er zweitens »mobilisiert« und so zu einer Ware wird, über die die Eigentümerin verfügen kann. Den Begriff der Infrastruktur verwende ich in einem weiten Sinne:[10] Ich zähle dazu die rechtlichen Normen, Begriffe, Techniken und Argumentationen, die politische Debatten bestimmen, sich tagtäglich in Rechtsinterpretationen und -anwendungen niederschlagen und so praktisch wirksam werden.[11] Die Infrastruktur des Eigentums gestaltet soziale Beziehungen zwischen Vermieterinnen und Mieterinnen, Eigentümerinnen und Bodenbewohnerinnen. Mit der Theoretikerin und Autorin Bini Adamczak spreche ich in diesem Buch von »Beziehungsweisen«.[12] Die durch Privateigentum an Boden vermittelten Beziehungsweisen – einerseits der Herrschaft über die Bodenbewohnerinnen und andererseits der Verwertung – müssen sich ändern, damit der Planet in Freiheit bewohnbar wird und bleibt.

Der Exkurs in die deutsche Kolonialgeschichte im zweiten Kapitel soll verdeutlichen, wie eng die Privatisierung des Bodens mit staatlicher Gewaltausübung und Vertreibung verknüpft ist – was an gewaltvollen Operationen nötig war, bis Herrschaftsverhältnisse zwischen Eigentümern und Nichteigentümern als Beziehungen zwischen Freien und Gleichen erscheinen konnten. Der Blick in die Kolonialzeit dient auch der Kontextualisierung des internationalen Rechtsregimes für den Tiefseeboden, das ich im dritten Kapitel vorstelle. In Reaktion auf koloniale Aneignun-

10 Vgl. Berlant, »The Commons«; Sahlins, »Infrastructuralism«.

11 Zur praktischen Wirksamkeit von Rechtsauslegungen, insbesondere des Eigentumsrechts, siehe Auer, *Der privatrechtliche Diskurs der Moderne*.

12 Adamczak, *Beziehungsweise Revolution*.

gen wurde der Tiefseeboden in einer postkolonialen Konstellation zum gemeinsamen Menschheitserbe erklärt.[13] Das verhinderte jedoch nicht seine Aufteilung in Grundstücke, an denen Eigentumsrechte von Staaten und Unternehmen bestehen.

13 Boysen, *Die postkoloniale Konstellation*.

1 | Bodeneigentum als Grundrecht

> Die Privatisierung eines Teils der Erdoberfläche zugunsten Weniger wird problematisch, wenn sie den sozialen Lebensbereich der Vielen ernsthaft beschneidet.[1]
>
> *Helmut Rittstieg*

Im Spätsommer 2023 schickte mir meine Vermieterin eine fristlose Kündigung für die Wohnung in Frankfurt am Main, in der ich seit 2011 mit meiner Tochter lebe. Ich war für ein Fellowship nach Hamburg gezogen und hatte meine Wohnung für mehrere Monate einer aus der Ukraine geflüchteten Familie überlassen. Die neuen Bewohnerinnen störten meine Vermieterin nicht durch Lärm oder andere Belästigungen. Sie beschädigten weder Wohnung noch Haus. Im Gegenteil, nie zuvor hatte sich jemand so liebevoll um die Begrünung meines Balkons gekümmert. Meiner Vermieterin jedoch ging es um ihr Recht. Sie hatte der Überlassung nicht zugestimmt, wollte das auch nicht tun, für ihre Haltung keine weiteren Gründe nennen und schon gar nicht mit mir darüber verhandeln. Neben der fristlosen Kündigung drohte uns eine Räumungsklage, mit der die Wohnungseigentümerin die Macht des Staates für die Durchsetzung ihres Eigentumsrechts aktivieren kann. Der Streit ging letztlich für alle ohne Schaden aus. Unterstützt durch den Frankfurter Mieterverein antwortete ich auf Kündigung und Androhung der Räumungsklage. Ich zahlte weiter meine Miete, unsere Mitbewohnerinnen zogen nach einiger Zeit wieder aus. Ich bekam keine Post vom Gericht und meine Vermieterin erwähnte unsere Auseinandersetzung nicht mehr. Doch diese kurze Episode führte mir deutlich die Herrschaftsmacht der Eigentümerin vor Augen und die Beziehungsweise der Unterordnung und des Zwangs, die damit einhergeht.

Die Überführung von Privateigentum an Boden und Immobilien in Gemeineigentum, wie sie die Initiative »Deutsche Woh-

1 Rittstieg, *Eigentum als Verfassungsproblem*, S. 326.

nung & Co. enteignen« anstrebt, zielt auf die Überwindung der auf Privateigentum gründenden Herrschaftsbeziehung. Dieses Anliegen geht in den Debatten um die Wohnungskrise in der Regel unter. Sie konzentrieren sich auf die Frage, welche Instrumente sicherstellen, dass Menschen eine Wohnung haben, in der sie leben und deren Miete sie bezahlen können. Ein beliebter Slogan der Kritiker der Vergesellschaftungsinitiative lautet: »Vergesellschaftung schafft keine einzige neue Wohnung.« Worauf die Befürworter erwidern, dass sie Mieten senke und damit das Angebot an bezahlbarem Wohnraum vergrößere.[2]

Zu kurz kommt dabei, dass es bei Vergesellschaftung nicht *nur* um Versorgung mit Wohnraum geht. Sie will Privateigentum an Boden – ob in privater oder öffentlicher Hand – nicht stärker regulieren, sie will es aufheben, sodass Bewohnerinnen nicht auf Schutz und Fürsorge durch den Staat angewiesen sind, sondern ihre Beziehung zueinander und zum Boden selbstbestimmt gestalten können.[3] Sie will damit Herrschaft abbauen, Selbstbestimmung stärken und ermöglichen, dass extraktive durch regenerative Beziehungen ersetzt werden.[4] Vergesellschaftung kann damit als Teil einer größeren Bewegung gesehen werden, die sich für die Stärkung von Commons einsetzt – verstanden als soziale Beziehungssysteme der Selbstorganisation, die um Boden und andere Gemeingüter herum bestehen.[5]

2 Tügel/Arps, »›Enteignung schafft keine einzige Wohnung‹«; Bernt/Holm, *Vergesellschaftung senkt die Miete.*

3 Deutsche Wohnen & Co. enteignen, *Vergesellschaftung und Gemeinwirtschaft.*

4 Zu den über »Versorgung« hinausgehenden Anliegen der Vergesellschaftungsinitiative in Berlin: Nuss, *Wessen Freiheit, welche Gleichheit?*; Kusiak, *Radically Legal.*

5 Zu Commons als sozialen Beziehungssystemen: Helfrich/Bollier, *Frei, Fair und Lebendig*; zu Boden-Commons: Obeng-Odoom, *The Commons in the Age of Uncertainty*; zum Zusammenhang zwischen Vergesellschaftung und Commons: Feichtner, »Socialization as a Counter-Right to Democratize and Reclaim the Common«; Feichtner/Heeg/Wihl, »›Deutsche Wohnen & Co. enteignen‹ in Berlin (Germany)«.

Um das transformative Potenzial, das in der Aufhebung von Privateigentum liegt, besser verstehen zu können, ist es wichtig, zu begreifen, wie Privateigentum an Boden wirksam wird; wie das Recht aus dem lebendigen Ökosozialsystem Boden Waren und Kapitalanlagen macht und wie die Verfassung das Privateigentum absichert. Zunächst möchte ich jedoch die Vergesellschaftung in der größeren Debatte über die Wohnungskrise als Alternative zu einerseits »marktfreundlichen« und andererseits »staatlich interventionistischen« Instrumenten verorten.

Debatten über die Wohnungskrise

In Deutschland wie auch in anderen Ländern steigen die Mieten seit einigen Jahren rasant. Vor allem in Großstädten wie Berlin, Hamburg und München finden viele Menschen keine Mietwohnung oder müssen monatlich weit mehr als 30 Prozent ihres Einkommens für Miete ausgeben.[6] Ältere Menschen ziehen nicht aus den für sie zu groß gewordenen Wohnungen aus, weil sie keine kleineren finden, die sie sich leisten könnten. Vermieterinnen nutzen die angespannte Lage, reizen Spielräume für Mieterhöhungen aus und bevorzugen befristete Verträge, häufig für möblierte Wohnungen. Es kommt zur Verdrängung von Stadtbewohnerinnen, Klein- und Kunstbetrieben, zur Aufgabe von Gemeinschaftsräumen und damit zu einer Entwicklung, die in der Sozialwissenschaft mit dem Begriff der Gentrifizierung beschrieben wird.[7]

In den Diskussionen wird häufig die besondere Bedeutung des Wohnens betont. Beim Wohnraum handele es sich um ein

6 Statistisches Bundesamt, »Pressemitteilung Nr. 129 vom 31. März 2023«, https://www.destatis.de/DE/Presse/Pressemitteilungen/2023/03/PD23_129_12_63.html [1.10.2024]. Über die Situation von Mieterinnen in Berlin geben die Expertenstatements bei der ersten öffentlichen Anhörung der Berliner Vergesellschaftungskommission am 9. Juni 2022 Aufschluss: https://www.berlin.de/kommission-vergesellschaftung/downloads/ [5.12.2024].

7 Glatter/Mießner (Hg.), *Gentrifizierung und Verdrängung.*

öffentliches Gut oder Gemeingut. Ein soziales Menschenrecht auf angemessenen Wohnraum findet sich in Artikel 11 des Internationalen Pakts für wirtschaftliche, soziale und kulturelle Rechte und auch in einigen Landesverfassungen, etwa Artikel 28 der Berliner Verfassung. Es verpflichtet den Staat, Maßnahmen zu ergreifen, um angemessenen Wohnraum für die Bevölkerung zu gewährleisten.[8]

Staat und Kommunen versuchen dieser Pflicht mit unterschiedlichen Maßnahmen nachzukommen.[9] Unterscheiden lassen diese sich danach, wie stark sie in den Wohnungsmarkt intervenieren. Das Spektrum reicht von »marktfreundlichen« Individualförderungen (sowohl für den privatwirtschaftlichen Wohnungssektor als auch für Mieterinnen) über Marktinterventionen wie die Regulierung von Mieten bis zum Entzug privater Verfügungsbefugnisse. Zu den Individualförderungen gehört die staatliche Unterstützung von Neubauten, beispielsweise durch Subventionen von Bauunternehmen. Eine Studie des Pestel-Instituts kommt zum Ergebnis, dass in Deutschland gegenwärtig etwa 800.000 Wohnungen fehlen.[10] Häufig wird daraus gefolgert, dass gegen die Wohnungskrise vor allem Neubau helfe. Neubauten führen jedoch dazu, dass immer mehr Böden versiegelt werden. Weiterhin wird im Bausektor viel Zement verwendet, obwohl die Zementindustrie für einen erheblichen Teil der Treibhausgasemissionen verantwortlich ist[11]. Eine zirkuläre Bauweise mit wiederverwertbaren Baustoffen hat sich noch nicht durchgesetzt.[12]

8 Schollmeier, *Die Gewährleistung von angemessenem und bezahlbarem Wohnraum als Verfassungsfrage*. 2000 wurde auf UN-Ebene das Amt des Sonderberichterstatters für das Recht auf angemessenen Wohnraum eingerichtet, das seit 2020 vom Völkerrechtler Balakrishnan Rajagopal ausgeführt wird.

9 Lange, *Staatliche Wohnraumvorsorge*.

10 Pestel Institut, *Bauen und Wohnen 2024 in Deutschland*.

11 Laut Umweltbundesamt war die Zementindustrie im Jahr 2021 für 2,7 Prozent der deutschen Treibhausgasemissionen verantwortlich, Schüwer u.a., *Dekarbonisierung der industriellen Produktion*, S. 15, global liegt der Wert bei acht Prozent.

12 Grossarth, *Bioökonomie und Zirkulärwirtschaft im Bauwesen*.

Die Förderung von Neubauten allein garantiert zudem nicht, dass Wohnungen entstehen, die Suchende sich leisten können.

Die Wohnungskrise in Berlin und in anderen Städten spitzt sich auch dadurch zu, dass die Zahl von Sozialwohnungen abnimmt. Öffentlich geförderter privater Wohnungsbau geht nicht mit einer dauerhaften Sozialbindung einher. Um zu gewährleisten, dass auch Menschen mit geringem Einkommen eine bezahlbare Wohnung finden, gibt es daher neben den Förderungen für Bauprojekte auch individuelle staatliche Unterstützung für Mieterinnen. 2023 gab der Staat 4,32 Milliarden Euro für Wohngeld aus.[13] Weder diese Förderungen noch freiwillige Bündnisse zwischen Politik, Wirtschaftsunternehmen und Mieterverbänden konnten verhindern, dass die Wohnungsnot in Großstädten zunimmt.

Als die Europäische Zentralbank nach einer langen Niedrigzinsphase und weiteren Maßnahmen zur Ankurbelung privater Wirtschaftsaktivität den Leitzins im Jahr 2022 wieder anhob, Kredite teurer wurden und Lieferkettenunsicherheiten die Bauwirtschaft behinderten, wurde es noch unwahrscheinlicher, dass die Wohnungskrise durch privatwirtschaftliche Bauaktivitäten und »den Markt« behoben würde. Unternehmen der Wohnungs- und Bauwirtschaft, deren Bilanzen unter anderem durch die Zinsentwicklung in Schieflage gerieten, nahmen Abstand von ihren Selbstverpflichtungen und drängten auf Deregulierung (von Mieten, Bau- und Umweltstandards) und weitere staatliche Förderung.

Angesichts der Unzulänglichkeit von Individualförderungen und freiwilligen Selbstverpflichtungen werden Forderungen nach stärkerer staatlicher Intervention lauter. Alte Reformvorschläge werden aus den Schubladen geholt: Diskutiert wird etwa, gewerbliche Vermieter zu verpflichten, einen Anteil ihrer Wohnungen

13 Statistisches Bundesamt, »Wohngeld. Ausgaben im Zeitvergleich am 31.12.«, https://www.destatis.de/DE/Themen/Gesellschaft-Umwelt/Soziales/Wohngeld/Tabellen/02-zv-bl-ausg-insg.html [6.12.2024].

zu festgesetzten Mieten anzubieten.[14] Aber auch Bodenwertsteuern, die Gewinne abschöpfen, die allein aufgrund des Bodenwerts entstehen, sind im Gespräch.[15] Die öffentlichen Einnahmen, die damit generiert werden könnten, würden es Kommunen erlauben, Boden zu erwerben und in der öffentlichen Hand zu halten. Tatsächlich bemühen sich Kommunen gegenwärtig um den Rückkauf zuvor privatisierter Wohnungsbestände. Außerdem möchten einige Länder und Kommunen die Privatisierung von Boden erschweren. 2023 beschloss die Hamburger Bürgerschaft eine Änderung der Landesverfassung. Sie enthält nun das grundsätzliche Verbot, städtische Baugrundstücke zu veräußern.[16] Das Recht, diese zu bebauen und zu bewirtschaften, soll nur noch über ein Erbbaurecht vergeben werden. Die öffentliche Hand behält so das Eigentum am Boden und kann seine Nutzung kontrollieren.[17]

Die Initiative »Deutsche Wohnen & Co. enteignen« stellt das Privateigentum an Boden noch grundlegender infrage. Ihr Ziel ist es, Gemeineigentum zu begründen, das demokratisch verwaltet wird. Die von der Initiative geforderte Vergesellschaftung stellt somit eine dritte Option dar – als Alternative zu einem Ansatz, der auf »den Markt« und Individualförderungen setzt, und zu einem Ansatz, der »den Staat« in die Verantwortung für die Bereitstellung von Wohnraum als Daseinsvorsorge nehmen möch-

14 In Deutschland war der Wohnungsmarkt nach dem Zweiten Weltkrieg und bis in die 1960er stark reguliert. An die Wohnungszwangsbewirtschaftung knüpft der Vorschlag der Partei Die Linke für einen Vermietungszwang zu festgelegten Mieten für gewerbliche Vermieter an: Lange, *Kurzstudie zu den Möglichkeiten der Länder zur Ausgestaltung der Gesetzgebungskompetenz im Bereich des Wohnungswesens*.

15 Sie beziehen sich meist auf Henry George (1839–1897) und seinen Vorschlag einer Bodenwertsteuer: George/Löhr, *Fortschritt und Armut*; Dobeson/Kohl, »Die neue Bodenfrage«; Vogel, *Mehr Gerechtigkeit!*

16 Artikel 72 Absatz 6 Verfassung der Freien und Hansestadt Hamburg; die Verfassungsänderung geht auf die Volksinitiative »Boden & Wohnraum behalten – Hamburg sozial gestalten! Keine Profite mit Boden & Miete!« zurück.

17 Löhr, »Entkapitalisierung von Grund und Boden«.

te. Wie sich Gemeineigentum von Privateigentum unterscheidet, werde ich im dritten Teil erörtern. Zuvor werfe ich einen genaueren Blick auf das, wogegen sich die Initiative wendet: das Grundeigentum.

Grundeigentum: Boden wird zur Sache

> Das Recht des Eigentümers eines Grundstücks erstreckt sich auf den Raum über der Oberfläche und auf den Erdkörper unter der Oberfläche.
> *§ 905 Satz 1 Bürgerliches Gesetzbuch*

Privateigentum kann an ganz unterschiedlichen Dingen bestehen. Zum Privateigentum, das die Verfassung mit Artikel 14 Grundgesetz, der sogenannten Eigentumsfreiheit, schützt, gehören alle »vermögenswerten Individualrechte«. Es umfasst also nicht nur Sacheigentum an körperlichen Gegenständen wie Büchern, Autos, Möbeln, sondern auch Patente, Forderungen und Aktien. Eigentum an Boden, das sogenannte Grundeigentum, gehört zum Sacheigentum. Das im Jahr 1900 in Kraft getretene Bürgerliche Gesetzbuch (BGB) widmet dem Sacheigentum ein eigenes Kapitel, das eine ganze Reihe von Vorschriften zum Grundeigentum enthält. Grundeigentum gilt als das *Leitbild* des Privateigentums.[18] Bevor ich das Eigentumsverständnis im Verfassungsrecht genauer erläutere, geht es in diesem Abschnitt um das zivilrechtliche Sacheigentum. Das Zivilrecht qualifiziert Boden nicht als lebendiges Ökosozialsystem, sondern als körperlichen Gegenstand, gleich einem Stuhl oder einem Auto. Für das Zivilrecht ist Boden damit eine Sache (§ 90 BGB), an der Privateigentum bestehen kann.

Verschiedene Techniken sind notwendig, um Boden zu einer Sache und damit zu einem Gegenstand von Privateigentum zu machen. Zu diesen Techniken gehören Bodenvermessung und -kartierung. Mit ihrer Hilfe wird die Erdoberfläche in klar voneinander abgrenzbare und nach ihrer Lage in der Fläche beschreib-

18 Froese, »Artikel 14«, Rn. 116.

bare Grundstücke unterteilt. Diese werden »Flurstücke« genannt und in Register wie das Grundbuch und Liegenschaftskataster eingetragen. Die Grenzen der so entstehenden Grundstücke können physisch – etwa durch Grenzsteine – markiert werden. Auf ihnen können Zäune und Mauern errichtet und so das Grundstück »befriedet«, sein Betreten erschwert oder verhindert werden. Vermessung und Kartierung sind also Techniken, die die Aneignung und Begründung von Privateigentum an Boden als Sache erst ermöglichen. Sie sind erforderlich für die Herstellung von Grundstücken als »beliebig abgegrenzter Ausschnitt der Erdoberfläche«.[19]

Doch das Grundeigentum erfasst nicht nur die zweidimensionale Grundfläche. Die Grundstücksgrenzen definieren die Reichweite der Sache Boden in der Horizontale. Das Recht des Eigentümers am Grundstück erstreckt sich darüber hinaus vertikal »auf den Raum über der Oberfläche und auf den Erdkörper unter der Oberfläche« (§ 905 BGB).[20] Die zivilrechtlichen Vorschriften über das Grundeigentum im Bürgerlichen Gesetzbuch bestimmen außerdem, welche Dinge auf und im Boden als dem Grundstück zugehörig zählen und vom Grundeigentum erfasst werden. Es ordnet an, dass sich das Eigentum an Grund und Boden auf die sogenannten wesentlichen Bestandteile eines Grundstücks erstreckt. Dazu gehören mit dem Grund und Boden fest verbundene Sachen, insbesondere Gebäude. Pflanzen zählen ebenfalls zu den wesentlichen Bestandteilen eines Grundstücks, auch solche, die gerade erst eingepflanzt wurden und noch nicht fest verwurzelt sind (§ 94 Absatz 1 BGB). »Verborgene Kulturdenkmale«, etwa vergrabene Schatztruhen, von denen die Eigentümerin keine Kenntnis hat, sind dagegen nicht Teil des Grundeigentums (§ 984 BGB).

19 Wieacker, *Bodenrecht*, S. 97.

20 § 905 BGB bestimmt weiter, dass der Eigentümer Einwirkungen nicht verbieten kann, »die in solcher Höhe oder Tiefe vorgenommen werden, dass er an der Ausschließung kein Interesse hat«.

Für die sogenannten Bodenschätze, also die für Energie und Güterproduktion erforderlichen Rohstoffe, gibt es eigene Regelungen. Sie unterscheiden zwei Kategorien: Die »grundeigenen Bodenschätze« (dazu zählen etwa Dachschiefer und Ton) werden vom Grundeigentum erfasst. »Bergfreie Bodenschätze« wie Erze oder Kohle gelten hingegen als »herrenlose Sachen«.[21] Als bergfrei werden Rohstoffe qualifiziert, an denen ein besonderes wirtschaftliches Interesse besteht. Früher waren solche Bodenschätze Gegenstand von Regalien, also hoheitlichen Privilegien. Die Qualifikation als herrenlos soll die Ausbeutung erleichtern, denn sie wird in einem Staat, dessen Industrie auf Rohstoffe angewiesen ist, als gemeinwohlförderlich angesehen. Wer bergfreie Bodenschätze fördern will, kann dazu eine staatliche Genehmigung erteilt bekommen. Außerdem darf der Staat Grundstückseigentümer zugunsten von Bergbauunternehmen enteignen, so in Deutschland tausendfach für den Braunkohleabbau geschehen.[22] Die Unterscheidung zwischen grundeigenen und bergfreien Bodenschätzen zeigt, dass nicht physische Eigenschaften bestimmen, was zum Grundeigentum zählt, sondern gesellschaftliche Wertungen und Interessen, die im Recht ihren Ausdruck finden.

Grundeigentum als Verfügungsmacht: Boden wird zur Ware

Wie das rechtliche Konzept des Eigentums richtig zu verstehen ist, darüber scheiden sich die Geister. Wichtig ist, Eigentum nicht mit der Sache selbst zu verwechseln. Eigentum ist keine Sache, sondern eine Rechtsposition und eine Rechtsbeziehung. Eigentum, so lernen es Jurastudentinnen in der Vorlesung über Zivilrecht, ordnet eine Sache einer Person zu und gibt dieser Person »Sachherrschaft«. Das Bürgerliche Gesetzbuch beschreibt die Sachherrschaft so: »Der Eigentümer einer Sache kann, soweit nicht das Gesetz oder Rechte Dritter entgegenstehen, mit der

21 § 3 Absatz 2 Bundesberggesetz.

22 Zu den Anforderungen an die Enteignung siehe BVerfGE 134, 242 – Garzweiler (2013).

Sache nach Belieben verfahren und andere von jeder Einwirkung ausschließen« (§ 903 BGB). Das Recht zur Sachherrschaft wird als absolut bezeichnet, weil es »jedermann« gegenüber geltend gemacht werden kann. Dieses Verständnis von Privateigentum ist nicht nur unter Juristinnen weit verbreitet, sondern entspricht auch der gängigen Alltagsauffassung: Ich darf einen Zaun oder eine Mauer um meinen Garten errichten und *niemand* darf unerlaubt hinein. Wer gegen meinen Willen mein »befriedetes Besitztum« betritt oder darauf verweilt, macht sich des Hausfriedensbruchs strafbar (§ 123 Strafgesetzbuch).

Das Privateigentum gestaltet (Rechts-)Beziehungen: die Beziehungen zwischen der Eigentümerin und allen anderen, die sie von ihrem Eigentum ausschließen und gegenüber denen sie Nutzungs- und Verfügungsrechte über die Sache beanspruchen und durchsetzen kann. Das Eigentum berechtigt die Eigentümerin zum Gebrauch, sie darf sich auf ihrem Grundstück aufhalten, das Haus auf ihrem Grundstück bewohnen, die Erzeugnisse ihres Gartens ernten und andere von Haus und Garten ausschließen. Das Eigentumsrecht beschränkt sich aber nicht auf den Gebrauch der Sache: Die Eigentümerin darf außerdem »privatnützig« über ihr Eigentum verfügen. Das bedeutet, sie darf ihr Grundstück verkaufen, ihren Garten verpachten, ihr Haus vermieten und das Grundstück mit sogenannten dinglichen Rechten wie Grundschulden und Hypotheken belasten, um einen Kredit zu besichern. Da das Grundeigentum auch zu Verkauf, Verpachtung, Vermietung und Belastung berechtigt, können Grundstücke als Waren auf einem Bodenmarkt gehandelt werden und als Kapitalanlagen zur Vermögensbildung dienen.

Boden wird erst durch Kartierung und Vermessung zu einer eigentumsfähigen Sache in Form von Grundstücken. Um sie verfügbar zu machen, sie in Waren und Kapitalanlagen zu transformieren, sind weitere Techniken erforderlich. Hierzu gehört das

Grundbuch.[23] Es ermöglicht die »Mobilisierung des Bodens«.[24] Der preußische Staat schuf im 19. Jahrhundert mit der planmäßigen Landaufnahme und -vermessung die Voraussetzungen für das moderne Grundbuch.[25] Es wird als öffentliches Grundstücksregister bei den Amtsgerichten mit dem Zweck geführt, einen zuverlässigen Rechtsverkehr mit Grundstücken zu ermöglichen. Jedes Grundstück hat darin ein eigenes Grundbuchblatt und ist nach Lage, Größe und Wirtschaftsart beschrieben. Wird ein Grundstück verkauft, müssen sich Verkäufer und Käuferin nicht nur darüber einigen, dass das Eigentum übergehen soll. Die Übertragung des Grundstückseigentums muss auch ins Grundbuch eingetragen werden (§ 873, 925 BGB). Auch sogenannte dingliche Rechte wie Grundschulden und Wegerechte werden dort verzeichnet. Das Grundbuch soll dem Markt dienen und gleichzeitig dem öffentlichen Interesse, indem es die bestehenden Rechte richtig verbucht.

Eine weitere für den deutschen Bodenmarkt charakteristische Verwaltungstechnik sind die sogenannten Kaufpreissammlungen. Seit dem 19. Jahrhundert werden darin die Kaufpreise für Grundstücke systematisch und flächendeckend erfasst. Gutachterausschüsse ermitteln auf dieser Grundlage Liegenschaftszinsen, die die allgemeine Entwicklung des Immobilienmarktes widerspiegeln sollen. Besondere Relevanz haben Kaufpreissammlungen und Liegenschaftszinsen für die Bestimmung des Werts von Grundstücken und Immobilien etwa im Rahmen der Festsetzung von Enteignungsentschädigungen.[26]

Grundeigentum als Herrschaft

Mit der Sachherrschaft, also dem Recht, die Eigentumsgegenstände zu nutzen, andere von ihrer Nutzung auszuschließen und

23 Zum Grundbuch als Verwaltungstechnik siehe Sommer, *Äcker und Daten*.
24 Wieacker, *Bodenrecht*, S. 135.
25 Ebd., S. 133 ff.
26 Kleiber, »Immobilienbewertung in der Bundesrepublik Deutschland«, S. 385 ff.

über sie zu verfügen, gehen auch soziale Macht und Herrschaft einher. Jede Mieterin wird das schon erfahren haben. Die fristlose Kündigung meines Mietvertrags führte mir sehr konkret vor Augen, was diese Macht bedeuten kann. Rechtlich gilt mein Verhalten, die unentgeltliche Überlassung meiner Wohnung an ukrainische Freundinnen, als Untervermietung, die die Zustimmung der Vermieterin erfordert. Allerdings kann die Vermieterin ihre Zustimmung nicht verweigern, wenn die Mieterin ein berechtigtes Interesse an der Gebrauchsüberlassung hat (§ 553 BGB). So will es der Mieterschutz, der in Deutschland stark ausgeprägt ist. Hätte ich meine Wohnung während meiner berufsbedingten Abwesenheit an zahlende Untermieter vermietet und das »wirtschaftlich« begründet – also argumentiert, dass ich meine Wohnung im angespannten Frankfurter Wohnungsmarkt halten wollte und nur dazu in der Lage wäre, wenn ich sie entgeltlich vermietete –, hätte ich rechtlich einen Anspruch auf Zustimmung meiner Vermieterin zur Untervermietung gehabt.[27] Ob Mieter auch ein berechtigtes »humanitäres« Interesse an der Gebrauchsüberlassung an Geflüchtete haben, ist dagegen noch nicht höchstrichterlich entschieden worden. Hätte meine Vermieterin bei Gericht Räumungsklage eingereicht und wäre diese erfolgreich gewesen, hätte ich meine Wohnung verloren. Das Eigentumsrecht meiner Vermieterin wäre mit der Gewalt des Staates durchgesetzt worden.

Aus der Eigentümerstellung folgt auch eine wirtschaftliche Machtposition. 2022 wohnten in Deutschland 53,5 Prozent der Bevölkerung zur Miete, in Berlin und Leipzig waren es sogar 85 Prozent.[28] Der Anteil der Bevölkerung, der obdachlos ist, fällt in

27 Kern, »§ 553«, Rn. 2; Bundesgerichtshof, Urteil vom 23.11. 2005 – VIII ZR 4/05, NJW 2006, S. 1200.

28 Statistisches Bundesamt, »Europa in Zahlen«, https://www.destatis.de/Europa/DE/Thema/Bevoelkerung-Arbeit-Soziales/Soziales-Lebensbedingungen/Mieteranteil.html [1.10.2024]; Amt für Statistik Berlin-Brandenburg, »Mikrozensus. Zusatzerhebung Wohnsituation. 2022«, https://www.statistik-berlin-brandenburg.de/f-i-2-4j [22.11.2024]; Stadt

Deutschland ebenfalls hoch aus.[29] In einer Situation der Knappheit von bezahlbarem Wohnraum wächst die wirtschaftliche Macht der Grund- und Immobilieneigentümer über diejenigen, die auf Mietwohnungen angewiesen sind. Neben hohen Mietforderungen gibt es weitere – nicht immer rechtlich erlaubte, aber dennoch praktizierte – Spielarten der Macht, die aus der Kombination von Privateigentum und Knappheit resultieren: etwa strikte Hausordnungen, Videoüberwachungen oder Mietverträge, die Ferien aussparen, da Vermieter während dieser Zeiten höhere Einnahmen durch Vermietung an Touristen erzielen können.[30] Auch Kommunen geraten in Abhängigkeit von Grundeigentümerinnen, etwa wenn diese für die Stadtplanung relevante Grundstücke besitzen, Immobilien leerstehen und verfallen lassen.

Durchschnittlich wendeten Haushalte in Deutschland im Jahr 2022 27,8 Prozent ihres Einkommens für Miete auf; bei 3,1 Millionen Haushalten liegt die Mietbelastung bei über 40 Prozent des Einkommens.[31] Für den Vermieter sind die Mieteinnahmen ein Einkommen, das ihm allein aufgrund seiner Stellung als Eigentümer zukommt. Da meist nur ein kleiner Teil der Miete auf Leistungen wie Bau- und Instandhaltungsarbeiten entfällt, während ein weit größerer Teil eine Zahlung für die Nutzung des Bodens ist, wird die Miete auch als »leistungsloses Einkommen« bezeichnet.[32] Finanziert wird es von den Mieterinnen (und im Falle von Agrarland von den Pächterinnen) zumeist aus Einkom-

Leipzig, »Bautätigkeit und Wohnen. Wohnsituation der Haushalte«, https://statistik.leipzig.de/statcity/table.aspx?cat=6&rub=2 [22. 11. 2024].

29 Laut einer OECD-Statistik ist Deutschland an vierter Stelle, was die Rate an Obdachlosigkeit in den OECD-Staaten betrifft, OECD, »Indicator HM1.1. Housing stock and construction«, S. 4, Figure HC3. 1.1, https://webfs.oecd.org/Els-com/Affordable_Housing_Database/HC3-1-Population-experiencing-homelessness.pdf [1. 10. 2024].

30 Zur Situation von Mieterinnen in Dublin siehe Jan Petter, »Mietexplosion in Dublin«, in: *Der Spiegel*, 2. 4. 2024.

31 Statistisches Bundesamt, »Pressemitteilung Nr. 129 vom 31. März 2023«.

32 Hans-Jochen Vogel spricht von »leistungslosen Bodengewinnen«: Vogel, *Mehr Gerechtigkeit!*, S. 44.

men, das sie mit ihrer Arbeit verdienen. Der Verfassungsrechtler Helmut Rittstieg bezeichnet den Mietzins daher als »gesellschaftlich vermittelte Unfreiheit«.[33]

Die durch das Privateigentum begründete Machtposition veranlasste Morris Cohen in seinem noch heute viel zitierten Aufsatz »Sovereignty and Property« aus dem Jahr 1927 dazu, Privateigentum mit staatlicher Souveränität gleichzusetzen.[34] Wie die staatliche Hoheitsgewalt begründe auch das Eigentum Herrschaft über Personen und gehe mit Befehlsmacht und Zwang sowie der Macht einher, einen Teil des Sozialprodukts zu beanspruchen. Ein Unterschied zur staatlichen Hoheitsgewalt bestehe jedoch darin, dass die durch Privateigentum vermittelte Macht durch die Fiktion der Vertragsfreiheit verschleiert werde. Während Arbeiterinnen durch die von der Koalitionsfreiheit geschützte Vereinigung in Gewerkschaften Gegenmacht ausüben können, ist die Mitbestimmung von Mieterinnen bisher nur schwach ausgeprägt.[35] Mieterinnen bleiben auf die Unterstützung durch Mietervereine und den Schutz durch das sogenannte soziale Mietrecht verwiesen, das die Rechte von Vermieterinnen beschränkt.

Grundeigentum bedeutet nicht nur soziale Macht über Menschen, sondern auch Herrschaftsmacht über nichtmenschliche Lebewesen. Das Grundeigentum am »Erdkörper« erfasst neben den als Zubehör geltenden Pflanzen, auch tierische Bodenbewohnerinnen. Nachdem das Recht Tiere lange ebenfalls als Sachen qualifizierte, bestimmt das Bürgerliche Gesetzbuch heute: »Tiere sind keine Sachen.« Nach einem Hinweis darauf, dass sie gesetzlich besonders geschützt sind, erklärt es dann aber die Vorschriften über Sachen grundsätzlich auch für Tiere anwendbar (§ 90a BGB).

33 Rittstieg, *Eigentum als Verfassungsproblem*, S. 329.

34 Cohen, »Property and Sovereignty«.

35 Duncan Kennedy plädiert daher für die gewerkschaftliche Organisierung von Mieterinnen: Kennedy u.a., »A Wagner Act for Tenant Unions«.

»Wilde Tiere« gelten rechtlich wie die bergfreien Bodenschätze als herrenlos. Sofern sie sich frei über Grundstücksgrenzen hinwegbewegen wie beispielsweise Hasen oder Rehe, werden sie nicht vom Grundeigentum erfasst. Doch gehört zum Grundstückseigentum auch das Jagdrecht. Es ist, so das Bundesjagdgesetz, »untrennbar mit dem Eigentum am Grund und Boden verbunden«.[36] Die Regelungen zum Jagdrecht wie auch das »Bienenrecht« des Bürgerlichen Gesetzbuchs, also die Vorschriften, die sich explizit den Bienen widmen, können als Sedimente historischer Interessen und Sozialmodelle im Recht gesehen werden[37] (wobei sowohl Imkerei als auch Jagd momentan aus ökologischen Gründen eine Renaissance erleben). Regenwürmer und andere Erdbewohnerinnen finden in den Vorschriften des Bürgerlichen Gesetzbuchs und gängigen Kommentierungen zum Grundeigentum (noch) keine Erwähnung. Sofern ortsgebunden und wenig mobil, erstreckt sich das Grundstückseigentum auch auf sie und sie unterfallen damit ebenfalls der Herrschaft der Grundeigentümerin. Noch ist es in vielen Gegenden Deutschlands erlaubt, auf Außenflächen »Schottergärten« anzulegen. Nutzt eine Eigentümerin ihre Sachherrschaft, um eine vormals unversiegelte Freifläche mit Steinen zuzuschütten, dann wirkt sich das tödlich für die Lebewesen im mit Kies beschütteten Boden aus. Sie sind der Sachherrschaft der Eigentümerin zum Opfer gefallen.

36 § 3 Absatz 1 Bundesjagdgesetz. Das Jagdrecht darf jedoch nur ausgeübt werden, wenn das Grundstück eine bestimmte Größe hat (§ 3 Absatz 3 i. V. m. § 7 Bundesjagdgesetz).

37 Wieacker, *Das Sozialmodell der klassischen Privatrechtsgesetzbücher*.

Privateeigentum als Grundrecht

> (1) Das Eigentum und das Erbrecht werden gewährleistet. Inhalt und Schranken werden durch die Gesetze bestimmt.
> (2) Eigentum verpflichtet. Sein Gebrauch soll zugleich dem Wohle der Allgemeinheit dienen.
> (3) Eine Enteignung ist nur zum Wohle der Allgemeinheit zulässig. […]
>
> *Artikel 14 Grundgesetz*

Nichteigentümerinnen, Pflanzen und Tiere sind den Eigentümerinnen nicht schutzlos ausgeliefert. Schon zur Zeit des deutschen Kaiserreichs, als das Bürgerliche Gesetzbuch in Kraft trat, enthielt das Recht Vorschriften zum Schutz von Mieterinnen und viele weitere Beschränkungen des Grundeigentums, zum Beispiel durch das Bau- und Planungsrecht. Seither sind unzählige hinzugekommen, insbesondere in den Bereichen des Mieterinnen-, Tier-, Umwelt- und Klimaschutzes. Eine Vielzahl rechtlicher Regelungen betrifft und gestaltet heute das Grundeigentum. Sie schränken das Recht ein, »beliebig mit der Sache zu verfahren« (§ 903 BGB). Sie bestimmen, ob und wie Grundeigentümer ihre Grundstücke versiegeln, bebauen, bewirtschaften und verkaufen und wie sie mit ihren Mieterinnen umgehen dürfen. Diese Regeln finden sich häufig in Rechtsinstrumenten, die dem »öffentlichen Recht« zugeordnet werden. Das Wasserhaushaltsgesetz beispielsweise zählt zum öffentlichen Recht und stellt klar, dass das Grundeigentum nicht das Recht zur Nutzung des Grundwassers umfasst.

Doch, weil Privateigentum verfassungs- und menschenrechtlich besonders geschützt ist, sind diesen Beschränkungen und Ausgestaltungen des Eigentums rechtliche Grenzen gesetzt. Wo diese Grenzen verlaufen, bestimmen Juristinnen durch Auslegung und sind dabei von Anschauungen über die Erfordernisse der politischen Ökonomie und philosophische Rechtfertigungen des Privateigentums beeinflusst.

Rechtfertigungen des Privateigentums

Die philosophischen (und theologischen) Rechtfertigungen des Eigentums sind vielfältig. Besonderen Einfluss auf das Recht des Privateigentums und die Interpretation der verfassungsrechtlichen Eigentumsfreiheit haben Eigentumstheorien, die das Privateigentum in Bezug zur Verwirklichung individueller Freiheit und einer guten sozialen Ordnung setzen. Eine kürzlich von der deutschen Bischofskonferenz veröffentlichte Studie, die einen Wandel in der globalen Landnutzung anmahnt, weist auf die Einflüsse der christlichen Soziallehre auf das Grundgesetz hin, die ihrerseits Gedanken von Thomas von Aquin (1225–1274) aufnimmt. Für ihn diente das Eigentum nicht nur der Verwirklichung individueller Freiheit. Er rechtfertigte das Eigentum auch damit, dass Menschen größere Sorge für die Dinge trügen, die ihnen persönlich gehörten, und dass es sozialen Frieden sichere, »wenn alle über einen abgrenzbaren und überschaubaren Anteil an irdischen Gütern verfügen könnten«.[38] Das Prinzip der Sozialpflichtigkeit findet sich im Grundgesetz mit dem Satz: »Eigentum verpflichtet« (Artikel 14 Absatz 2 Satz 1). Es ist Anknüpfungspunkt für Auslegungen der Eigentumsfreiheit, die wie die genannte Studie die treuhänderische Verantwortung der Eigentümerinnen für ihre Mitwelt zur Grundlage eines ökologischen Eigentumsverständnisses machen möchten.[39]

Auch die Philosophie der Aufklärung rechtfertigt Privateigentum und insbesondere das Grundeigentum sowohl mit der Freiheit der Person als auch mit der Förderung kollektiven Wohlstands. Während John Locke die individuelle Freiheit als eine Komponente des Eigentums verstand, folgte für Immanuel Kant das Eigentum aus der Freiheit der Person.[40] Im Kontext der politischen Ökonomie kommt es zu signifikanten Verschiebungen: Ins-

38 Sachverständigengruppe »Weltwirtschaft und Sozialethik«, *Ernährungssicherheit, Klimaschutz und Biodiversität*, S. 41.

39 Ebd.

40 Auer, *Der privatrechtliche Diskurs der Moderne*, S. 24 ff.

besondere der Aspekt der Sorge tritt in den Hintergrund. Wichtiger als die Sorge des Menschen für die Dinge, die ihm persönlich gehören, wird das Vermögen, über Dinge, an denen Privateigentum besteht, frei zu verfügen. Die Funktion des Privat- und insbesondere des Grundeigentums für die wirtschaftliche Produktion gewinnt an Bedeutung. Wirtschaftliche Produktivität sollte die Aneignung von Land, das sich in Gemeineigentum befand, durch die sogenannten Einhegungen *(enclosures)* im England des 17. und 18. Jahrhunderts wie auch koloniale Landnahmen rechtfertigen. Eigentumsrechte sollten so verteilt sein, dass sie der Allgemeinheit bestmöglich nutzen.[41] Berühmt geworden ist Lockes Rechtfertigung der Einhegung von Gemeineigentum: Wer zehn Acres so bewirtschafte, dass sie mehr Ertrag erbrächten als 100 der Natur überlassene, der schenke in Wirklichkeit der Menschheit 90 Acres.[42] Die Erfindung des modernen Geldes eröffnete eine weitere Legitimation der Eigentumskonzentration in den Händen derer, die es ertragreich nutzten. Denn es ermöglichte, den auf Grundlage des Privateigentums produzierten »Mehrwert« zu speichern und übertragbar zu machen.[43] Der Historiker Heinz Dieter Kittsteiner fasst die Entwicklungen dieses Eigentumsdenkens so zusammen: »Die klassische Politische Ökonomie tritt in der sozialethischen Begründung der neu entstehenden kapitalistischen Produktionsweise die Flucht nach vorne an; sie legitimiert einen Prozess, den der größte Teil der Bevölkerung als einen Prozeß schrittweiser Enteignung erfährt, mit dem Hinweis auf die neuen Möglichkeiten des Aufbaus einer humanen Existenz auf der Grundlage des allgemeinen Wohlstands.«[44]

Diese Rechtfertigungen prägten das Verständnis des Privateigentums als »Inbegriff des subjektiven Individualrechts«, wie

41 Cohen, »Property and Sovereignty«; Kittsteiner, *Naturabsicht und unsichtbare Hand*, S. 197 ff.

42 Locke, *Two Treatises on Government*, II, § 37.

43 Ince, *Colonial Capitalism*, S. 47 ff.

44 *Kittsteiner, Naturabsicht und unsichtbare Hand*, S. 201.

es Eingang in das Recht der bürgerlichen Gesellschaft fand und in § 903 BGB noch heute zum Ausdruck kommt.[45] Wie die philosophischen und ökonomischen Begründungen sind auch die rechtlichen Regelungen des Privateigentums im Kontext der politischen und ökonomischen Ordnung zu verstehen. Für Privatrechtler Franz Wieacker war das Recht des Privateigentums Ausdruck des Sozialmodells der liberalen Wirtschaftsgesellschaft in der konstitutionellen Monarchie.[46] Zusammen mit der Freiheit, Verträge zu schließen, und der Testierfreiheit – also der Freiheit, über das eigene Vermögen von Todes wegen zu verfügen – bildete das Privateigentum den Kern der sogenannten Privatautonomie. Sie schützte die wirtschaftliche Freiheit der bürgerlichen Klasse und schwächte zugleich, insbesondere durch die Verfügbarkeit des Grundeigentums, die Position des Grundadels. In den Gestaltungsfreiheiten der Privatautonomie kamen die formalen Ideale der bürgerlichen Gesellschaft zum Ausdruck. Sie entsprachen, so Wieacker, wirtschaftspolitisch »den Erwartungen der expansiven und extensiven Unternehmergesellschaft des Früh- und Hochkapitalismus, die als Pioniergesellschaft auf Vertragsschließung, Kapitalanlage und freie Vererbung besonders angewiesen war«.[47] In seinem 1953 veröffentlichten Aufsatz »Das Sozialmodell der klassischen Privatrechtsgesetzbücher und die Entwicklung der modernen Gesellschaft« argumentierte Wieacker auch, dass das Privatrecht an ein neues Sozialmodell angepasst werden müsse. Er knüpfte dabei an Rechtswissenschaftler an, die schon in den 1920er Jahren Eigentum nicht individualistisch als subjektives Privatrecht, sondern als soziale Funktion interpretiert hatten, um sozialer Kooperation und Interdependenz Rechnung zu tragen.[48]

45 Auer, Der privatrechtliche Diskurs der Moderne, S. 24.

46 Wieacker, *Das Sozialmodell der klassischen Privatrechtsgesetzbücher*.

47 Ebd., S. 838.

48 Auer, *Privatrechtsverständnis*, S. 134; Winkler, *Der Kampf gegen die Rechtswissenschaft*; zu Wieackers bodenrechtlichen Arbeiten während des Nationalsozialismus: Schneegans, »Franz Wieacker (1908–1994)«.

Privateigentum und Verfassung

Die dargestellten Rechtfertigungen beeinflussen bis heute nicht nur das privatrechtliche Eigentumsverständnis, sondern auch den verfassungsrechtlichen Eigentumsschutz durch die Eigentumsfreiheit in Artikel 14 GG. Ihre Interpretation wird durch die Funktion, die dem Privateigentum in der Ermöglichung marktwirtschaftlicher Transaktions- und Produktionsweisen zukommt, informiert. Viele Juristen sehen das Privateigentum als Garanten individueller Freiheit und gesellschaftlichen Wohlstands. Manche gehen so weit, anzunehmen, dass Freiheit nur in einer Marktwirtschaft möglich werde, und folgern daraus, dass der Fortbestand der Marktwirtschaft verfassungsrechtlich verbürgt sei.[49]

Das Bundesverfassungsgericht folgt dieser Verfassungsinterpretation nicht. Im Gegensatz zu Ansichten in der Rechtswissenschaft, dass das Grundgesetz eine Wirtschaftsverfassung enthalte, insistiert es, dass das Grundgesetz keine Entscheidung für eine bestimmte Wirtschaftsordnung treffe.[50] Doch auch das Bundesverfassungsgericht sieht einen engen Bezug zwischen individueller Freiheit und Privateigentum. Es begründet den Schutz des Privateigentums und insbesondere des Grundeigentums wie folgt: »Das Eigentum ist ein elementares Grundrecht, das in einem inneren Zusammenhang mit der Garantie der persönlichen Freiheit steht. Ihm kommt im Gesamtgefüge der Grundrechte die Aufgabe zu, dem Träger des Grundrechts einen *Freiheitsraum im vermögensrechtlichen Bereich* sicherzustellen und ihm damit eine eigenverantwortliche Gestaltung des Lebens zu ermöglichen.«[51] Diese Aussage verdeutlicht, dass das Gericht die freiheitsschützende Funktion des Eigentums nicht nur in der Ermöglichung

49 Instruktiv hierzu der Austausch zwischen Helmut Ridder und Ernst Forsthoff: Forsthoff u.a., »Wieviel Sozialismus steckt im Deutschen Grundgesetz?«.

50 BVerfGE 50, 290 (337) – Mitbestimmung (1979); BVerfGE 4, 7 (17 f.) – Investitionshilfe (1954).

51 BVerfGE 24, 367 (389) – Hamburger Deichordnungsgesetz (1968), meine Hervorhebung.

des persönlichen Gebrauchs einer Sache sieht, sondern vor allem auch darin, dass es Vermögenswerte begründet. Geschützt wird nicht nur die persönliche Entfaltung der Grundeigentümerin durch die Bewirtschaftung des eigenen Gartens oder die Gestaltung des eigenen Hauses, sondern die Freiheit, Garten und Haus zu vermieten, zu verkaufen und das Grundeigentum zur Kreditsicherung einzusetzen.

Dieser Schutz von Eigentum als Ware und Kapitalanlage kommt in einer Entscheidung des Bundesverfassungsgerichts deutlich zum Ausdruck, in der es um Veräußerungsbeschränkungen von Agrarland geht.[52] Das Gericht betont darin, dass der Boden wegen seiner Unvermehrbarkeit und Unentbehrlichkeit nicht mit anderen Vermögenswerten gleichgesetzt werden könne. Zugleich aber stellt es fest, dass ein Veräußerungsverbot nicht allein damit gerechtfertigt werden dürfe, den Erwerb von Boden als reine Kapitalanlage auszuschließen. Eine solche Einschränkung der Verfügungsgewalt bedürfe vielmehr einer Rechtfertigung, die an konkreten Auswirkungen der Veräußerung für die Interessen der Allgemeinheit anknüpfe. Boden als Kapitalanlage zu erwerben und zu veräußern, gehört, so ist die Rechtsprechung zu verstehen, zum Kern des durch das Grundeigentum eröffneten Freiheitsraums im vermögensrechtlichen Bereich. Der Schutz vermögenswerter Rechte ist »das Essentiale« des Eigentums.[53]

Diese Eigentumsrechtfertigungen zentrieren also die Bedeutung des Privateigentums für Produktivität und Vermögensbildung. Da für den verfassungsrechtlichen Eigentumsschutz die Funktion des Eigentums als »vermögenswertes Individualrecht« zentral ist, ist es nur konsequent, dass das Verfassungsrecht den Schutz der Eigentumsfreiheit über das Sacheigentum hinaus auf alle subjektiven vermögenswerten Rechtspositionen erstreckt.

52 BVerfGE 21,73 – Grundstücksverkehrsgesetz (1967).

53 Noch deutlicher als BVerfGE 21, 73 stellt BVerfGE 26, 215 (222) (1969) fest, dass die Freiheit, Grundeigentum zu veräußern, zum Grundbestand des Eigentumsrechts gehöre. Rittstieg, *Eigentum als Verfassungsproblem*, S. 340 f.

Schon das Reichsgericht der Weimarer Republik hatte diese Ausdehnung vorgenommen.[54] Das grundrechtlich geschützte Eigentum erfasst daher auch Kapitalanlagen wie Aktien und Bergbaulizenzen. Ebenfalls konsequent ist, dass sich nicht nur natürliche Personen, sondern auch Gesellschaften und juristische Personen auf den grundrechtlichen Schutz ihres Privateigentums berufen können.[55]

Wie schon erwähnt, setzt das Recht den Befugnissen der Eigentümerin auch Schranken. Artikel 14 GG erkennt an, dass Inhalt und Schranken des Eigentums durch die Gesetze bestimmt werden. Im sogenannten Nassauskiesungsurteil – einem Meilenstein der Rechtsprechung des Bundesverfassungsgerichts zu Artikel 14 GG – betont das Gericht die große Gestaltungsfreiheit des Gesetzgebers. Das Urteil betrifft die wasserrechtliche Regelung, die das Grundwasser von der Verfügungsmacht der Grundeigentümerin ausnimmt, und unterscheidet das verfassungsrechtlich geschützte Eigentum vom Eigentum des Bürgerlichen Gesetzbuches.[56] Die Reichweite des Eigentums, das die Verfassung schütze, ergebe sich, so das Gericht, nicht nur aus dem Zivilrecht, sondern der Gesamtheit der Rechtsvorschriften. Öffentlich-rechtliche Vorschriften bestimmen also auch das Ausmaß des verfassungsrechtlich geschützten Eigentums. So modifiziert das öffentliche Wasserrecht mit seinem Verbot der Grundwassernutzung ohne behördliche Genehmigung die Aussage des Bürgerlichen

54 Allerdings wurde im Parlamentarischen Rat auch die Position vertreten, dass nur »das der persönlichen Lebenshaltung oder der eigenen Arbeit dienende Eigentum« geschützt werden solle: Däubler (einen Entwurf von Carlo Schmid zitierend), »Eigentum und Recht in der BRD«, S. 150.

55 Groß, »Die expansive Anwendung der Grundrechte zugunsten von Wirtschaftsunternehmen«; zum Eigentumsschutz von Unternehmen durch die Europäischen Menschenrechtskonvention: Steininger/Bernstorff, »Who Turned Multinational Corporations into Bearers of Human Rights?«.

56 BVErfGE 58, 300 – Nassauskiesung (1981); zu Differenzen in der Eigentumskonzeption zwischen BVerfG und BGH: Kring, »Die wirtschaftspolitisch neutrale Eigentumsordnung des Grundgesetzes«.

Gesetzbuchs, dass das Grundeigentum auch den »Erdkörper unter der Oberfläche« (§ 905 BGB) erfasst.

Was die geschützten Befugnisse des Eigentümers sind, muss also aus der Zusammenschau aller die Eigentümerstellung regelnden gesetzlichen Vorschriften ermittelt werden. Dieses Verständnis des Eigentums entspricht der im angloamerikanischen Eigentumsdiskurs verbreiteten Auffassung, die Eigentum als ein Bündel von Rechten versteht.[57] Weil die Rechte aus diesem Bündel auf unterschiedliche Personen verteilt sein können, vermittelt das Eigentum der Eigentümerin nicht notwendig eine umfassende Herrschaftssphäre, zum Beispiel über ein Grundstück. Dieses Eigentumsverständnis wirft außerdem die Frage auf, ob der Begriff des Privateigentums überhaupt noch von Bedeutung ist – weil »Grundeigentum« für sich nichts darüber aussagt, welche Rechte, Pflichten und Freiheiten der Eigentümerin zustehen. Die Antwort darauf ergibt sich allein aus der Gesamtheit der Rechtsnormen, die das Eigentum gestalten.

Diese Eigentumskonzeption ist jedoch nicht weitreichend wirksam und funktional geworden. Noch heute ist in der Kommentarliteratur vom Grundeigentum als dem Leitbild des Privateigentums zu lesen[58] und das damit einhergehende Konzept von Eigentum als privatisierter Sachherrschaft und Verfügungsmacht hat seine Wirkmächtigkeit nicht verloren.[59] Entsprechend werden der demokratischen Gestaltungsfreiheit verfassungsrechtliche Grenzen gesetzt, obwohl der Wortlaut »Inhalt und Schranken des Eigentums werden durch Gesetz bestimmt« (Artikel 14 Absatz 1 Satz 2 GG) das nicht zwingend vorgibt.

57 Zurückgehend auf Hohfeld, der selbst jedoch den Begriff »bundle of rights« nicht benutzte: Hohfeld, »Some Fundamental Legal Conceptions as Applied in Judicial Reasoning«, S. 746; Schlag, »How to Do Things with Hohfeld«, S. 190, Fn. 17.

58 Froese, »Artikel 14«, Rn. 116.

59 Auer, *Der privatrechtliche Diskurs der Moderne*.

Grenzen demokratischer Gestaltung des Eigentums

Zwei Grenzen setzen die Rechtswissenschaft und das Bundesverfassungsgericht der inhaltlichen Ausgestaltung des Eigentums durch die Gesetzgebung: Zum einen sollen rechtliche Inhaltsbestimmungen verhältnismäßig sein; zum anderen sollen sie ihre Schranke in der sogenannten Institutsgarantie finden. Zunächst zum Erfordernis der Verhältnismäßigkeit: Um ihm gerecht zu werden, muss eine Inhaltsbestimmung des Eigentums einen Allgemeinwohlzweck verfolgen. Außerdem muss die Beschränkung des Eigentümers, die mit der Regelung einhergeht, erforderlich sein und die Belastung der Freiheit des Eigentümers darf nicht außer Verhältnis zum Nutzen für die Allgemeinheit stehen. In der Praxis bedeutet das zum Beispiel, dass für Grundeigentümer einschneidende Maßnahmen wie beispielsweise ein Vermietungszwang nur Bestand haben, wenn sie eine besondere Notlage adressieren.[60]

Die zweite Grenze, die »Institutsgarantie«, geht auf einen Festschriftbeitrag des Rechtswissenschaftlers Martin Wolff von 1923 zurück, der den unter der Weimarer Reichsverfassung eingeschränkten Eigentumsschutz stärken wollte.[61] Sie soll, so eine noch heute in der rechtswissenschaftlichen Literatur verbreitete Ansicht, gewährleisten, dass der Gesetzgeber das Privateigentum als Rechtsinstitut nicht antastet. Das Bundesverfassungsgericht befindet in einem älteren Urteil zum Grundeigentum, es sei dem Gesetzgeber verboten, dem Eigentum Sachbereiche zu entziehen, »die zum elementaren Bestand grundrechtlich geschützter Güter im vermögensrechtlichen Bereich gehören«.[62] Diese Aus-

60 Zur Wohnungsbewirtschaftung in der frühen Bundesrepublik siehe Rittstieg, *Eigentum als Verfassungsproblem*, S. 256 ff.; zur Vereinbarkeit einer öffentlich-rechtlichen Wohnraumbewirtschaftung mit Artikel 14 GG siehe Lange, *Kurzstudie zu den Möglichkeiten der Länder zur Ausgestaltung der Gesetzgebungskompetenz im Bereich des Wohnungswesens*, S. 32 ff.

61 Wolff, »Reichsverfassung und Eigentum«; hierzu Kempny, »Artikel 14«, Rn. 6 f.

62 BVerfGE 24, 367 (389) – Hamburger Deichordnungsgesetz (1968).

sage kann so gedeutet werden, dass ein vollständiges Veräußerungsverbot von Grundstücken möglicherweise an der »Institutsgarantie« scheitern würde.

Der verfassungsrechtliche Schutz des Privateigentums wird durch menschenrechtliche und investitionsschutzrechtliche Sicherungen im Völker- und Europarecht ergänzt. Wie die deutsche Verfassung erfassen sie nicht nur Sacheigentum, sondern alle vermögenswerten Individualrechte, sowohl von natürlichen Personen als auch von Unternehmen. In mancher Hinsicht gehen sie deutlich weiter als der Eigentumsschutz durch das Grundgesetz.[63]

Sozialpflichtigkeit, Treuhandschaft und Mitbestimmung

Was hat es nun mit der Sozialpflichtigkeit des Eigentums auf sich? Hatten manche der Mütter und Väter des Grundgesetzes an eine direkt aus der Verfassung fließende Verpflichtung der Eigentümerinnen gedacht, ist daraus in der Rechtsprechung des Bundesverfassungsgerichts primär eine Pflicht des Gesetzgebers geworden.[64] Der Gesetzgeber ist – innerhalb der eben dargestellten Grenzen – verpflichtet, das Eigentum inhaltlich so auszugestalten, dass es »sowohl den privaten Interessen der Einzelnen als auch denen der Allgemeinheit gerecht wird«.[65] Zumeist werden die Interessen der Nichteigentümerinnen dadurch berücksichtigt, dass ihnen Schutz oder Unterstützung gewährt wird – für Mieterinnen beispielsweise in Form von Kündigungsschutz und Mietpreisbegrenzungen.

Wie schon angedeutet, ist diese Auslegung des grundrechtlichen Eigentumsschutzes mit den daraus folgenden Grenzen der politischen Ausgestaltung des Eigentums nach dem Wortlaut

63 Für einen Vergleich des Eigentumsschutzes unter dem Grundgesetz und im internationalem Investitionsschutzrecht siehe Hoffmann, *Divergenz und Transformation*.

64 Däubler, »Eigentum und Recht in der BRD«, S. 148 ff.; Ridder, *Die soziale Ordnung des Grundgesetzes*, S. 105 ff.

65 BVerfGE 58, 300 (335) – Nassauskiesung (1981).

des Grundgesetzes nicht zwingend. Sie erhält die den Liberalismus der bürgerlichen Gesellschaft kennzeichnende Trennung von Staat und Gesellschaft, von öffentlich und privat und behindert den demokratischen Abbau der durch Eigentum vermittelten Macht und eine Demokratisierung der Gesellschaft. Zugrunde liegt ihr eine Auffassung von Freiheit und Demokratie, nach der Freiheit sich vor allem in Markttransaktionen realisiert und Demokratie primär in Parlamenten stattfindet. Es entspricht diesem Verständnis, dass die Interessen der Nichteigentümerinnen nur selten dadurch berücksichtig werden, dass ihnen Mitbestimmungsrechte bei der Nutzung des Eigentums durch die Eigentümer eingeräumt werden.

Der Schutz des Privateigentums gegen demokratische Beschränkung und Gestaltung stellt ein Hindernis für eine Transformation der Gesellschaft dar, die nicht nur materielle Ungleichheit abbauen, sondern auch Selbstbestimmung und Teilhabe in allen gesellschaftlichen Sphären einschließlich der Wirtschaft stärken will. Er wird heute auch gegen das Vergesellschaftungsprojekt der Initiative »Deutsche Wohnen & Co. enteignen« mobilisiert, obwohl Artikel 15 Grundgesetz explizit die Abschaffung von Privateigentum an Grund und Boden erlaubt.

Andere Interpretationen sind jedoch möglich – Auslegungen etwa, die nicht die marktwirtschaftliche Funktion des Eigentums, sondern persönliche und kollektive (Sorge-)Beziehungen zu einer Sache in den Vordergrund stellen. Ansätze finden sich hierzu auch in der Rechtsprechung des Bundesverfassungsgerichts. So betont das Gericht die besondere Schutzwürdigkeit des Eigentums, das dem persönlichen Gebrauch dient. Wegen der Bedeutung der Wohnung hat das Gericht den verfassungsrechtlichen Schutz von Artikel 14 auf das Besitzrecht des Mieters ausgedehnt.[66] In einer Entscheidung zu Enteignungen im Zuge des Braunkohleabbaus hat es die örtlichen und sozialen Beziehun-

66 BVerfGE 89, 1 – Besitzrecht des Mieters (1993).

gen der Bewohnerinnen zu ihrem Wohnort als schützenswerte Positionen im Rahmen der Eigentumsfreiheit anerkannt.[67] Im Ergebnis verhinderte das jedoch nicht ihre Enteignung.

Außerdem gibt es einzelne Urteile, die anerkennen, dass Sozialpflichtigkeit nicht allein durch Schutz, sondern auch durch Beteiligung und Mitbestimmung realisiert werden kann: In seinem Urteil zur Mitbestimmung von Arbeitnehmerinnen in Unternehmen hat das Bundesverfassungsgericht entsprechende Regeln als »Organisationsmaßnahmen sozialordnender Art« qualifiziert. Die Stärkung der Freiheit der Arbeitnehmerinnen durch Mitbestimmung rechtfertige die Beschränkung der Verfügungsbefugnisse der Eigentümer des Kapitals.[68]

Wem gehört der Boden?

Wer hat überhaupt Grund- und Wohnungseigentum? Das lässt sich nicht mit Genauigkeit sagen.[69] Christoph Trautvetter, der seit einigen Jahren zu den Eigentumsstrukturen auf dem deutschen Bodenmarkt forscht, unterscheidet vier Eigentümergruppen. Nach seinen Ermittlungen halten Unternehmen (Banken, Fonds etc.) 1,6 Prozent des Wohnungseigentums, private Wohnungsunternehmen 5,3 Prozent, Privatpersonen und Wohnungseigentümergemeinschaften 81 Prozent und öffentliche, gemeinnützige sowie genossenschaftliche Eigentümer 12,1 Prozent. In Berlin spielen Wohnungsunternehmen dagegen eine erheblich größere Rolle mit einem Anteil von 18 Prozent (bzw. 24,8 Prozent, wenn institutionelle Investoren hinzugerechnet werden).[70] Eine durch den Berliner Senat im Rahmen einer Kostenschätzung der

67 BVerfGE 134, 242, Rn. 264 – Garzweiler (2013).

68 BVerfGE 50, 290 – Mitbestimmung (1979); hierzu: Wiethölter, »Materialisierungen und Prozeduralisierungen von Recht«. Siehe auch den neueren Beschluss des Bundesverfassungsgerichts zur Beteiligung von Anwohnern und Gemeinden an Windparks: BVerfGE 161, 63 – Windenergie-Beteiligungsgesellschaften (2022).

69 Sommer, »Wie intransparent ist Grundeigentum in Deutschland«.

70 Trautvetter, *Wem gehört die Stadt?*, S. 9.

Vergesellschaftung durchgeführte Recherche zu Wohnungsunternehmen mit mehr als 3000 Wohnungen ergab eine Liste von zehn Unternehmen, die mit Stand Dezember 2021 über einen Bestand von 222.050 Wohnungen in Berlin verfügten. Nur 49,7 Prozent der Wohnungen gehören in Berlin Privatpersonenn und Wohnungseigentümergemeinschaften.[71] Der Aufkauf von Land durch Investoren hat in den letzten Jahren deutlich zugenommen und betrifft nicht nur Stadtboden, sondern auch Agrarland.[72]

Da es schwierig ist, herauszufinden, wem Grund und Immobilien in Deutschland gehören, fehlen genaue Zahlen. Die Eigentümerinnen von Grundstücken und Wohnungen werden ins Grundbuch eingetragen. Einsicht ins Grundbuch kann aber nur nehmen, wer »ein berechtigtes Interesse darlegt«. Das bestimmt § 12 der Grundbuchordnung. Ein konkretisiertes wirtschaftliches Kaufinteresse gilt als berechtigtes Interesse. Wissenschaftliche und journalistische Interessen berechtigen ebenfalls zur Grundbucheinsicht. Als aber ein Kollege eine Grundbucheinsicht beantragte, um beim Eigentümer des benachbarten Gartengrundstücks nachfragen zu können, ob er dort seine Bienenstöcke abstellen dürfe, wurde ihm die Einsicht mangels berechtigten Interesses verweigert.

Im europäischen Vergleich wird der Zugang zu Eigentümerdaten in Deutschland relativ restriktiv gehandhabt.[73] Nicht nur die Grundbuchordnung, auch das Datenschutzrecht beschränkt den Zugang zu Eigentümerinformationen. Außerdem erschweren praktische Hindernisse den Zugang zu den Grundbuchdaten. Die Erstellung eines bundeseinheitlichen Datenbankgrundbuchs ist bis heute nicht abgeschlossen.[74] Während das Grundbuch

71 Ebd.

72 Zur Stadt: Gabor/Kohl, *›My Home Is an Asset Class‹*; zu Agrarland: Tietz u. a, *Untersuchung der Eigentumsstrukturen von Landwirtschaftsfläche in Deutschland*; Tietz/Hubertus, *Erweiterte Untersuchung der Eigentumsstrukturen von Landwirtschaftsfläche in Deutschland*.

73 Hartmann u.a., *Land Ownership Transparency*.

74 Gesetz zur Einführung eines Datenbankgrundbuchs vom 1. 10. 2013.

primär dem Verkehr in Grundstücksrechten dient, hat es nicht den Zweck, der Öffentlichkeit einen Einblick in die Verteilung von Grundeigentum zu ermöglichen.

Die zuständigen staatlichen Stellen gehen sehr unterschiedlich mit Auskunftsersuchen um, was auf divergierende Auslegungen der rechtlichen Voraussetzungen zurückzuführen ist. So haben Christoph Trautvetter und Jakob Miethe im Zuge ihrer Forschung zur Struktur von Immobilieneigentum in Deutschland von einigen Bundesländern Zugang zu Daten über Unternehmenseigentum an Grundstücken aus dem Liegenschaftskataster bekommen, während andere ihnen die Auskunft unter Bezugnahme auf den Datenschutz verweigerten.[75] Der Berliner Expertenkommission, die sich mit der Frage der Vergesellschaftung befasste, wurde bis zum Ende ihrer Tätigkeit von der Senatsverwaltung nicht das erbetene Verzeichnis aller Berliner Wohnimmobilien im Eigentum von juristischen Personen zur Verfügung gestellt.[76]

Nicht nur die eingeschränkte Publizität erschwert es Einzelpersonen sowie öffentlichen Stellen und Kommunen, sich ein Bild von den Eigentumsverhältnissen und der Verteilung von Boden zu machen. Ein weiterer Grund für die Intransparenz von Eigentumsverhältnissen liegt in der rechtlichen Organisation von Unternehmen, die Wohnungen bewirtschaften und in Wohnungseigentum als Kapitalanlage investieren. Sie sind oft so organisiert, dass formale Eigentümerin der Immobilie eine sogenannte Objektgesellschaft ist. Das ist eine juristische Person – häufig eine Gesellschaft mit beschränkter Haftung –, die eigens für den Zweck gegründet wurde, das Eigentum an einzelnen oder mehreren Grundstücken und Immobilien zu halten. Das kann unterschiedliche Gründe haben, insbesondere die Vermei-

75 Miethe/Trautvetter, *Anonymes Immobilienvermögen und internationale Besitzketten*, S. 2.

76 Expertenkommission zum Volksentscheid Vergesellschaftung großer Wohnungsunternehmen, *Abschlussbericht*, S. 10.

dung von Grunderwerbssteuern, die Eindämmung von Haftungsrisiken oder die Umgehung von Vorkaufsrechten. Diese Objektgesellschaften sind im Grundbuch als Eigentümerinnen eingetragen. Das Grundbuch zeigt jedoch nicht die übergeordneten Konzernstrukturen und Holdinggesellschaften, in deren Eigentum die Objektgesellschaften stehen. So kann es sein, dass ein Mutterkonzern über viele unterschiedliche Holdings und Objektgesellschaften wirtschaftliche Kontrolle über Grundstücke und Immobilien ausübt, ohne selbst als Eigentümer im Grundbuch eingetragen zu sein.[77]

Aus den Grundbüchern lässt sich damit nicht ersehen, ob hinter den eingetragenen Eigentümern große börsennotierte Aktiengesellschaften oder Fonds stehen und wie viele Grundstücke und Immobilien diese in ihren Portfolios halten. Während bei öffentlichen Unternehmen, das heißt Unternehmen, deren Anteile auf dem Kapitalmarkt gehandelt werden, Geschäftsberichte zumindest Anhaltspunkte für die Ermittlung dafür bieten, ob und in welchem Ausmaß sie Grundeigentum zu ihren Vermögenswerten zählen, besteht diese Möglichkeit bei vielen Fonds und anderen privaten Investoren nicht. Im Zuge von Wohnungskrise und groß angelegten Grundstückskäufen durch institutionelle Investoren vermehren sich investigative Recherchen, Mieterinneninitiativen und Forschungsprojekte, die versuchen, Licht in die Eigentumsverhältnisse an Boden und Immobilien zu bringen.[78] Auch rechtliche Reformen sollen mehr Transparenz schaffen. Diese zielen allerdings vor allem auf die bessere Durchsetzung von Sanktionen (darunter die durch die EU gegen Russland verhängten Wirtschaftssanktionen) und die Vermeidung von

77 Anschaulich erläutert in Trautvetter/Garcia-Lander, *Wem zahle ich eigentlich Miete?*.

78 Correctiv, »Wem gehört Hamburg«, https://correctiv.org/top-stories/2018/11/23/wem-gehoert-hamburg/ [3.10.2024]; Trautvetter, *Wem gehört die Stadt?*; Trautvetter/Knechtel, *Wem gehört die Stadt? Teil 2*; Tagesspiegel/CORRECTIV, »Wem gehört Berlin?«, https://interaktiv.tagesspiegel.de/wem-gehoert-berlin/ [19.12.2024].

Geldwäsche[79] und weniger auf die grundsätzliche Offenlegung von Eigentumsverhältnissen. Letztere wäre jedoch eine wichtige Voraussetzung für Kritik und eine gesellschaftliche Debatte über gerechte Verteilung.

79 So etwa das Sanktionsdurchsetzungsgesetz II und die Einrichtung eines Immobilientransaktionsregisters.

2 | Koloniale Landnahme und Vertreibung

Für viele ist Grundeigentum heute eine Selbstverständlichkeit. Wir mögen uns darüber aufregen, dass es ungleich verteilt ist, fragen uns jedoch selten, wie eine Welt ohne Grundeigentum aussehen könnte. Vielleicht fehlt es sogar an Vorstellungskraft dafür. Ich habe bereits angedeutet, welche Abstraktion notwendig ist, um aus belebtem Boden das Objekt privater Eigentumsrechte zu machen. Welcher Techniken wie Vermessungen und Verzeichnisse es bedarf, um mobile Grundstücke »herzustellen«, die natürliche und juristische Personen sich aneignen, als Ware handeln und als Kapitalanlage zur Vermögensbildung nutzen können. In diesem Kapitel möchte ich die vermeintliche Selbstverständlichkeit des Grundeigentums noch weiter infrage stellen, indem ich anhand der deutschen Kolonisation in Afrika den Fokus auf die Gewalt und Vertreibung lege, die mit der Aneignung von Land einhergehen.

Mit Blick auf die koloniale Landnahme wird deutlich, wie eng private Akteure und der Staat in der Vertreibung, Aneignung und Etablierung territorialer Herrschaftsansprüche zusammenwirken. Die deutschen Kolonien in Afrika können deshalb als Public-private-Partnerships beschrieben werden. In der Kolonisation traf das (Eigentums-)Recht der Kolonisierer auf das Recht der Bewohnerinnen. Hier befasse ich mich vor allem mit dem Recht Ersterer und den Argumentationen, mit denen die deutschen Kolonisierer Vertreibung und Aneignung rechtfertigten.[1]

1 Dieses Kapitel beruht auf Feichtner, »Koloniales Wirtschaftsrecht«. Zum Zusammenhang von Privateigentum und Kolonialismus siehe Bhandar, *Colonial Lives of Property*, zum Zusammenhang von Liberalismus und Kolonialismus siehe Ince, *Colonial Capitalism*. Zur zögerlich beginnenden Aufarbeitung der Kolonisation in der deutschen Rechtswissenschaft siehe Kemmerer, »Die verspätete Rezeption«.

Kolonisation als Public-private-Partnership

Genau zu der Zeit, in der sich mit dem Bürgerlichen Gesetzbuch eine liberale Privatrechtsordnung für das vereinigte Deutschland etablierte, wurde das Deutsche Reich zu einer späten Kolonialmacht. Von Ende des 19. Jahrhunderts bis zum Ende des Ersten Weltkriegs beanspruchte es Kolonialbesitz in Afrika, China und dem Pazifik. Es wurde zu dieser Zeit, gemessen an der Fläche seiner Kolonien, zur drittgrößten Kolonialmacht nach Großbritannien und Frankreich. Zu den afrikanischen Kolonien, auf die ich mich hier konzentriere, gehörten Territorien, die heute in den Staaten Namibia, Tansania, Burundi, Ruanda, Kamerun, Togo und Ghana liegen. Im Pazifik wurde Nauru, von dem später noch die Rede sein wird, als Teil der Marshall-Inseln deutsche Kolonie.

Zunächst überließ die Regierung des Kaiserreichs die Kolonisation privaten Akteuren – Kolonialagitatoren, Kaufleuten, Handels- und Kolonialgesellschaften.[2] Reichskanzler Bismarck zögerte, formale Kolonien zu schaffen, also territoriale Souveränität außerhalb des Staatsgebiets des Kaiserreichs zu beanspruchen. Auch weite Teile der wirtschaftlichen Eliten Deutschlands waren zurückhaltend. Insbesondere die sogenannte Hochfinanz investierte lieber in andere Projekte, beispielsweise die Bagdadbahn im Osmanischen Reich oder Eisenbahnbauten in Südamerika, die nicht der Aneignung von Kolonien, sondern der imperialen »wirtschaftlichen Durchdringung« dienten.[3] Die Regierung stellte sich den Aktivitäten der privaten Kolonisierer aber auch nicht entgegen. Vielmehr überließ sie die Kolonisation zunächst bewusst privaten Akteuren, die den persönlichen Schutz des Reichs genossen, aber ansonsten auf eigenes Risiko handeln sollten. Als das Reich dann in den 1880er Jahren formal Gebiete im Südpazifik, in Afrika und China als Schutzgebiete deklarierte und

2 Zur Geschichte der deutschen Kolonisation: Mommsen, *Großmachtstellung und Weltpolitik*.

3 Hoffmann, »Wirtschaftliche Durchdringung«, in: *Wörterbuch des Völkerrechts und der Diplomatie*, Band 3, S. 543.

damit als seine Kolonien beanspruchte, hatten die privaten Kolonisierer und die von ihnen gegründeten Kolonialgesellschaften durch ihre Aktivitäten die staatliche Machtübernahme schon vorbereitet.

Wichtig für die spätere Deklaration als Kolonien (das Reich nutzte den Begriff »Schutzgebiete«) waren die Verträge, die private Akteure mit lokalen Herrschern abschlossen und die euphemistisch »Freundschaftsverträge« genannt wurden.[4] Damit wollten Erstere sowohl Privateigentum an Land als auch Hoheitsrechte erwerben. Der Bremer Kaufmann Adolf Lüderitz beispielsweise, der sich Reichtum durch Diamantenfunde erhoffte, schloss am 1. Mai 1883 mit Josef Fredericks, Kaptein der Bethanien-Nama, einen solchen Vertrag. Für die Zahlung von fünf Pfund Sterling und 200 Gewehren wollte er als Gegenleistung die Bucht Angra Pequena und angrenzendes Land in Westafrika, dem Territorium des heutigen Namibia, erhalten. Weitere Beispiele sind die Verträge, die der Kolonialagitator Carl Peters mit Mafungu Miniani, in den Vertragsdokumenten als Sultan von Nguru bezeichnet, in Ostafrika abschloss. Sie sind in einer Abhandlung des staatswissenschaftlichen Seminars Jena von 1913 abgedruckt.[5] In einem dieser Verträge heißt es, Mafungu Miniani trete als »alleiniger Souverän des Landes Quaniani Quatunge in Nguru« sowohl private Rechte an Land als auch solche Rechte ab, »die nach Begriffen des deutschen Staatsrechts die Staatsoberhoheit« bedeuten. Diese Rechte sollten unter anderem das alleinige Recht umfassen, Grund und Boden, Forste und Flüsse »in jeder ihm [Carl Peters] beliebenden Weise« auszunutzen wie auch eine eigene Justiz und Verwaltung einzurichten sowie Steuern und Zölle zu erheben. Im Gegenzug sollte Peters beziehungsweise die Kolonialgesellschaft, für die er handelte, den Schutz des Sultans und seines Vol-

4 Goldmann, »Die deutsch-namibische Entschädigungsfrage«.
5 *Kurtze, Die Deutsch-Ostafrikanische Gesellschaft.*

kes übernehmen. Die Verträge sollten »für ewige Zeiten gültig« sein.[6]

Die deutschen Vertragspartner waren häufig juristische Personen, sogenannte Kolonialgesellschaften. So schloss Carl Peters seine Verträge für die im März 1884 gegründete Gesellschaft für deutsche Kolonisation, die später zur Deutsch-Ostafrikanischen Gesellschaft wurde.[7] In die Rechte der von Lüderitz geschlossenen Verträge trat nachträglich die Deutsche Kolonialgesellschaft für Südwestafrika ein. Neben diesen beiden gab es eine Reihe weiterer »Kolonialgesellschaften«. Die Gründung von Gesellschaften allein zum Zweck der Kolonisation diente zum einen der Kapitalbeschaffung, also der Finanzierung der kolonialen Projekte. Zum anderen erlaubte sie es den Kolonisierern, ihre persönliche Haftung auszuschließen und damit die finanziellen Risiken für die beteiligten natürlichen Personen zu minimieren. Die Notwendigkeit, Kapital für das risikoreiche Projekt der Kolonisation zu gewinnen, war eine wichtige Motivation für die Schaffung einer neuen Gesellschaftsform Ende des 19. Jahrhunderts – der Gesellschaft mit beschränkter Haftung (GmbH).[8]

Die von privaten Akteuren abgeschlossenen Verträge dienten der Legitimation der Kolonialherrschaft durch das Reich. Als deutlich wurde, dass ihnen die Mittel fehlten, ihre »Erwerbungen« gegen den Widerstand der lokalen Bevölkerung zu verteidigen, änderte das Reich seine Kolonialpolitik. 1884 proklamierte der Reichstag die »Unterschutzstellung« der von Lüderitz vertraglich »erworbenen« Bucht Angra Pequena. Es folgte die Ausrufung weiterer Schutzgebiete.[9] Das Gesetz über die Rechtsverhältnisse der Schutzgebiete von 1886 legte fest, dass der Kaiser in den Kolonien die »Schutzgewalt« im Namen des Reiches ausübte. »Schutz«

6 Ebd., S. 178 f.
7 Zur Kolonisation Ostafrikas: Tetzlaff, *Koloniale Entwicklung und Ausbeutung*.
8 Feichtner, »Koloniales Wirtschaftsrecht«, S. 218 f.; Ring, *Deutsche Kolonialgesellschaften*.
9 Mommsen, *Großmachtstellung und Weltpolitik*, S. 64 ff.

sollte sich hier sowohl auf den Schutz der weißen Europäer und der von ihnen erworbenen Rechte in den Kolonien als auch den Schutz der Kolonisierten beziehen, zu dem sich die Kolonialmächte bei der Berliner Konferenz, die bis heute die Aufteilung Afrikas unter den Kolonialmächten symbolisiert, verpflichteten. 1884 hatte Reichskanzler Bismarck die Konferenz einberufen. Sie diente den europäischen Staaten vor allem dazu, ihre Herrschaftsansprüche und gegenseitigen Verpflichtungen auf dem afrikanischen Kontinent festzulegen, die sie mit der Abschlussakte von 1885 verabschiedeten.[10]

Die Aufteilung eines ganzen Kontinents ohne Beteiligung der Bewohnerinnen war durch das Völkerrecht legitimiert. Das »Europäische Völkerrecht« privilegierte die europäischen Staaten als »zivilisierte« Nationen. Es erlaubte ihnen die Kolonisation von Gebieten außerhalb Europas durch Okkupation »unbesiedelten Gebiets«, sogenannter *terra nullius,* und durch den Abschluss von Protektoratsverträgen, mit denen sich die Kolonialmächte Souveränitätsrechte von anderen Staaten übertragen ließen. Die deutsche Kolonisation entsprach allerdings keinem dieser beiden durch das Völkerrecht anerkannten Wege.[11] Die von Deutschland beanspruchten Gebiete waren besiedelt und konnten deswegen nicht als herrenlos qualifiziert und damit auch nicht völkerrechtmäßig durch Okkupation kolonisiert werden.[12] Deutsche Völkerrechtler wussten sich damit zu helfen, dass sie das Konzept umdeuteten. Okkupation sollte auch dann den Kolonialerwerb ermöglichen, wenn es sich nicht um »herrenloses Land« handelte, sondern nur eine »herrenlose Souveränität«, wenn auf dem betreffenden Gebiet also keine Staatlichkeit bestand. Mit der Konstruktion der »herrenlosen Souveränität« verwickelten sich die

10 Zu dieser Konferenz und ihrer Legalisierung und Legitimierung kolonialer Herrschaftsansprüche: Hankings-Evans, »Imperiale Vorherrschaft in der völkerrechtlichen Entstehungsgeschichte«.

11 Bernstorff, »Koloniale Herrschaft durch Ambivalenz«.

12 Zum Konzept des *territorium nullius* in der Kolonisation Afrikas siehe Fitzmaurice, *Sovereignty, Property and Empire,* S. 271 ff.

deutschen Kolonisierer aber in weitere Widersprüche. Einerseits sprach das Reich den kolonisierten Gemeinschaften politische Souveränität ab, andererseits schloss es mit politischen Führungspersönlichkeiten Verträge, die schon genannten Schutzverträge, in denen es sich Souveränitätsrechte übertragen ließ. Mit diesen Verträgen wollte das Reich im Verhältnis zu den anderen europäischen Kolonialmächten eine Art Anwartschaft begründen, bis durch Okkupation der volle Kolonialerwerb des betreffenden Territoriums erfolgen würde. Die deutschen Kolonien konnten völkerrechtlich also auch nicht als Protektorate gelten. Denn das hätte erfordert, die Souveränität der Vertragspartner anzuerkennen.[13]

Das zeitgenössische Völkerrecht ließ rein symbolische Handlungen wie das Hissen von Flaggen für eine Okkupation nicht ausreichen, sondern forderte eine effektive Inbesitznahme. Dieses Effektivitätsprinzip hatte Hugo Grotius schon Anfang des 17. Jahrhunderts gegen den Kolonialerwerb durch bloße Entdeckung, wie ihn die portugiesischen Kolonisierer für rechtmäßig hielten, in Stellung gebracht.[14] Die Reichsregierung erkannte diese Voraussetzung an und setzte für die effektive Inbesitznahme zunächst auf die Kolonialgesellschaften. Wie schon erwähnt, hatten sich diese vertraglich nicht nur Rechte an Land, sondern auch Hoheitsrechte übertragen lassen. Die Ausübung dieser Hoheitsrechte hätte eine effektive Inbesitznahme begründen können.

Allerdings warf die vertragliche Übertragung von Gebietshoheit an Kolonialgesellschaften ebenfalls rechtliche Fragen auf. Denn diese waren zur Zeit des Vertragsschlusses weder als Subjekte des Völkerrechts anerkannt noch als Organe des Staates tätig geworden. Auch hier fanden sich Juristen, die zum Ergebnis kamen, dass eine Übertragung von Hoheitsrechten stattgefun-

13 Nach geltendem Völkerrecht sollten Protektoratsverträge die Souveränität der Vertragspartner anerkennen und lediglich die äußere Souveränität des Vertragspartners gegen ein Schutzversprechen auf die Kolonialmacht übertragen: Bernstorff, »Koloniale Herrschaft durch Ambivalenz«, S. 274 f.

14 Damler, *Wildes Recht*, S. 76.

den habe. So konstruierten manche Autoren eine »Geschäftsführung ohne Auftrag« der Kolonialgesellschaften für das Reich. Die Hoheitsrechte seien dann auf das Reich übergegangen, als es für sich selbst den Status als »Schutzmacht« reklamierte. In einigen Fällen bestätigte das Reich durch die »Schutzverträge« mit den Kolonisierten die zuvor von den privaten Akteuren abgeschlossenen Verträge.[15]

Durch »Schutzbriefe« sollten die Hoheitsrechte über Gebiet und Bevölkerung dann wieder vom Reich an Kolonialgesellschaften zurückverliehen werden. Der Gesellschaft für deutsche Kolonisation wurde am 27. Februar 1885 ein solcher Schutzbrief erteilt. In diesem bestätigte der Kaiser, dass das Reich die in Ostafrika erworbenen Gebiete von einem Ausmaß von etwa 140.000 Quadratkilometer unter Schutz gestellt und die »Oberhoheit« über sie übernommen habe. Außerdem verlieh das Reich der Gesellschaft durch den Schutzbrief Gebiets- und Personalhoheit. So heißt es darin: »Wir verleihen der besagten Gesellschaft unter der Bedingung, daß sie eine deutsche Gesellschaft bleibt, [...] die Befugnis zur Ausübung aller aus den Uns vorgelegten Verträgen fließenden Rechte, einschließlich der Gerichtsbarkeit, gegenüber den Eingeborenen und den in diesen Gebieten sich niederlassenden oder zu Handels- und anderen Zwecken sich aufhaltenden Angehörigen des Reichs und anderer Nationen, unter der Aufsicht Unserer Regierung und vorbehaltlich weiterer von Uns zu erlassender Anordnungen und Ergänzungen dieses Unseres Schutzbriefes.«[16]

Ein solcher Schutzbrief sollte auch der 1885 von einem Konsortium um den Geschäftsführer der Disconto-Gesellschaft Adolph von Hansemann und »Bismarcks Bankier« Gerson von Bleichröder gegründeten Deutschen Kolonialgesellschaft für Südwestafrika erteilt werden. Diese war – im Interesse Bismarcks – in die

15 Zu den unterschiedlichen Rechtfertigungen siehe Schack, *Das deutsche Kolonialrecht in seiner Entwicklung bis zum Weltkriege.*

16 Abgedruckt in ebd., S. 360 f.

vertraglichen Rechte des Kaufmanns Lüderitz eingetreten, um zu verhindern, dass der in finanzielle Schwierigkeiten geratene Lüderitz das erworbene Land an ein britisches Unternehmen verkaufte.[17] Letztlich verzichtete die Kolonialgesellschaft auf die Übertragung der Personal- und Gebietshoheit, um der Verpflichtung zu entgehen, Verwaltung, Rechtsprechung und Verteidigung der Kolonie übernehmen zu müssen. Ein weiterer Schutzbrief wurde der Neuguinea-Kompagnie erteilt, die im Pazifik tätig war.

Die sogenannten Gesellschaftsschutzgebiete, in denen Kolonialgesellschaften effektive Hoheitsmacht ausüben sollten, waren nicht von Dauer. Das Reich übernahm zunehmend selbst Regierungs- und Verwaltungsfunktionen. Vielfach ging es militärisch gegen die Schwarze Bevölkerung vor, um deren Widerstand zu brechen. Zwischen 1904 und 1907 kam es in Südwestafrika zum Völkermord an den Herero und Nama: Etwa Hunderttausend Menschen wurden getötet, in die Wüste getrieben, wo sie verdursteten, oder starben in Konzentrationslagern und bei der Zwangsarbeit. Auch in den Gebieten des heutigen Tansania und Kamerun kam es zu genozidaler Gewalt gegen die lokalen Bevölkerungen.[18]

Rechtfertigung von Aneignung und Privateigentum an Land

Nachdem das Reich die »Oberhoheit« an sich gezogen und selbst die Verwaltung der Kolonien übernommen hatte, begann es auch den Erwerb von Grundeigentum und die weitere »wirtschaftliche Erschließung« der Kolonien stärker zu regeln. Es verbreitete sich

17 Stern, *Gold und Eisen*, S. 573.

18 Zu den Genoziden in der Kolonie Südwestafrika siehe Krüger, *Kriegsbewältigung und Geschichtsbewußtsein*, und Zimmerer et al. (Hg.), *Völkermord in Deutsch-Südwestafrika*. Heutige Schätzungen gehen davon aus, dass in Ostafrika 250.000 bis 300.000 Menschen, ein Drittel der Bevölkerung, dem Krieg der Deutschen Kolonisierer zur Niederschlagung des Widerstands der Bevölkerung zum Opfer fielen: Bundeszentrale für politische Bildung, »Vor 115 Jahren: Der Maji-Maji-Aufstand«.

die Auffassung, die Kolonialgesellschaften hätten in der wirtschaftlichen Erschließung versagt und ihre Rechte, die im Reich zunehmend infrage gestellt und bestritten wurden, zur eigenen Bereicherung, etwa im Wege der Landspekulation, missbraucht.[19]

Was Landeigentum in den Kolonien betraf, so unterschieden die einschlägigen kaiserlichen Verordnungen zwischen »herrenlosem Land« einerseits – in Kamerun und Ostafrika wurde dieses Land Kronland genannt – und Land, an dem gültige Eigentumstitel der Bewohnerinnen bestanden. Der deutsche Staat sollte das ausschließliche Aneignungsrecht an »herrenlosem Land« haben und es durch tatsächliche Besitzergreifung ausüben können. Siedler und Gesellschaften konnten sich »herrenloses Land« nur aneignen, wenn ihnen von den Gouverneuren der Kolonien die Erlaubnis erteilt wurde. Verkäufe und Verpachtungen von Land, an dem Eigentumsrechte der Schwarzen Bevölkerung bestanden und anerkannt wurden, unterlagen dem Vorbehalt der Genehmigung durch die Kolonialverwaltung. Diese Regelung sollte wie auch die Zuweisung von Reservaten nach nordamerikanischem Vorbild dem Ziel einer geordneten Entwicklung und dem Erhalt der Arbeitskraft der Schwarzen Bevölkerung dienen.[20] In Südwestafrika galt nach dem Genozid an Nama und Herero deren gesamtes Land als Regierungsland. Begründet wurde die Enteignung damit, dass die Bewohnerinnen durch ihren Widerstand ihre Rechte am Land verwirkt hätten.[21] Auch in den Kolonien wurden Grundbücher und Landregister eingerichtet. Ferner setzten die Gouverneure Landkommissionen zu Erforschung und Feststellung der Landverhältnisse ein.[22]

19 Hesse, *Die Landfrage*.

20 Trotz dieser Regelungen eigneten sich weiße Siedler weiter Land über »Zwangsvollstreckungen« an, nachdem sie vorher Waren auf Kredit an die Eigentümer verkauft hatten: Bley, *Kolonialherrschaft und Sozialstruktur*, S. 128 ff.; Parvus, *Kolonialpolitik und Zusammenbruch*, S. 71.

21 Hesse, *Die Landfrage*, S. 59.

22 Gerstmeyer, »Kronland«; Gerstmeyer, »Grundeigentum«.

In ihren Rechtfertigungen der Vertreibungen sowie gewaltsamen Ent- und Aneignungen von Land knüpften die Kolonisierer an frühere Phasen der Kolonisation an. Schon in der Kolonisation Nordamerikas im 17. Jahrhundert wurde bewohntes Land als herrenlos qualifiziert, um damit die Aneignung durch die Kolonisierer zu rechtfertigen. Den Bewohnern des Landes wurden ihre Rechte am Land abgesprochen, da sie dieses nicht in befestigten Siedlungen bewohnen und nicht bewirtschaften würden. Von der Kolonisation Nordamerikas hatte die Rechtfertigung der Vertreibung vom Land und seiner Aneignung, die sich neben der »Herrenlosigkeit« auch auf die »Kultivierung« des Lands durch die Kolonisierer stützte, Eingang in John Lockes Eigentumslehre gefunden.[23] Zwei Jahrhunderte später wird sie ganz ähnlich in der Kolonisation Afrikas vorgebracht: In einer Regierungsschrift zu den Kolonien Ostafrika und Südwestafrika heißt es: »Wie bereits erwähnt, wird nur ein geringer Theil des Schutzgebiets von den eingeborenen Stämmen thatsächlich bewohnt und bewirtschaftet. Trotzdem nehmen sie das Verfügungsrecht über weit ausgedehnte Gebiete für sich in Anspruch. Im Interesse des Schutzgebiets muss die Regierung Bedenken tragen, die Ansprüche, die von Eingeborenen auf Grund eines vorübergehenden nomadisirenden Besitzes auf das Eigenthum von Grund und Boden erhoben werden, allgemein anzuerkennen.«[24]

Ferner stellten Kolonialrechtler fest, die afrikanische Bevölkerung kenne kein dem deutschen Privateigentum vergleichbares Recht. Sie habe keinen »Begriff vom Eigentum«, der dem deutschen Verständnis von Privat- und Grundeigentum entspreche.[25] Aus dieser Beobachtung wird ein weiteres Argument für die Qualifikation des Landes als »herrenlos«. Zugleich wirft sie

23 Damler, *Wildes Recht*, 39 ff.; Armitage, »John Locke, Carolina, and the ›Two Treatises of Government‹«.

24 Denkschrift über das ostafrikanische und über das südwestafrikanische Schutzgebiet, Verhandlungen des Reichstags, Bd. 136, 1893/94, Anlage Nr. 48, S. 328, 352.

25 Jäckel, *Die Landgesellschaften in den deutschen Schutzgebieten*, S. 36 f.

die Frage auf, wie mit den oben behandelten »Freundschaftsverträgen« Privateigentum an Land übertragen werden konnte, wenn die Rechtsordnungen der Kolonisierten kein Privateigentum kannten.

Der Kolonialrechtler Herbert Jäckel gab folgende (für das deutsche Kolonialrecht typische) Antwort auf die Frage, ob die Vertragspartner wirksam Privateigentum an Land an die Kolonisierer abtreten konnten: Er verweist auf die Überlegenheit der deutschen Rechtsbegriffe und die »Kulturaufgabe«, die darin bestehe, in den Kolonien »unsere Rechtsbegriffe einzubürgern«.[26] Diese Aufgabe rechtfertige die Anerkennung des Erwerbs von Grundeigentum durch die deutschen Kolonisierer, selbst wenn sich der Eigentumserwerb rechtsdogmatisch nicht schlüssig begründen lasse. Auch hier kommen schon früher in der Geschichte des Kolonialismus angewendete Topoi zum Einsatz: Die rassifizierten Bewohnerinnen und ihre politischen und rechtlichen Ordnungen werden abgewertet und zugleich wird den Kolonisierern die Aufgabe und Verantwortung für zivilisatorischen Fortschritt zugeschrieben. Der Verweis auf Minderwertigkeit und Kulturaufgabe, wo sich die Rechtfertigung der Kolonisation in Widersprüche und Inkonsistenzen verstrickte und selbst mit dem die Kolonisation ermöglichenden (Völker-)Recht nicht zu vereinbaren war, kann mit Jochen von Bernstorff als »Argumentationsreserve« bezeichnet werden. Sie kennzeichnet ein Kolonialrecht, das auf Ambivalenzen basiert und »rechtlich strukturierte Herrschaft bei gleichzeitiger Ausschlussmöglichkeit von Rechtsträgerschaft und Rechtsansprüchen auf Seiten der Kolonisierten« ermöglicht.[27]

Als die Debatte über die Möglichkeit und Unmöglichkeit des Eigentumserwerbs an Land im Reich geführt wurde, ging es keineswegs um die Verletzung von Rechten der Kolonisierten. Zu dieser Zeit waren in den afrikanischen Kolonien schon Hunderttausende Menschen getötet und präkoloniale politische Struktu-

26 Ebd.

27 Bernstorff, »Koloniale Herrschaft durch Ambivalenz«, S. 296.

ren zerstört worden. Vielmehr ging es um die Verteilung von Rechten und Privilegien zwischen Reich und staatlicher Kolonialverwaltung auf der einen Seite und Kolonialgesellschaften auf der anderen Seite. Zwar hatten die Kolonialgesellschaften die Kolonisation durch das Reich vorbereitet. Als sie später jedoch wegen mangelnder »wirtschaftlicher Erschließung« des Landes zunehmend in die Kritik gerieten, wurde nach Möglichkeiten gesucht, ihre Rechte zugunsten des Reichs und der Kolonialverwaltungen zu bestreiten.[28]

Zwang und Vertreibung zum Zwecke wirtschaftlicher Erschließung

Die Kolonialkriege führten im Reich zu stärkerer Aufmerksamkeit für die deutsche Kolonialpolitik. Kritik entzünde sich dabei weniger an Vernichtung und Völkermorden als an gefallenen deutschen Soldaten und hohen Kriegskosten. Der Streit über einen Nachtragshaushalt zur Finanzierung der Kriegsführung gegen die Herero und Nama in Südwestafrika und die Entschädigung deutscher Siedler führte 1906 zur Auflösung des Reichstags durch Kanzler Bernhard von Bülow. Die »koloniale Frage« stand im Mittelpunkt des nachfolgenden Wahlkampfs.[29] Die bürgerlich-liberale Mehrheit des neu konstituierten Reichstags unterstützte die Weiterführung der Kolonisation. Führende Kolonialbeamte wie der Liberale Bernhard Dernburg, erster Staatssekretär des 1907 gegründeten Reichskolonialamts, wollten aber einen Richtungswechsel der Kolonialpolitik einleiten. Fortan sollte die wirtschaftliche Erschließung der Kolonien, insbesondere durch den Bau von Eisenbahnen, im Mittelpunkt stehen.[30] Außerdem sollte sich das Verhältnis zu den Kolonisierten ändern. Diese wurden jetzt vermehrt als das wichtigste »wirtschaftliche Aktivum« der

28 Diesen Möglichkeiten widmet sich die kolonialrechtliche Abhandlung Hesse, *Die Landfrage*.
29 Waldhoff, »Kolonial-Finanzverfassung«.
30 Laak, *Imperiale Infrastruktur*, S. 133 ff.

Kolonien bezeichnet. Die Nutzung dieses »Humankapitals« sollte mit einer Abkehr von einer Politik der Vernichtung und Implementierung einer Politik der Fürsorge einhergehen.[31]

Um die Kolonisierten zu Lohnarbeitern (für den Eisenbahnbau), zu Steuerzahlern (zur Finanzierung von Schutzgebietsanleihen) und zu Konsumenten (zur Steigerung der Binnennachfrage) zu machen, waren neben ihrer Vertreibung vom Land verschiedene weitere Operationen erforderlich: darunter Änderungen des Arbeitsrechts, Einführung einer Steuerverwaltung und Geldwirtschaft. Die 1919 veröffentlichte Dissertation von Adalbert Bauer zum Arbeitszwang in Deutsch-Ostafrika illustriert besonders eindrücklich die nationalökonomische Bewertung der Arbeitsverhältnisse in den deutschen Kolonien in Afrika und die Rechtfertigung von Gewalt und Zwang gegen die Kolonisierten.[32] Dabei liest sie sich wie ein Lehrstück über die »primitive Akkumulation« als notwendige Phase im Übergang zu einer voll ausgebildeten kapitalistischen Produktionsweise, die auf der Ausbeutung »freier« Arbeiter sowie der Etablierung der Warenform und von Geld als universellem Tauschmittel beruht.

Bauers Hauptanliegen ist die Rechtfertigung des Arbeitszwangs. Dabei bemüht auch er »Kulturaufgabe« und Rassifizierung, um zu legitimieren, warum in den Kolonien Praktiken zum Einsatz kommen sollten, die in Europa nicht mehr mit dem geltenden liberalen Recht vereinbar waren. Die Anwendung von Zwang in der »Erziehung zur Arbeit« sei in kulturellen Besonderheiten begründet, darunter ein mangelndes Verständnis von individueller Freiheit. Vorzugswürdig sei allerdings, so betont Bauer, die »freie« Arbeit, also die Lohnarbeit infolge eines freiwillig abgeschlossenen Arbeitsvertrags. Um langfristig die Lohn-

31 So auch Walter Rathenau, der Dernburg auf Reisen in die afrikanischen Kolonien begleitete: Rathenau, »Erwägungen über die Erschließung«, S. 583.

32 Bauer, *Der Arbeitszwang in Deutsch-Ostafrika.* Zur deutschen Arbeitspolitik in den Kolonien siehe *Conrad*, »›Eingeborenenpolitik‹ in Kolonie und Metropole«, S. 107 ff.; Haschemi Yekani, *Koloniale Arbeit.*

arbeit flächendeckend zu etablieren, sollte ein Zustand der Knappheit hergestellt werden, in dem Lohnarbeit überlebensnotwendig ist.[33] Maßgeblich ist dafür die Verteilung des Bodens. Den Kolonisierten dürfe, da ist sich Bauer mit anderen Autoren einig, nur so viel Land zur Verfügung stehen, dass die Früchte der Bewirtschaftung nicht zum Leben reichten. Bauer beschreibt hier, wie in der kapitalistischen politischen Ökonomie ein Zustand der Knappheit produziert werden muss, der in anderen Systemen so nicht besteht,[34] damit die Mehrwertproduktion durch Ausbeutung von Lohnarbeit voll zur Entfaltung kommen kann.

Die bürgerlich-liberale Kolonialpolitik wollte sich von der vorangegangenen, durch Gewaltherrschaft gekennzeichneten Kolonialpolitik abgrenzen. Doch Hierarchisierung, rassistische Diskriminierung und Rechtsausschlüsse bestanden fort. Mit Vertreibung, Völkermord und Aneignung des Landes hatten die Kolonisierer die Voraussetzungen geschaffen, die notwendig waren, um die Bewohnerinnen als wirtschaftliches Aktivum in den Prozess der Erschließung und »Verwertung« der Kolonien zu integrieren. Heute wirkt die Kolonisation in Grenzziehungen, in der Weitergeltung kolonialen Rechts, vor allem im Bereich des Wirtschaftsverkehrs, und in globalen Wertschöpfungsketten fort.[35] Durch die Kolonisation wurde Land in weiten Teilen der Welt rechtlich zu einer Sache, die Gegenstand von Eigentumsrechten, Ware und Kapitalanlage ist.

Heute soll die Anerkennung von Eigentumsrechten an Land (Indigene) Bewohnerinnen schützen. Auch Eigentumsrechte an Land bewahren sie jedoch nicht vor Vertreibung von dem Land, auf dem sie leben. Denn mit der Anerkennung von Privateigentum an Land geht auch die Möglichkeit der Verfügung und Enteignung einher. Die Pflicht zur Entschädigung infolge von Enteig-

33 Bauer, *Der Arbeitszwang in Deutsch-Ostafrika*, S. 225 f.

34 Sahlins, *Stone Age Economics*.

35 Leiter, *Making the World Safe for Investment*; Alessandrini, *Global Value Chains, Development and the Long Duree of Trade and Investment Law«*.

nungen kann den Vermögensverlust kompensieren, nicht jedoch die Trennung der Bewohnerinnen vom Land und aus den damit verbundenen Beziehungssystemen.[36] Das Recht des Privat- und Grundeigentums vermag den Verlust an Land nicht als die Zerstörung von Lebenswelten und Kosmologien zu erfassen, die im Rückblick auf die gewaltvolle Kolonialgeschichte so deutlich hervortritt. Radikale Gegenentwürfe setzen dem Recht der Kolonisation und des Privateigentums deshalb ein anderes Recht als Gegenrecht entgegen.[37]

36 D'Souza, *What's Wrong with Rights?*; D'Souza, »Land, People and Places«; Watson, *Aboriginal Peoples, Colonialism and International Law*.

37 Staggs-Kelsall, »Disordering International Law«, S. 744 ff.

3 | Aufteilung und Privatisierung des Tiefseebodens

> Manche Staaten könnten versucht sein, ihre technische Kompetenz zu nutzen, um durch Kontrolle des Tiefseebodens eine fast unbezwingbare globale Dominanz zu erlangen. [...] Der Prozess hat schon begonnen und wird zu einem Wettlauf um souveräne Rechte über das Land unter den Meeren und Ozeanen der Welt führen, der in seinem Ausmaß und in seinen Auswirkungen den kolonialen Wettlauf um Territorien in Asien und Afrika übertreffen wird.
>
> *Arvid Pardo*[1]

Am 1. November 1967 hält der Botschafter Maltas Arvid Pardo vor der Generalversammlung der Vereinten Nationen eine eindrückliche und dann auch folgenreiche Rede.[2] Er entfaltet darin utopische und dystopische Zukünfte des Meeresbodens. Pardo skizziert die Landschaften und geologischen Formationen des Meeresgrunds: mit Bergrücken und Gipfeln höher als die höchsten Erhebungen an Land, tiefen Schluchten und wertvollen Mineralien. Er ahnte noch nicht, dass 1979 auf einer Expedition mit dem amerikanischen Forschungstauchboot ALVIN Hydrothermalquellen entdeckt werden sollten, sonst hätte der bestens über die Meeresforschung informierte Pardo sie bestimmt erwähnt. Manche dieser Quellen stoßen heißes schwefelhaltiges Wasser aus; sie bilden spektakuläre, bis zu 60 Meter hohe Schlote und sind von besonderer Bedeutung für die Entstehung von Leben auf dem Planeten.[3]

Für Pardo war es nur eine Frage der Zeit, bis sich viele menschliche Aktivitäten auf den Meeresboden verlagern würden. Seine Beschreibungen der möglichen Nutzungen lassen die Unterwasserwelt wie eine Fortsetzung der Welt an Land wirken. Er spricht von dem Ozean als Ort, wo künftig der größte Teil der Nahrungs-

1 Pardo, UN A/C.1/PV.1515, 1.11.1967, Para. 91 (eigene Übersetzung).

2 Für eine Kontextualisierung der Rede siehe Ranganathan, »Global Commons«.

3 Van Dover, *Hydrothermal Vents.*

mittelproduktion stattfinden werde; von Delfinen als »Hirtenhunden« für Fischfarmen; und zitiert Vorhersagen, wonach Kolonien von Aquanauten im Jahr 1975 in einer Tiefe von fast 500 Metern leben und arbeiten würden.[4]

Unter den von ihm erwähnten mineralischen Reichtümern sind auch die berühmten Manganknollen, die korrektere Bezeichnung ist polymetallische Knollen. Ihr Vorkommen auf dem Grund des Pazifischen Ozeans übersetzt er in schier unglaubliche Zahlen: Schätzungen zufolge enthielten sie unter anderem 43 Milliarden Tonnen Aluminium, was bei gleichbleibendem Verbrauch einer Reserve für 20.000 Jahre entspräche; 358 Milliarden Tonnen Mangan für 400.000 Jahre, 7,9 Milliarden Tonnen Kupfer für 6.000 Jahre, 14,7 Milliarden Tonnen Nickel für 150.000 Jahre und 5,2 Milliarden Tonnen Kobalt für 200.000 Jahre.[5] Von Manganknollen ist noch heute meist als Erstes die Rede, wenn über den Tiefseebergbau berichtet wird. Pardo ging davon aus, dass ihr Abbau unmittelbar bevorstehe. Der Prototyp eines U-Boots, das die Manganknollen in 4000 Meter Tiefe vom Meeresgrund aufsammeln und in ein Frachtschiff pumpen würde, sei bereits in Bau. Eine Tonne Manganknollen könne dann zu Kosten von 28,50 US-Dollar gefördert, transportiert und prozessiert werden, während der kommerzielle Metallwert 40 bis 100 US-Dollar betrage.[6]

Zwar gab es tatsächlich in den 1970er Jahren Probeförderungen (Pilot-Mining-Tests), an denen auch deutsche Unternehmen beteiligt waren.[7] Doch nach der ersten Euphorie über die anscheinend unermesslichen ökonomischen Reichtümer, die es nur vom Meeresboden einzusammeln galt, vergingen einige Jahrzehnte,

4 Pardo, UN A/C.1/PV.1515, 1. 11. 1967, Para. 33, 44.

5 Pardo, UN, A/C.1/PV.1515, 1. 11. 1967, Para. 26.

6 Pardo, UN, A/C.1/PV.1515, 1.11.1967, Para. 34.

7 1972 gründeten die Preussag, Salzgitter AG und Metallgesellschaft AG die Arbeitsgemeinschaft meerestechnisch gewinnbare Rohstoffe für die Erkundung von Mineralien der Tiefsee. Später beteiligte sich die Arbeitsgemeinschaft an einem transnationalen Konsortium, das 1978 einen Pilot-Mining-Test zur Förderung von Manganknollen durchführte.

bis mit der globalen Finanz- und Wirtschaftskrise den Manganknollen und weiteren Tiefseemineralien wieder mehr Aufmerksamkeit zuteilwurde. Der Studentin des Völkerrechts blieb die Manganknolle jedoch auch dann ein Begriff, als sie nicht im Zentrum internationaler Politik stand.[8] Besonders auf deutsche Völkerrechtsprofessoren, die an das Völkerrecht als universelle Verfassung glaubten, übte sie eine große Faszination aus. War sie doch eng mit dem Konzept des gemeinsamen Menschheitserbes verbunden, das viele von ihnen als progressive Weiterentwicklung des Völkerrechts werteten. Manche waren sogar selbst stolze Besitzer von Manganknollen. Ob sie es heute noch sind, ist zweifelhaft. Denn die Manganknollen mit Durchmessern von mehreren Zentimetern, die am Meeresgrund in einer Million Jahren nur wenige Millimeter wachsen,[9] zerkrümeln an der Luft in sehr viel kürzerer Zeit zu Staub.

Entdeckt wurden die Manganknollen am 18. Februar 1873 von Mitgliedern der Challenger-Expedition, die zwischen 1872 und 1876 stattfand, 300 Kilometer südwestlich von Ferro, der westlichsten der Kanarischen Inseln.[10] Die Forscher beschrieben die Manganknollen erstmals als metallische Klumpen, die wie Kartoffeln auf dem Meeresgrund liegen. Nach Entdeckung der Manganknollenfelder, die auf den Böden der drei großen Ozeane vorkommen, wurden sie zunächst nur sporadisch weiter erforscht. In den 1960er Jahren verbreitete sich dann die Ansicht, dass am Meeresgrund mit diesen Knollen, die neben Mangan auch Eisen, Kupfer, Kobalt und Nickel enthalten, unermessliche Schätze lagerten. Diese Einschätzung – und wie sich später herausstellte Überschätzung – ging maßgeblich auf eine Veröffentlichung von John Mero aus dem Jahr 1965 zurück, aus der auch Arvid Pardo seine Zahlen bezog.[11]

8 Zur Manganknolle als Objekt des Völkerrechts: Ranganathan, »Manganese Nodules«.

9 Petersen u.a., *Mineralische Rohstoffe* aus der Tiefsee, S. 15.

10 Murray/Renard, *Deep-sea deposits.*

11 Mero, *The Mineral Resources of the Sea.*

Neben den Manganknollen sind sogenannte Massivsulfide, die sich an den Hydrothermalquellen bilden, und kobaltreiche Eisen-Mangan-Krusten von wirtschaftlichem Interesse.[12] Die marinen Mineralien enthalten Bunt- und Edelmetalle, die in der Elektroindustrie und Stahlverarbeitung zur Anwendung kommen. Die Sulfide sind außerdem wegen ihres Gehalts an Hochtechnologiemetallen (Indium, Germanium, Wismut und Selen) bedeutsam. Noch heute gelten die Manganknollen als die »wichtigste potentielle marine Rohstoffquelle«.[13] Über Probeförderungen hinaus ist es noch nicht zur kommerziellen Förderung der in 4000 bis 5000 Metern Tiefe lagernden Meeresmineralien gekommen.

Zurück zu Pardo: In seiner Ansprache vor den Vereinten Nationen geht er zwar davon aus, dass der unaufhaltsame technische Fortschritt die produktive Nutzung des Ozeans und Tiefseebodens zum Wohle der gesamten Menschheit ermöglichen werde. Allerdings hält er auch eine dystopische Wendung nicht nur für möglich, sondern für realistisch – sofern keine Reform und Weiterentwicklung des internationalen Seerechts erfolge: Ein kolonialer Wettlauf um Aneignung zeichne sich ab. Küstenstaaten seien darauf erpicht, Hoheitsrechte und vor allem ökonomische Nutzungs- und Ausbeutungsrechte weit über ihr Festland hinaus auszudehnen. 1945 hatte der amerikanische Präsident Harry S. Truman eine Erklärung abgegeben, mit der die Vereinigten Staaten Hoheitsrechte über den Festlandsockel unter Wasser als »natürliche Fortsetzung« ihres Territoriums und seine natürlichen Ressourcen beanspruchten.[14] Ihr Interesse galt dem in Sedimentschichten

12 Petersen u.a., *Mineralische Rohstoffe aus der Tiefsee.*

13 Ebd., S. 14.

14 Truman, »Proclamation 2667. Policy of the United States with Respect to the Natural Resources of the Subsoil and the Sea Bed of the Continental Shelf (28. September 1945)«, https://www.presidency.ucsb.edu/documents/proclamation-2667-policy-the-united-states-with-respect-the-natural-resources-the-subsoil [9. 10. 2024].

gespeicherten Öl und Gas.[15] Andere Küstenstaaten machten es den Vereinigten Staaten nach und proklamierten ihrerseits Rechte über den Meeresgrund und über Bereiche des Meerwassers darüber, die weit über das drei Seemeilen breite Küstenmeer hinausgingen, in dem Staaten nach geltendem Seerecht Herrschaftsrechte geltend machen konnten.

Pardo artikuliert in seiner Rede die keineswegs unberechtigte Befürchtung, dass auch der Ozeanboden jenseits des als natürliche geologische Verlängerung des Territoriums beanspruchten Festlandsockels als *terra nullius* qualifiziert und damit zum Gegenstand der kompetitiven Aneignung durch einzelne Staaten werden könnte. Bereits in den 1920er Jahren hatten Völkerrechtler Diskussionen über den Status des Meeresbodens geführt und dazu zwei Positionen vertreten. Für die einen war der Meeresboden *terra nullius* beziehungsweise *res nullius*: Wenn Staaten herrenloses Land besetzen und sich so aneignen konnten, dann sollte das auch für den Meeresgrund gelten. Andere widersprachen: Der Meeresboden könne nicht effektiv besetzt werden und sei daher nicht Gegenstand souveräner Aneignung. Sie qualifizierten ihn wie schon Hugo Grotius die hohe See als *res communis* – als Sache zur freien und friedlichen Nutzung aller. In den 1960er Jahren wurde an diese Diskussion angeknüpft. Der US-amerikanische Völkerrechtler Louis Henkin erstellte 1968 für den »National Council on Marine Resources and Engineering Development« einen Bericht, in dem er unter anderem erörtert, welches Rechtsregime des Tiefseebodens für die nationalen Interessen der USA das vorteilhafteste sei.[16]

Pardo zeichnet das Szenario eines kolonisierten Tiefseebodens, in dem Küstenstaaten Hoheitsrechte bis zum Mittelpunkt zwischen sich und dem benachbarten Küstenstaat geltend machen, den Tiefseeboden kontrollieren und militärische Einrichtungen einschließlich Atomkraftwerken darauf installieren. Au-

15 Watt, »First Steps in the Enclosure of the Oceans«.
16 Henkin, *Law for the Sea's Mineral Resources*.

ßerdem warnt er, dass der Ozean, den er am Anfang seiner Rede als »den Mutterleib der Menschheit« beschreibt, zu einer Müllkippe gefährlichen nuklearen Abfalls verkommen könnten.

Da Pardo davon ausgeht, dass diejenigen, die den Ozeanboden kontrollieren, auch Kontrolle über die darüberliegende Wassersäule (die er die »Atmosphäre des untergetauchten Landes« nennt) beanspruchen werden, ist ihm die Etablierung eines Bodenrechts für den Meeresgrund so wichtig. Zwei rechtliche Neuerungen sollen sicherstellen, dass der Meeresboden und seine Ressourcen friedlich und zum Wohle aller genutzt werden und nicht einem Wettlauf um Aneignung zum Opfer fallen. Erstens soll der Meeresboden jenseits staatlicher Jurisdiktion einschließlich seiner Ressourcen zum gemeinsamen Erbe der Menschheit erklärt werden. Zweitens soll eine internationale Institution außerhalb der Vereinten Nationen geschaffen werden, die für alle ozeanografischen Aktivitäten verantwortlich ist. Sie soll Jurisdiktion über die Ozeane und den Meeresboden haben, dabei jedoch nicht als Souverän, sondern als Treuhänderin für alle Länder agieren.[17]

Arvid Pardo gab mit seiner Rede einen neuen Impuls für die von vielen als notwendig erachtete Weiterentwicklung des internationalen Seerechts. 1973 begann die dritte Seerechtskonferenz der Vereinten Nationen. Die Verhandlungen dauerten ein Jahrzehnt und mündeten in das Seerechtsübereinkommen der Vereinten Nationen, das 1982 von der Konferenz angenommen wurde.[18] Danach dauerte es weitere zwölf Jahre, bis das Seerechtsübereinkommen im Jahr 1994 nach einer Modifikation der umstrittenen Regeln zum Tiefseeboden in Kraft trat. Schon kurze Zeit nach Pardos Rede verabschiedete die Generalversammlung der Vereinten Nationen 1968 mit 52 zu 27 Stimmen (bei 35 Enthaltungen) eine Resolution über ein Moratorium für die Mineralien-

17 Pardo, UN, A/C.1/PV.1515, 1.11.1967, Para. 105.

18 Zur Geschichte der drei Seerechtskonferenzen der Vereinten Nationen: Treves, »Law of the Sea«.

förderung vom Tiefseeboden jenseits nationaler Jurisdiktion.[19] 1970 folgte eine Resolution, die den Tiefseeboden und Meeresuntergrund jenseits staatlicher Jurisdiktion sowie die mineralischen Ressourcen dieses Gebiets zum gemeinsamen Menschheitserbe erklärte.[20]

Die Verhandlungen für ein neues Seerecht, an der auch Nichtregierungsorganisationen teilnehmen konnten, waren mit vielen Enttäuschungen für diejenigen verbunden, die Gemeineigentum, nichtsouveräne und demokratische Institutionen und eine neue, gerechtere Weltwirtschaftsordnung verwirklicht sehen wollten.[21] Das Seerechtsübereinkommen unterteilt heute die Meere in Zonen und macht dabei viele Zugeständnisse an die Küstenstaaten, die ihre Hoheitsrechte, insbesondere zur wirtschaftlichen Ausbeutung mariner Ressourcen, möglichst weit über das Festland hinaus ausdehnen wollten. Aus der von Pardo anvisierten globalen Institution ist keine internationale Verwaltung für den gesamten Ozean und die vielfältigen Aktivitäten auf den Meeren und unter Wasser geworden. Die mit dem Seerechtsübereinkommen geschaffene Meeresbodenbehörde ist lediglich für den Meeresboden jenseits staatlicher Jurisdiktion zuständig – ein Gebiet, das im Verhandlungsprozess immer kleiner wurde, je weiter die Staaten ihre Hoheitsrechte ausdehnten. Außerdem wurde für

19 UN, GV/RES/2574 (XXIV), 15.12.1969.

20 UN, GV/RES/2749 (XXV), 17.12.1970. Die Debatten über die rechtlichen Regeln zur Nutzung des Ozeans ähnelten den Debatten über die Nutzung des Weltalls. Auch Letztere beschäftigten sich mit Fragen von Souveränität und Eigentum: Wem gehören Mond und andere Himmelskörper; dürfen Staaten und Private sich Himmelskörper aneignen? Der Weltraumvertrag, der 1967 in Kraft trat, bezeichnet die Nutzung und Erforschung des Weltraums als »Sache der gesamten Menschheit« (Artikel I). Der 1985 in Kraft getretene Mondvertrag wurde nur von wenigen Staaten ratifiziert. Er erklärt den Mond und seine natürlichen Ressourcen zum gemeinsamen Menschheitserbe (Artikel 11 Absatz 1). Zur Bedeutung dieser Qualifikation als gemeinsames Menschheitserbe für Projekte kommerzieller Rohstoffförderung im Weltall: Feichtner, »Mining for Humanity in the Deep Sea«.

21 Zur Rolle von Nichtregierungsorganisationen in den Verhandlungen siehe Levering/Levering, *Citizen Action for Global Change*.

den als gemeinsames Menschheitserbe deklarierten Tiefseeboden ein Regime in Kraft gesetzt, das es der Meeresbodenbehörde erlaubt, einzelne Grundstücke zu demarkieren und dafür Lizenzen zur Erkundung der marinen Mineralien an Staaten und Unternehmen zu erteilen.

Weltverfassung, Gemeineigentum und neue Weltwirtschaftsordnung

Pardos Vorschlag, dem Meeresboden den Rechtstatus »gemeinsames Menschheitserbe« zuzuerkennen und eine internationale Institution zu schaffen, die nicht als Souverän, sondern als Treuhänderin des Ozeans agieren sollte, bot Anknüpfungspunkte für Aktivistinnen, Wissenschaftler und Regierungen, die aus Kolonialgeschichte, Weltkrieg und atomarer Bedrohung Lehren ziehen wollten und daher eine Weltverfassung jenseits von Nationalstaaten, ein solidarisches Völkerrecht und eine neue Weltwirtschaftsordnung anstrebten.

Eine wichtige Mitstreiterin Pardos wurde Elisabeth Mann Borgese.[22] Sie hatte zusammen mit ihrem Ehemann, dem Antifaschisten Giuseppe Antonio Borgese, und mit dem Präsidenten der Universität von Chicago, Robert Maynard Hutchins, im 1945 gegründeten Chicago Committee to Frame a World Constitution an einer Weltverfassung gearbeitet, die Nationalstaaten überwinden und Boden, Luft, Wasser und Energie als Gemeineigentum der Menschheit deklarieren sollte. 1967 war sie Fellow am Center for the Study of Democratic Institutions in Santa Barbara. In der Weiterentwicklung des internationalen Seerechts, so die überzeugende Einschätzung ihrer Biografin Tirza Meyer, sah Mann Borgese eine Chance, manche ihrer zuvor erarbeiteten Ideen globaler Konstitutionalisierung wieder aufzugreifen und zu verwirklichen.[23] Arvid Pardo und Elisabeth Mann Borgese gründeten in

22 Zu Mann Borgeses Beitrag zum Internationalen Seerecht: Meyer, *Elisabeth Mann Borgese and the Law of the Sea* und Ashworth, »›Mother of the Oceans‹«.

23 Meyer, *Elisabeth Mann Borgese and the Law of the Sea*.

Malta das International Ocean Institute und versuchten über Konferenzen und weitere Interventionen Einfluss auf die Verhandlungen zu nehmen. Als Mitglied der österreichischen Regierungsdelegation konnte Mann Borgese später unmittelbar daran mitwirken.

In Santa Barbara erarbeitete sie ein Statut für ein »Ocean Regime«, dessen Prinzipien sie 1969 in einer Vorlesung vorstellte.[24] Sie knüpft darin an Pardos Rede an. Die Konsequenzen der Erstreckung des »Rechts des Landes« auf den Ozeanboden seien desaströs; sie führten zu Aneignung und Kolonisierung und damit zuerst zum Tod des Ozeans und schließlich zum Tod des gesamten Planeten. Der Ozean sei ein ökologisches Ganzes. Daher dürfe der Tätigkeitsbereich einer neuen Institution nicht auf die wirtschaftliche Nutzung mineralischer Ressourcen beschränkt werden. Die Institution müsse über eine weite Zuständigkeit verfügen und einen systemischen Ansatz verfolgen. Die Organisation, die Mann Borgese in ihrem Entwurf vorschlägt, soll als Treuhänderin fungieren und maximale Möglichkeiten der Partizipation vorsehen. Mann Borgese weist auf die Krise der repräsentativen Demokratie hin und auf die Notwendigkeit der Weiterentwicklung einer partizipativen Demokratie, in der Arbeiter an der Unternehmensführung, Studenten am Management der Universität und Mieter an der Verwaltung von Hausprojekten beteiligt sind.

In der neuen Ozean-Organisation soll demokratische Partizipation durch eine Versammlung ermöglicht werden, die mehrere Kammern hat: eine politische Kammer, besetzt mit Regierungsvertretern; zwei Kammern für die internationale Gemeinschaft, in der alle internationalen Regierungs- und Nichtregierungsorganisationen vertreten sind, die sich erstens mit der Mineralienförderung befassen und zweitens mit Fischerei und Aquakultur; und eine vierte Kammer mit Vertretern aller rele-

24 Mann Borgese, *Lecture on the Ocean Regime*; Meyer, *Elisabeth Mann Borgese and the Law of the Sea*, S. 105 ff.

vanten wissenschaftlichen Organisationen. Das Ziel sei *nicht*, das stellt Mann Borgese klar, ein Weltstaat oder Superstaat, sondern ein flexibles System kooperativer Weltgemeinschaften, die neue (aber schon erkennbare) Prinzipen der Demokratie, des Föderalismus, der Planung und des Rechts hervorbringen.

Die ehemaligen Kolonien, die gerade erst ihre Unabhängigkeit erkämpft hatten und sich mit anderen (in der Folge als Entwicklungsländer bezeichneten) Staaten in der Gruppe der 77 zusammenschlossen, brachten ebenfalls ihre Forderungen in die Verhandlungen ein. Außer politischer Unabhängigkeit strebten sie auch größere wirtschaftliche Unabhängigkeit an. Um dieses Ziel zu erreichen, sollte die von materieller Ungleichheit und Ausbeutung geprägte Wirtschaftsordnung umgestaltet werden. Dies implizierte auch eine Veränderung des kolonialen Völkerrechts, das diese Ordnung gestützt und legitimiert hatte.[25]

Was Boden und Bodenschätze betrifft, waren zwei Forderungen zentral: Erstens wollten ehemalige Kolonien die wirtschaftliche Kontrolle über Bodenschätze auf ihrem staatlichen Territorium wiedergewinnen. Rechtlich wurde dieses Anliegen durch verschiedene Resolutionen der Generalversammlung der Vereinten Nationen unterstützt, die die »ständige Souveränität« von Staaten über ihre natürlichen Ressourcen anerkannten.[26] In Ausübung dieser Souveränität nationalisierte eine Reihe von Staaten den Rohstoffsektor und entzog europäischen und amerikani-

25 Zu den völkerrechtlichen Anliegen der neuen Staaten: Abi-Saab, »The Newly Independent States«; Anand, *New States and International Law*; zu den Verstrickungen des Völkerrechts in die koloniale Ordnung und kolonialen Kontinuitäten im Völkerrecht: Anghie, *Imperialism, Sovereignty and the Making of International Law*; Pahuja, *Decolonizing International Law*; zur neuen Weltwirtschaftsordnung: Özsu, *Completing Humanity*.

26 Darunter UN, GV/RES/1803 (XVII), 14.12.1962; UN, GV/RES/3201 (S-VI), 1.5.1974, Para. 4 (e); das Prinzip findet sich auch in Art. 1:2 der beiden internationalen Menschenrechtspakte über bürgerliche und politische Rechte und über wirtschaftliche, soziale und kulturelle Rechte; Schrijver, *Sovereignty over Natural Ressources*.

schen Unternehmen Konzessionen, die ihnen während der Kolonialzeit erteilt worden waren.[27]

Während unter den Staaten Einigkeit darüber bestand, dass das Völkerrecht Nationalisierungen erlaubte, blieb die Frage der Entschädigung ausländischer Investoren umstritten. Einige Industriestaaten beharrten auf dem Grundsatz, dass bei einer Nationalisierung wie bei anderen Enteignungen auch der Verlust des Eigentums »sofort, angemessen und wirksam« zu entschädigen sei.[28] Angemessen heißt hier voller Wertersatz. Die »neuen Staaten« und Staaten Lateinamerikas vertraten dagegen die Ansicht, dass lediglich eine gerechte Entschädigung nach Maßgabe des eigenen nationalen Rechts zu leisten sei. Letztere fand Eingang in die Charta über wirtschaftliche Rechte und Pflichten der Staaten von 1974, eine Resolution der Generalversammlung der Vereinten Nationen, der jedoch eine Reihe der kapitalexportierenden Staaten des globalen Nordens nicht zustimmte.[29]

Die zweite bodenbezogene Forderung betraf die Gebiete jenseits staatlicher Jurisdiktion und ihre mineralischen Ressourcen. Die G77 setzten sich für gleichberechtigte Teilhabe ein – nicht nur in finanzieller Hinsicht, sondern auch durch Partizipation in der Ausbeutung selbst.[30] Für das Anliegen der Teilhabe an der wirtschaftlichen Ausbeutung der Tiefseemineralien spielte der Status des Tiefseebodens eine wichtige Rolle. Die Geschichte sollte sich nicht wiederholen: Nicht noch einmal sollte der Boden

27 Feichtner, »Entwicklung im Transnationalen Rohstoffrecht«; Feichtner, »Law of Natural Resource Extraction«.

28 So die sogenannte Hull-Formula, benannt nach dem amerikanischen Außenminister Cordell Hull; Miles, *The Origins of International Investment Law.*

29 UN, GV/RES/3281 (XXIX), 14.12.1974, Art. 2. Die Charta enthält weitere Forderungen zur Stärkung wirtschaftlicher Unabhängigkeit – unter anderem nach Technologietransfer und finanzieller Unterstützung, die nicht (wie die Finanzhilfen der internationalen Finanzinstitutionen) an Bedingungen geknüpft ist.

30 Anand, *Legal Regime of the Sea-Bed and the Developing Countries*; zur Rolle der Entwicklungsländer in den Verhandlungen zum Weltraumrecht siehe Eijk, »Unstealing the Sky«.

zum Gegenstand eines kolonialen Wettlaufs um Aneignung werden. Die UN-Generalversammlungsresolutionen von 1968 (über ein Moratorium) und von 1970 (zum Status des Tiefseebodens jenseits staatlicher Jurisdiktion und seiner Rohstoffe als gemeinsames Menschheitserbe) waren dafür wichtige Schritte.

Auch Völkerrechtlern einer ersten Generation von »Third World International Lawyers«[31] galt die Deklaration als gemeinsames Menschheitserbe als wichtige Etappe auf dem Weg zu einer neuen Weltwirtschaftsordnung und einem neuen Völkerrecht. So sah der algerische Völkerrechtler Mohammed Bedjaoui, 1982 bis 2001 Richter am Internationalen Gerichtshof, im Konzept des gemeinsamen Menschheitserbes einen vielversprechenden Ansatz für ein neues Völkerrecht der Solidarität. Die neu zu gründende internationale Organisation für den Meeresboden sollte autonom und unabhängig vom Willen der souveränen Staaten im Interesse der Menschen handeln.[32] Sein indischer Kollege R. P. Anand dokumentierte die verschiedenen Interpretationen der Staatenvertreter, die das gemeinsame Menschheitserbe mit der Überwindung kompetitiver Ausbeutung und der demokratischen Verwaltung des Tiefseebodens als Gemeineigentum verbanden.[33]

Die Völkerrechtler des globalen Südens sahen aber auch die Gefahren kolonialer Kontinuität und Kooption der Idee des gemeinsamen Menschheitserbes. Bedjaoui wies auf die legitimierende Rolle hin, die der Begriff des Gemeinwohls in der Geschichte der Kolonisierung gespielt hatte. Außerdem sah er die Gefahr einer Beschneidung der neu gewonnenen Souveränität der ehemaligen Kolonien, würde das Konzept des gemeinsamen Menschheitserbes auf Güter erstreckt, die sich innerhalb ihrer staatlichen Grenzen befinden. Es könnte genutzt werden, um die

31 Zu den »Third World Approaches to International Law« siehe Eslava/Pahuja, »Between Resistance and Reform«.

32 Bedjaoui, *Towards a New International Economic Order*, S. 215 ff.

33 Anand, *Legal Regime of the Sea-Bed and the Developing Countries*, S. 205 ff.

Rechte der neuen Staaten an ihren eigenen Gütern zu beschränken, während sich die ehemaligen Imperialmächte zugleich die Gemeingüter außerhalb nationaler Jurisdiktion aneigneten. Mit großer Weitsicht wies Bedjaoui schon Ende der 1970er Jahre auf die Möglichkeit hin, dass der Amazonas als Sauerstoffquelle zum gemeinsamen Menschheitserbe deklariert werden könnte, um die Nutzungsrechte der Bewohnerinnen zu beschneiden.[34]

Es kam anders als von Pardo, Mann Borgese, Bedjaoui und Anand erhofft. Weder wurden Pläne für eine internationale Organisation, die als Treuhänderin die Ozeanaktivitäten holistisch und demokratisch regiert, umgesetzt, noch wurde das Konzept des gemeinsamen Menschheitserbes im Sinne eines unteilbaren Gemeineigentums und kooperativer Gemeinwirtschaft operationalisiert.

Ausdehnung staatlicher Hoheitsrechte und Zerteilung des Ozeans

Das Seerechtsübereinkommen von 1982 unterteilt das Meer, den Meeresgrund sowie den Luftraum darüber in Zonen, für die unterschiedliche Regeln gelten. Hatte Arvid Pardo noch den Tiefseeboden und die darüberliegende Wassersäule als gemeinsam zu regelnde Einheit angesehen, enthält das Seerechtsübereinkommen nun jeweils eigene Regelungen für beide Sphären. Die Küstenstaaten waren mit ihren Bestrebungen erfolgreich, ihre Hoheits- und Ausbeutungsrechte für mineralische und lebendige Ressourcen über das Festland hinaus auf den Festlandsockel und die Wassersäule darüber zu erstrecken.[35]

Nach dem Seerechtsübereinkommen haben die Küstenstaaten volle staatliche Hoheitsgewalt über das sogenannte Küstenmeer, den Luftraum darüber sowie den Meeresboden und Meeresgrund darunter (Artikel 2 SRÜ). Das Küstenmeer darf höchstens zwölf Seemeilen breit sein. An dieses Küstenmeer schließt

34 Bedjaoui, *Towards a New International Economic Order*, S. 235.

35 Ranganathan, »Ocean Floor Grab«.

sich die ausschließliche Wirtschaftszone an. Sie reicht von der Küste 200 Seemeilen weit und erfasst nur die Wassersäule. Hier genießen die Küstenstaaten nicht die volle Souveränität wie über das Küstenmeer. Sie haben aber das ausschließliche Recht zur Erkundung und Ausbeutung lebender und nichtlebender Ressourcen (Artikel 56, 57 SRÜ). Jenseits der ausschließlichen Wirtschaftszone beginnt die Hohe See, die als *res communis* qualifiziert wird und wo das Recht zur friedlichen und freien Nutzung aller gilt.[36] Am 19. Juni 2023 wurde ein neues internationales »Abkommen zum Schutz und zur nachhaltigen Nutzung der marinen biologischen Vielfalt in Gebieten jenseits nationaler Hoheitsgewalt« verabschiedet, das für diesen Bereich die Nutzungsregeln des Seerechtsübereinkommens unter anderem mit dem Ziel eines besseren marinen Umweltschutzes ergänzen soll.

Was den Meeres*boden* jenseits des Küstenmeers betrifft, ergeben sich die Rechte der Küstenstaaten zur wirtschaftlichen Ausbeutung aus den komplizierten Regeln des Seerechtsübereinkommens über den Festlandsockel (Artikel 76 ff. SRÜ). Sie erstrecken sich über 200 Seemeilen, also so weit, wie auch die ausschließliche Wirtschaftszone reicht. Je nach geologischen Gegebenheiten können die Rechte des Küstenstaats jedoch weiter reichen, nämlich dann, wenn die sogenannte äußere Festlandkante in größerer Entfernung von der Küste liegt.[37] Staaten, die nichtlebende Ressourcen des Festlandsockels jenseits von 200 Seemeilen ausbeuten, sind zu Zahlungen oder Sachleistungen verpflichtet (Artikel 82 Absatz 1 SRÜ). Wegen der komplexen Regeln über die Reichweite der Rechte über den Festlandsockel ist bis heute nicht rechtsverbindlich festgestellt, wo genau die Rechte der Küstenstaaten enden und wo das Gebiet jenseits staatlicher Jurisdiktion beginnt, das in den Zuständigkeitsbereich der Meeresbodenbehörde fällt. Klar ist jedoch, dass sich mit der Aus-

36 Zur Unterscheidung zwischen *res communis* und dem gemeinsamen Menschheitserbe: Mickelson, »The Maps of International Law«.

37 Stoll, »Continental Shelf«.

dehnung von Hoheitsrechten über den Festlandsockel dieses Gebiet und damit das gemeinsame Menschheitserbe stark verkleinert haben.[38]

Dem »Meeresboden und de[m] Meeresuntergrund jenseits der Grenzen des Bereichs nationaler Hoheitsbefugnisse« widmet das Seerechtsübereinkommen ein ganzes Kapitel. Es bezeichnet ihn als »das Gebiet« (Artikel 1 Absatz 1 Nummer 1 SRÜ). Wie schon die Resolution von 1970 deklariert es »[d]as Gebiet und seine Ressourcen« als »das gemeinsame Erbe der Menschheit« (Artikel 136 SRÜ). Unter den zum gemeinsamen Menschheitserbe zählenden Ressourcen versteht es »alle festen, flüssigen oder gasförmigen mineralischen Ressourcen in situ« (Artikel 133 SRÜ). Zum Zweck der Verwaltung des Tiefseebodens errichtet das Seerechtsübereinkommen die Internationale Meeresbodenbehörde. Die Meeresbodenbehörde ist eine internationale Organisation mit Sitz in Kingston, Jamaika (Artikel 156 SRÜ). Heute sind 169 Staaten und die Europäische Union Mitglied dieser Organisation. Die Meeresbodenbehörde hat ein Sekretariat, das mit internationalen Beamten besetzt ist, und politische Organe, den Rat und die Versammlung, in denen die Staaten durch ihre Regierungsmitglieder vertreten sind. Die »Rechts- und Fachkommission« der Behörde ist ein weiteres wichtiges Organ, da es sowohl die Erkundungs- und Ausbeutungsregularien als auch die Entscheidungen über Lizenzvergaben maßgeblich vorbereitet. Es galt als Neuerung im Recht der internationalen Organisationen, da darin Expertinnen sowohl mit rechtlichen als auch für den Tiefseebergbau relevanten, unter anderem geologischen und biologischen Fachkenntnissen vertreten sind.

Die Zuständigkeit der Behörde ist sehr viel eingeschränkter als von Pardo und von Mann Borgese anvisiert. Das Gebiet, das als gemeinsames Menschheitserbe gilt und das von der Meeresbo-

38 Mehr als 30 Prozent des Meeresbodens soll infolge der Regeln über den Festlandsockel Küstenstaaten zugeordnet sein: Stoll, »Continental Shelf«, Para. 14.

denbehörde verwaltet wird, ist mit der Ausdehnung staatlicher Hoheitsrechte über den Festlandsockel erheblich geschrumpft. Außerdem hat die Behörde auch nicht die holistische und systemische Zuständigkeit, die Mann Borgese mit Blick auf den Ozean als zusammenhängendes Ökosystem für so wichtig hielt. Mit einem Mandat, das primär auf die Entwicklung der mineralischen Ressourcen, also ihre Erkundung und Ausbeutung, gerichtet ist, gleicht sie einer Bergbaubehörde.[39]

Streit um das gemeinsame Menschheitserbe

> Aber während das Konzept des gemeinsamen Menschheitserbes die Menschheit versöhnen und das Recht der Solidarität an die Stelle des Gesetzes des Wettbewerbs treten könnte […], birgt es auch offensichtliche Gefahren, weil es nur einseitig angewendet und von den Großmächten zu ihrem ausschließlichen Vorteil herangezogen werden könnte. *Mohammed Bedjaoui*[40]

Die Regelungen über den Tiefseeboden gehörten zu den strittigsten Fragen während der langen Verhandlungen zum Seerechtsübereinkommen. Der mineralische Tiefseebodenschatz war sowohl für die Industrienationen des globalen Nordens als auch für die neuen unabhängigen Staaten interessant. Den Industrienationen, die nicht mehr ohne Weiteres auf die Rohstoffvorkommen der ehemaligen Kolonien zugreifen konnten, versprach er Zugang zu neuen Rohstoffquellen. Den neuen Staaten sollte die Hebung des Bodenschatzes der Tiefsee der Armutsbekämpfung und wirtschaftlichen Entwicklung dienen.

Die kommerzielle Förderung von Manganknollen aus 4000 bis 5000 Meter Tiefe erfordert die Entwicklung neuer Technologien und erhebliche Investitionen. Angesichts sehr ungleicher

39 Zum Ausbeutungsmandat der Meeresbodenbehörde siehe Feichtner, »Sharing the Riches of the Sea«; Feichtner, »Förderung des gemeinsamen Menschheitserbes in der Tiefsee«.

40 Bedjaoui, *Towards a New International Economic Order,* S. 224 (eigene Übersetzung).

technologischer und finanzieller Kapazitäten galt es aus Sicht der neuen Staaten, einen Wettlauf um Aneignung – ähnlich der kolonialen Aneignung Afrikas Ende des 19. Jahrhunderts – unbedingt zu verhindern. Denn in einem solchen Wettlauf würden die finanziell und technologisch stärkeren Staaten einen möglicherweise nie aufzuholenden Vorsprung haben.

Während das Moratorium auf Widerstand einer Reihe von Industrienationen (und ihrer Unternehmen) gestoßen war, stimmten diese Staaten der Resolution von 1970 zu, die neben der Deklaration des Tiefseebodens als gemeinsames Menschheitserbe das Verbot souveräner Aneignung und das Gebot einer gerechten Vorteilsverteilung enthielt. Ihre Zustimmung bedeutete nicht, dass sich die Positionen der G77 und der Industrienationen, die auf schnelle Ausbeutung drängten, angenähert hatten, im Gegenteil verschärfte sich der Konflikt immer weiter. Sie war vielmehr der Vagheit des Begriffs des gemeinsamen Menschheitserbes geschuldet, die viele Interpretationen zuließ.

Einigkeit bestand darüber, dass der Tiefseebergbau eine rechtliche Infrastruktur erfordert. Schon 1968 hatte das amerikanische Unternehmen Crawford Marine Specialists Inc. bei den Vereinten Nationen eine Erkundungslizenz für ein vermeintlich jenseits nationaler Jurisdiktion gelegenes Gebiet des Meeresbodens beantragt. Wie R. P. Anand berichtet, wollte es damit Aufmerksamkeit auf eine Rechtslücke im Völkerrecht ziehen, die die wirtschaftliche Ausbeutung behindere.[41] Denn wirtschaftliche Ausbeutung von Rohstoffen bedarf eines rechtlichen Rahmens. Unternehmen investieren nur dann in ein so kapitalintensives Projekt wie die Rohstoffförderung, wenn sie sicher sein können, dass ihnen auf einem klar bezeichneten Gebiet ausschließliche Ausbeutungsrechte zustehen, dass sie an den geförderten Rohstoffen Eigentum erwerben und dass ihr Eigentum weltweit an-

41 Anand, *Legal Regime of the Sea-Bed and the Developing Countries*, S. 180.

erkannt wird. Daher war auch den Industrienationen daran gelegen, diese Rechtssicherheit herzustellen.

Umstritten war also nicht die Notwendigkeit eines Rechtsregimes zur Lizenzierung von Bergbauaktivitäten, sondern die Modalität der Lizenzierung und die Frage, welche Unternehmen zur Ausbeutung berechtigt sein sollten. Industrienationen befürworteten eine »schlanke« Verwaltung und setzten sich dafür ein, dass Lizenzen lediglich in einem internationalen Register vermerkt und völkerrechtlich anerkannt würden. Noch vor Abschluss der Verhandlungen zum Seerechtsübereinkommen begannen einzelne Staaten, darunter die USA, auf Grundlage nationaler Gesetze mit der unilateralen Vergabe von Bergbaulizenzen für Areale auf dem Tiefseeboden jenseits staatlicher Jurisdiktion. Bilaterale Abkommen zwischen den lizenzierenden Staaten sollten gewährleisten, dass die Lizenzen auch international anerkannt würden.[42]

Die Staaten der G77 unterstützten dagegen die Etablierung einer starken internationalen Verwaltung. Außerdem vertraten sie die Position, dass der Tiefseebergbau ausschließlich durch ein internationales Bergbauunternehmen beziehungsweise nur durch Joint Ventures mit einem solchen erfolgen sollte. Diese folgte aus ihrem Verständnis des gemeinsamen Menschheitserbes als einer gemeinsam zu verwaltenden und unteilbaren Sache. Alle Staaten sollten im Wege einer kollektiven Gemeinwirtschaft an Verwaltung, Regulierung und Vorteilsverteilung teilhaben.[43]

42 Ranganathan, *Strategically Created Treaty Conflicts*, S. 161 ff.

43 Anand, *Legal Regime of the Sea-Bed and the Developing Countries*, S. 205 ff.

Das Parallelregime und die Privatisierung des gemeinsamen Menschheitserbes

> Der Meeresboden und seine Ressourcen sind das Gemeineigentum der Menschheit. Der Ansatz eines Geschäftsmanns aus dem Westen wäre: Hier haben wir ein Grundstück, das niemandem gehört. Lasst uns eine Agentur für die Verpachtung einrichten und Miete und Förderabgaben einsammeln, um damit die Agentur zu finanzieren und den Rest an die Vereinten Nationen für Sozialhilfe abführen.
>
> *Elisabeth Mann Borgese*[44]

Die G77 konnten sich mit ihrer Forderung nach gemeinschaftlicher Ausbeutung durch ein internationales Bergbauunternehmen nicht durchsetzen. Ein von den USA und deren Außenminister Henry Kissinger unterstützter Vorschlag aus dem Jahr 1976 führte in dem Konflikt um die Art und Weise des Tiefseebergbaus einen vermeintlichen Kompromiss herbei.[45] Er fand als das sogenannte Parallelregime Eingang in das Seerechtsübereinkommen. Das Parallelregime sieht vor, dass sowohl Unternehmen einzelner Mitgliedstaaten der Meeresbodenbehörde als auch ein internationales Bergbauunternehmen (im englischen Vertragstext als »Enterprise« bezeichnet) Lizenzen für die Erkundung und den Abbau von Meeresbodenmineralien von der Meeresbodenbehörde erhalten können. Beantragt ein Unternehmen oder eine Institution einer Industrienation eine Lizenz, dann müssen mit dem Antrag zwei Gebiete von gleichem wirtschaftlichen Wert vorschlagen werden.[46] Die Rechts- und Fachkommission prüft, ob alle rechtlichen Anforderungen erfüllt sind. Ist das der Fall, wird dem Antragsteller durch Vertragsschluss mit der Behörde für eines der beiden Gebiete eine Erkundungslizenz erteilt. Das zweite im Antrag genannte Gebiet wird »reserviert«. Nach dem

44 Mann Borgese, *Lecture on the Ocean Regime* (eigene Übersetzung).

45 Kissinger, *The Law of the Sea.*

46 Da sich der wirtschaftliche Wert nach den Mineralienvorkommen bemisst, muss der Antragsteller zuvor Prospektionen durchgeführt oder auf andere Weise Kenntnis über die Beschaffenheit der Gebiete erlangt haben. Für Prospektionen sind keine Lizenzen erforderlich.

Seerechtübereinkommen sind die reservierten Gebiete für Bergbauaktivitäten entweder durch die Enterprise oder Unternehmen aus Entwicklungsländern vorgesehen.[47]

Schon während der Verhandlungen über diesen Vorschlag wurde deutlich, dass damit die Idee einer gemeinwirtschaftlichen Verwaltung des Menschheitserbes Tiefseeboden mit Partizipationsmöglichkeit aller Länder vom Tisch war. Elisabeth Mann Borgese, die zu dieser Zeit als Mitglied der österreichischen Regierungsdelegation an den Verhandlungen teilnahm, kritisierte, dass durch das Parallelregime private Profite mit öffentlichen Geldern ermöglicht würden: Abbaurechte privater Unternehmen sollten durch die öffentliche Subventionierung der Enterprise erkauft werden. Die Enterprise wäre jedoch in einer Situation großer Rohstoffvorkommen und einer Knappheit an Kapital und Technologie nicht in der Lage, mit privaten Unternehmen zu konkurrieren. Mann Borgese selbst war eine unermüdliche Verfechterin eines Modells, wonach der Tiefseebergbau immer nur in Joint Ventures mit der Enterprise erfolgen sollte, um gerechte Teilhabe der Entwicklungsländer sicherzustellen.[48]

Sie konnte sich nicht durchsetzen. Wie schon erwähnt, fand das Parallelregime Eingang ins Seerechtsübereinkommen von 1982. Zwar sah das Übereinkommen – als Zugeständnis an die Entwicklungsländer – auch die Etablierung der Enterprise, ihre Finanzierung und Technologietransfers vor. Doch mit dem Parallelregime entfernte sich das Recht des Tiefseebodens weiter von einer Gemeinwirtschaft und drohte, wie von Mann Borgese befürchtet, die Interessen der ärmeren Staaten lediglich durch eine Art »Sozialhilfe« zu berücksichtigen.

Trotz des Kompromisses wollte eine Reihe von Industrienationen, darunter die USA, das Vereinigte Königreich und Deutschland, das Seerechtsübereinkommen zunächst nicht ratifizieren. Erst als es 1994 durch ein weiteres Abkommen modifiziert wurde,

47 SRÜ, Annex III, Artikel 8.
48 Mann Borgese, »The Enterprises«.

das eine stärkere Marktorientierung sicherstellen sollte, änderten einige dieser Staaten, nicht jedoch die USA, ihre Haltung und das Seerechtsübereinkommen trat noch im selben Jahr in Kraft. Das sogenannte Durchführungsabkommen von 1994 hebt die Verpflichtung zu Finanzierung der Enterprise und zu Technologietransfer sowie Vorschriften über Produktionsgrenzen auf. Letztere waren ein planwirtschaftliches Element, das den Interessen der Staaten Rechnung tragen sollte, deren Volkswirtschaften stark vom landseitigen Bergbau abhängen. Das Durchführungsabkommen sieht auch vor, dass die Enterprise nur operationalisiert wird, wenn sie kommerziell tragfähig agieren kann. Ob das der Fall ist, entscheidet der Rat der Meeresbodenbehörde, in dem die Industrienationen ein Vetorecht haben.

Wie erklärt sich dieses Abrücken vom Anliegen der gleichberechtigten Teilhabe? Möglich wurde das Durchführungsabkommen durch veränderte Rohstoffmärkte und die verbreitete Akzeptanz neoliberaler Wirtschaftskonzeptionen. Nach Verabschiedung des Seerechtsübereinkommens im Jahr 1982 gab es nur noch wenig wirtschaftliches Interesse an den Tiefseebodenmineralien. Auf die Nationalisierungen extraktiver Industrien im Zuge der Dekolonisierung folgte in den 1980er und 1990er Jahren eine Welle von Reprivatisierungen, die nicht selten auf die Bedingungen zurückzuführen waren, an die die internationalen Finanzinstitutionen, Internationaler Währungsfonds und Weltbank, ihre Finanzhilfen für verschuldete Staaten knüpften. Zugleich sicherte das neu entstandene internationale Investitionsschutzrecht Investitionen in den Rohstoffabbau gegen Enteignungen und andere Beschränkungen von Eigentumsrechten ab.[49] In dieser Situation konnte das Durchführungsabkommen von 1994, das die Marktorientierung des Tiefseebodenkapitels im Seerechtsübereinkommen stärken sollte, auch die Zustimmung der Staaten finden, deren Regierungen sich zwei Jahrzehnte vor-

49 Zu diesen Entwicklungen: Feichtner, »Law of Natural Resource Extraction«.

her noch für Gemeineigentum und Gemeinwirtschaft eingesetzt hatten.

Das Durchführungsabkommen entfernte das Tiefseebodenrecht also noch weiter von der durch Mitgliedstaaten der G77 ursprünglich angestrebten kollektiven Gemeinwirtschaft. Die Ziele der ehemaligen Kolonien, einen Wettbewerb um Aneignung und privatisierte Ausbeutung zu verhindern und ein neues Recht der Solidarität und Teilhabe zu etablieren, erfüllten sich nicht. R. P. Anand sprach von einer »Verstümmelung« der Idee des gemeinsamen Menschheitserbes.[50]

Vermessen, zerstückelt, angeeignet

Seit 2017 wird in der Meeresbodenbehörde das Regelwerk für den kommerziellen Tiefseebergbau verhandelt.[51] Einige Unternehmen, an erster Stelle das kanadische Unternehmen The Metals Company (TMC), stehen schon in den Startlöchern und wollen baldmöglichst mit dem Tiefseebergbau beginnen. Dazu brauchen sie Ausbeutungslizenzen, die von der Meeresbodenbehörde erteilt werden.

Bisher hat die Behörde nur Erkundungslizenzen vergeben. Wenn der Rat der Behörde auf Vorschlag der Rechts- und Fachkommission einen Antrag auf Erteilung einer Erkundungslizenz annimmt, dann schließt die Meeresbodenbehörde mit den Antragstellern einen Vertrag, der die Erkundungsrechte enthält. Daher werden die Lizenznehmer im Seerechtsübereinkommen »Vertragsnehmer« genannt. Vertragsnehmer können Staaten, staatliche Unternehmen und Institutionen wie auch private Unternehmen sein. Die Vertragsnehmer haben kein Grundeigentum an den Lizenzgebieten. Das Seerechtsübereinkommen verbietet

50 Anand, »Common Heritage of Mankind«.

51 Das Seerechtsübereinkommen überlässt die Regelung vieler Einzelfragen zu Erkundung und Abbau der Meeresbodenmineralien der Behörde. Derzeit werden die Regeln des kommerziellen Mineralienabbaus verhandelt, die das internationale Bergrecht für den Tiefseebergbau, den »Mining Code«, komplettieren sollen.

die Aneignung des Tiefseebodens durch Staaten und durch Private (Artikel 137 Absatz 1 SRÜ). Die Lizenzen gewähren aber vermögenswerte Rechte zur ausschließlichen Erkundung der Lizenzgebiete, Anwartschaften auf künftige Ausbeutungsrechte und das Recht zum Erwerb von Eigentum an geförderten Mineralien. Nach einem weiten Eigentumsverständnis, wie es sich im deutschen Verfassungsrecht und im internationalen Investitionsschutzrecht durchgesetzt hat, sind diese vermögenswerten Rechte zwar nicht als Sacheigentum an Boden, aber dennoch als Privateigentum zu qualifizieren.

Ausweislich ihrer Webseite hat die Meeresbodenbehörde 31 Verträge mit einer Laufzeit von 15 Jahren über Erkundungslizenzen für polymetallische Knollen, Massivsulfide und kobaltreiche Eisen-Mangan-Krusten mit 22 unterschiedlichen Vertragsnehmern abgeschlossen.[52] China hält aktuell die meisten Erkundungslizenzen, insgesamt sieben, über die Unternehmen China Ocean Mineral Resources Research and Development Association, China Minmetals Corporation und Beijing Pioneer Hi-Tech Development Corporation. Deutschland hält durch die Bundesanstalt für Geowissenschaften und Rohstoffe (BGR) Erkundungsrechte für zwei Lizenzgebiete – eines für polymetallische Knollen in der Clarion-Clipperton-Bruchzone (CCZ) im äquatorialen Nordostpazifik, das die BGR seit Juli 2006 im Auftrag der Bundesregierung erkundet, und eines für Massivsulfide im Indischen Ozean, das sie seit Mai 2015 erkundet.[53]

An die Enterprise wurden noch keine Lizenzen vergeben. Bis heute existiert sie nur auf dem Papier. 2012 beantragte das kanadische Unternehmen Nautilus Minerals Inc. Lizenzen für acht

52 International Seabed Authority, »Exploration contracts«, https://www.isa.org.jm/exploration-contracts/ [11. 10. 2024].

53 BGR, »Deutsche Explorationslizenz im Indischen Ozean«, https://www.deutsche-rohstoffagentur.de/DE/Themen/Min_rohstoffe/Projekte/Meeresforschung-Projekte-laufend/Index2011-2030.html;jsessionid=06F92A016C831A7864B61D3771C548DA.internet962?nn=1542344 [13. 10. 2024].

reservierte Gebiete, die es in einem Joint Venture mit der Enterprise erkunden wollte.[54] Der Rat verweigerte jedoch die Zustimmung.[55]

Da die Enterprise nicht operationalisiert ist, wurden Lizenzen für reservierte Gebiete an Unternehmen mit Sitz in Entwicklungsländern vergeben. Darunter sind zwei Tochterunternehmen von The Metals Company, eines mit Sitz in Nauru (Nauru Oceans Resources Inc./NORI) und ein anderes mit Sitz in Tonga (Tonga Offshore Mining Ltd.).[56] Außerdem hat TMC über seine Tochterfirma DeepGreen Engineering Pte Ltd. die ausschließlichen Rechte zur Erkundung eines Lizenzgebiets, für das das Unternehmen Marawi aus Kiribati eine Erkundungslizenz hält. Insgesamt hält TMC so Erkundungsrechte für drei Lizenzgebiete mit einer Gesamtfläche von circa 225.000 Quadratkilometern.[57]

Die Lizenzen beziehen sich auf geografisch definierte »Grundstücke« des Tiefseebodens. Die Lizenzgebiete für die Erkundung von Manganknollen haben jeweils eine Größe von ungefähr 75.000 Quadratkilometern.[58] Insgesamt umfassen die Lizenzflächen zwar weniger als zwei Prozent der gesamten Fläche des Tiefseebodens jenseits staatlicher Jurisdiktion. Immerhin handelt es sich dabei aber um eine Größenordnung von 1,4 Millionen Quadratkilometern.[59]

Auf ihrer Webseite veröffentlicht die Meeresbodenbehörde Karten des Meeresbodens, auf denen die Lizenzgebiete verzeichnet sind. 17 Lizenzgebiete für die Erkundung von Manganknol-

54 Hier und im Folgenden werden die Dokumente der Internationalen Meeresbodenbehörde mit dem Kürzel ISBA (International Seabed Authority) zitiert. ISBA/19/C/4, 20.3.2013. Der Antrag stieß auf Widerstand, insbesondere von Entwicklungsländern.

55 ISBA/19/C/18, 24.7.2013.

56 »NORI-D Project«, https://metals.co/nori/ [13.10.2024].

57 https://metals.co/deepgreen-acquires-third-seabed-contract-area-to-explore-for-polymetallic-nodules/ [20.1.2025]

58 Das deutsche Lizenzgebiet für die Erkundung von Massivsulfiden besteht aus 100 Blöcken à 10 × 10 Kilometern.

59 Brander/Gõni, *Report on the Value of Ecosystem Services*, S. 21.

len befinden sich in der CCZ. Die entsprechende Karte der Meeresbodenbehörde zeigt sie in unterschiedlichen Farben:[60] Rot gefärbt sind die Lizenzgebiete der Bundesanstalt für Geowissenschaften und Rohstoffe, türkis die von NORI. Gelb markiert sind die Gebiete, die noch für die künftige Lizenzvergabe an Unternehmen aus Entwicklungsländern und die Enterprise reserviert sind. Die Karte zeigt auch einige rechteckige graue Flächen. Diese stehen für Gebiete von besonderem ökologischen Interesse (Areas of Particular Environmental Interest), auf denen auch in Zukunft kein Tiefseebergbau stattfinden soll.

Pardo warnte 1967, die Reichtümer und Nutzungsmöglichkeiten des Ozeanbodens könnten zu einem Wettlauf um koloniale Aneignung führen. Konzepte wie Treuhandschaft, gemeinsames Menschheitserbe, Gemeineigentum und ihre institutionelle Umsetzung und Sicherung sollten eine Alternative bieten. Heute ist die Ähnlichkeit zwischen den Karten, die die Meeresbodenbehörde von den Erkundungsgebieten erstellt, und den Karten der Berliner Kongokonferenz von 1884/85, die die Aufteilung des afrikanischen Kontinents unter den europäischen Kolonialmächten verzeichneten, frappierend. Die rechteckigen Lizenzgebiete erinnern an Kolonien auf dem afrikanischen Kontinent, deren Grenzen oft ebenfalls wie mit dem Lineal gezogen wirken. Die »Areas of Particular Environmental Interest« lassen an Reservate denken, die dem Erhalt der Arbeitskraft der Kolonisierten dienen sollten.

Die Karten der Meeresbodenbehörde zeigen nur Lizenzgebiete, reservierte Gebiete und Gebiete, auf denen kein Tiefseebodenbergbau stattfinden soll. Sie abstrahieren von anderen Nutzungen des Tiefseebodens – künftigen, aber auch gegenwärtigen wie der Nutzung für die Verlegung von Seekabeln, über die der Großteil der transkontinentalen Kommunikation verläuft. Auch von der Vielfalt und Lebendigkeit des Ökosozialsystems Ozean wird bei der Transformation von Tiefseeboden in Grundstücke

60 Internationale Meeresbodenbehörde, »Clarion Clipperton Fracture Zone«, https://www.isa.org.jm/maps/clarion-clipperton-fracture-zone/ [13. 10. 2024].

abstrahiert. Erst kürzlich machten Forscherinnen die spektakuläre Entdeckung, dass Manganknollen an der Produktion von Sauerstoff beteiligt sein könnten.[61]

Klar benannt werden die ökonomisch bestimmten Engführungen und kolonialen Kontinuitäten von Indigenen Aktivisten aus dem Pazifik, die erst seit Kurzem als Teil von Beobachterdelegationen an den Sitzungen der Meeresbodenbehörde teilnehmen. In der Auseinandersetzung um das gemeinsame Menschheitserbe zwischen den neuen Staaten und den Industrienationen während der dritten Seerechtskonferenz der Vereinten Nationen blieben die Anliegen Indigener Gemeinschaften weitgehend unberücksichtigt. Heute artikulieren sie ihre Empörung über Kartierung und Aufteilung des Tiefseebodens und machen in den Verhandlungen ihr eigenes Recht auf den Ozean geltend.

61 Sweetman u.a., »Evidence of Dark Oxygen Production at the Abyssal Seafloor«.

Teil II Der Wert des Bodens

Rechtliche Infrastrukturen und viele weitere Techniken und Praktiken machen aus dem lebendigen Habitat Boden Grundstücke und damit Sachen, an denen Eigentumsrechte bestehen können. Zu diesen Techniken und Praktiken gehören Erkundung, Kartierung, Registrierung und Vertreibung. Mit dem Grundeigentum wurden neue Freiheiten für Eigentümerinnen geschaffen und neue Unfreiheiten für Bodenbewohnerinnen. Die Freiheit für die einen geht mit Herrschaft über die anderen einher, deren Lebensweise von Land und Boden abhängt.

War der erste Teil vor allem der Aneignung von Boden und seiner Transformation in eine eigentumsfähige Sache und eine handelbare Ware gewidmet, soll es hier um die Transformation von Boden und bodenbezogenen Rechten in Kapitalanlagen gehen, um ihre Verwertung und Bewertung. In Kapitel 4 zeichne ich nach, wie mithilfe des Rechts aus dem Meeres- und dem Stadtboden Kapitalanlagen werden. In Kapitel 5 geht es um den Zusammenhang zwischen Verwertung und Bewertung. Zunehmend beeinflussen Bewertungen von Kapitalanlagen politische und rechtliche Entscheidungen und beschränken die politische Gestaltbarkeit von Zukunft. Kapitel 6 stellt Bewertungsansätze vor, die dem Umstand Rechnung tragen sollen, dass die Verwertung von Boden Renditen aus dem Gemeinsamen extrahiert. Abschließend lege ich dar, warum alternative Bewertungen nicht ausreichen und sozialökologische Transformation radikaler ansetzen muss.

4 | Bodenverwertung

Eigentumsrechte sind die Grundlage für die Transformation von Boden in Waren und in Kapitalanlagen.[1] Sowohl der Tiefseeboden und seine Mineralien als auch der Stadtboden und Wohnimmobilien sind heute Investitionsobjekte. Durch die Verwertung von Boden als Kapitalanlage verändert sich das Bewohnen, verändern sich Beziehungen und auch die Rollen von Staat und Kommunen. Letztere werden selbst zu Investoren oder übernehmen die Perspektive von Investoren auf den Boden.

Vom Meeresbodenschatz zur Kapitalanlage

Zehn Millionen Dollar: Das ist der Betrag, der nach einer Schätzung aus den 1970er Jahren jedem »Entwicklungsland« jährlich an Erträgen aus dem Tiefseeboden zufließen sollte.[2] Die Debatte um den Tiefseebodenbergbau war zu dieser Zeit vom Bild des Meeresgrunds als einer Schatzkammer geprägt. »Der Ozean als eine Quelle von Einnahmen«: So lautet der Titel eines Aufsatzes in einer Publikation von 1977 zur neuen Weltwirtschaftsordnung.[3] Die Vorstellung eines gemeinsamen Bodenschatzes und die Frage seiner gerechten Verteilung bestimmten lange die Debatten über das Tiefseebodenregime.

Die Staaten, die heute im Völkerrecht gemeinhin als Entwicklungsländer bezeichnet werden, hatten sich dafür eingesetzt, dass der Tiefseeboden zum gemeinsamen Menschheitserbe erklärt wird. Ihr Anliegen war sowohl die gerechte Verteilung von Vorteilen aus dem Tiefseebodenbergbau als auch die direkte Beteiligung

1 Die Begriffe Kapitalanlage und Asset benutze ich synonym. In der Finanzwirtschaft wird zwischen folgenden Assetklassen unterschieden: klassische Assetklassen (Spareinlagen, Anleihen, Aktien) und alternative Assetklassen (dazu gehören Immobilien und Rohstoffe). Außerdem werden Boden und Immobilien als Realkapital und Unternehmensanteile sowie Anleihen als Finanzkapital bezeichnet.

2 Katz, »Financial Arrangements for Seabed Mining Companies«, S. 211, Fn. 3.

3 Cooper, »The Oceans as a Source of Revenue«.

an einer kooperativen Gemeinwirtschaft. Mohammed Bedjaoui wie auch Elisabeth Mann Borgese sahen die Verhandlungen über die rechtliche Umsetzung und institutionelle Ausgestaltung des Konzepts des gemeinsamen Menschheitserbes als Gelegenheit, Ideen für ein neues Völkerrecht umzusetzen: ein Völkerrecht, das sich vom Willen souveräner Staaten löst, in dem das Recht der Solidarität und der Kooperation an die Stelle des Gesetzes des Wettbewerbs tritt und in dem der Ozean als Gemeineigentum von demokratischen Institutionen verwaltet wird. Mithilfe der gemeinwirtschaftlichen Ausbeutung des Meeresbodenschatzes sollte allen Menschen der Erde zu Wohlstand verholfen werden.[4]

Teilhabe wurde als eine Frage des Rechts, nicht der Mildtätigkeit und Sozialhilfe angesehen: So betont ein Bericht des Generalsekretärs der Vereinten Nationen aus dem Jahr 1971, dass die Einnahmen aus dem Tiefseebergbau nicht mit Entwicklungshilfe zu verwechseln seien, sondern den Entwicklungsländern von Rechts wegen gehörten.[5] Eine zentralisierte, demokratisch strukturierte internationale Verwaltung mit umfassenden Befugnissen für die Erforschung und Ausbeutung des Meeresbodens und seiner Ressourcen sollte die Teilhabe der Staaten des globalen Südens in zweierlei Hinsicht ermöglichen.[6] Zum einen durch einen Mechanismus für die gerechte Verteilung von Erträgen. Um diesem Ziel der Verteilungsgerechtigkeit Rechnung zu tragen, mandatiert das Seerechtsübereinkommen die Meeresbodenbehörde, »für die gerechte Verteilung der finanziellen und der sonstigen wirtschaftlichen Vorteile, die aus den Tätigkeiten im Gebiet stammen«, zu sorgen[7] und dabei »insbesondere die Interessen und Bedürfnisse der Entwicklungsstaaten« zu berücksichtigen[8]. Zum anderen sollte die direkte Beteiligung der Entwicklungsländer an derFör-

4 Bedjaoui, *Towards a New International Economic Order*, S. 227.
5 Generalsekretär der Vereinten Nationen, A/AC.138/38, 15. 6. 1971, Para. 47.
6 Anand, »Common Heritage of Mankind«.
7 Artikel 140 Absatz 2 SRÜ.
8 Artikel 160 Absatz 2 Buchstabe f Ziffer i SRÜ.

derung der mineralischen Meeresbodenschätze durch die Enterprise erfolgen.

Das von Regierungen und Völkerrechtlern aus dem globalen Süden favorisierte System der doppelten Teilhabe – sowohl über Primärverteilung (Ausbeutung durch ein allein dazu berechtigtes internationales Unternehmen) als auch über Sekundärverteilung (von Einnahmen) – stieß bei Industrienationen und auch ihren Völkerrechtlern auf Widerstand. Letztere pflichteten zwar ihren Kollegen aus dem globalen Süden bei, dass globale Armut zu lindern sei. Sie gingen jedoch nicht so weit wie Bedjaoui und Anand, ein neues Völkerrecht zu fordern, das bestehende Strukturen der politischen Ökonomie infrage stellte. Die Rechtsetzungskompetenzen der Generalversammlung der Vereinten Nationen zu stärken und internationale Rohstofforganisationen einzurichten, wie ihre Kollegen aus dem globalen Süden vorschlugen, lehnten die Völkerrechtler im globalen Norden ab. Stattdessen befürworteten sie die Ergänzung des liberalen Rechts der formalen Gleichheit um ein Sozialrecht.[9] Neben Entwicklungshilfezahlungen waren Steuern ein favorisiertes Instrument, das die Not der armen Staaten mildern sollte.[10] Was das Tiefseebodenregime betrifft, so war der Tübinger Völkerrechtler Wolfgang Graf Vitzthum zwar ein vehementer Kritiker der »Plünderung der Meere« und »Zerstückelung« des gemeinsamen Erbes Tiefseeboden.[11] Zugleich diskreditierte er jedoch die Vorstellungen der Entwicklungsländer zur Ausgestaltung der Tiefseebodenverwaltung als ideologiegeleitet.[12] Der amerikanische Völkerrechtler Oscar Schachter hielt das oben beschriebene Parallelregime, welches das Anliegen eines gemeinwirtschaftlichen Tiefseebergbaus untergrub, für eine salomonische Antwort auf einen sich zuneh-

9 Röling, *International Law in an Expanded World*; Jenks, *Social Justice in the Law of Nations*; Jouannet, *The Liberal-Welfarist Law of Nations*.

10 Bhagwati, »Introduction«.

11 Vitzthum (Hg.), *Die Plünderung der Meere*.

12 Vitzthum, »Die Bemühungen um ein Régime des Tiefseebodens«.

mend verschärfenden Konflikt zwischen Staaten des globalen Südens und des globalen Nordens.[13]

Wegen solcher Widerstände fand das Anliegen der direkten Teilhabe nur abgeschwächt Eingang in das Tiefseebodenregime. Das Parallelregime ermöglicht die Lizenzvergabe an einzelne Staaten und Unternehmen; die Enterprise wurde bis heute nicht gegründet.[14] Aber auch der Mechanismus zur Verteilung finanzieller Erträge aus dem Tiefseebergbau genießt in den aktuellen Verhandlungen in Kingston über das Bergbaurecht für den Tiefseeboden keine Priorität. Bis heute gibt es keinen konkreten Vorschlag für seine rechtliche Ausgestaltung. Vor dem Hintergrund dieser unerfüllten Teilhabeerwartungen beabsichtigen einige Entwicklungsländer, vom künftigen Tiefseebergbau zu profitieren, indem sie Partnerschaften mit transnational tätigen Unternehmen eingehen. Am Beispiel von Nauru und The Metals Company (TMC) möchte ich im Folgenden verdeutlichen, wie Lizenzen für den Tiefseebergbau nicht nur für Kapitalgesellschaften zu einer Investition geworden sind, sondern auch für Entwicklungsländer, die diese Unternehmen unterstützen.

TMC ist eine Aktiengesellschaft mit Sitz in Vancouver, Kanada, die an der Nasdaq, der größten amerikanischen Börse, gelistet ist. Über die schon genannten Tochterunternehmen hält TMC Erkundungsrechte für drei Lizenzgebiete in der Clarion-Clipperton-Bruchzone. Für TMC sind diese Rechte am Tiefseeboden Kapitalanlagen, in die es investiert hat, um sich damit Rechte auf Ausbeutungslizenzen zu sichern und in Zukunft mit der Mineralienförderung Einnahmen zu erwirtschaften. Die Erkundungslizenz ist ein Asset im Sinne der von Lisa Adkins, Melinda Cooper und Martijn Konings formulierten Definition, nämlich »ein Eigen-

13 Schachter, *Sharing the World's Resources*, S. 56.

14 Seit ein paar Jahren drängt die Gruppe der afrikanischen Staaten in der Meeresbodenbehörde auf eine Operationalisierung der Enterprise. Erreicht hat sie bisher nur die Einsetzung eines Interimdirektors, der für die Enterprise an den Verhandlungen für ein internationales Bergbaurecht teilnimmt (ISBA/28/C/10, 31. 3. 2023).

tumstitel, der ständig als Bilanzposten bewertet werden muss, aber eben häufig nicht ohne Weiteres gehandelt werden kann. Ein Asset hat eine bestimmte zeitliche Struktur: Es erfordert eine Anfangsinvestition von (häufig kreditfinanzierten) Mitteln und soll innerhalb eines bestimmten Zeitrahmens Erträge einbringen.«[15] TMC verkauft Unternehmensanleihen und -aktien und finanziert so seine Investition in den Tiefseeboden einschließlich der für den Tiefseebergbau erforderlichen Ausrüstung und des Pilot-Mining-Tests im Jahr 2022, bei dem es erstmals ein Collector-System zur Förderung von Manganknollen auf einem Lizenzgebiet testete.[16] Aber auch für die pazifischen Inselstaaten, die mit Tochterunternehmen von TMC Befürwortungsabkommen (Sponsorship Agreements) geschlossen haben, ist diese Unterstützung ein Asset.[17] Ihre Anfangsinvestition lag darin, die rechtlichen Bedingungen zu schaffen, dass die Unternehmen bei der Meeresbodenbehörde Anträge auf Lizenzen für reservierte Gebiete stellen können. Sie tätigten sie in der Erwartung, dass sie sich künftig durch Staatseinnahmen, insbesondere aus der Besteuerung der Unternehmen, auszahlen würde.

Metall-Commons

> Unsere Mission ist der Aufbau eines sorgfältig verwalteten Metall-Commons, das genutzt, wiederverwertet und wieder und wieder genutzt wird.
> *The Metals Company*[18]

Die globale Finanzkrise und neuerliche Initiativen rohstoffexportierender Staaten, ihren Rohstoffsektor stärker zu kontrollieren, entfachten eine Debatte über Ressourcenknappheit und Ver-

15 Adkins/Cooper/Konings, *Die Asset-Ökonomie*, S. 33.

16 Thaler, »The Metals Company Completes a World-First Test of Deep-sea Mining System«, in: *DSM Observer*, 21. 12. 2021, https://dsmobserver.com/2022/12/the-metals-company-completes-a-world-first-test-of-deep-sea-mining-system/ [20. 1. 2025].

17 Nach Irving Fisher kann alles Kapital sein, was über die Zeit einen Einkommensstrom produziert, Fisher, *The Nature of Capital and Income*.

18 TMC, »Mission«, https://metals.co/mission/ [14. 10. 2024] (eigene Übersetzung).

sorgungsengpässe.[19] Außerdem lenkten stagnierende Wachstumsraten die Aufmerksamkeit auf unerschlossene Potenziale für »blaues Wachstum« durch Aktivitäten im Ozean. Die Kommission der Europäischen Union identifizierte Wachstumspotenzial einer Meeresökonomie in fünf Bereichen, darunter die marinen mineralischen Rohstoffe. Im Kontext dieser Debatten über Rohstoffsicherheit und Wachstumspotenziale wurde der Tiefseebergbau wieder interessant. Die fast vergessene Meeresbodenbehörde wurde zu einer betriebsamen Organisation. Schon im Jahr 2000 hatte sie ein Regelwerk für die Erkundung von Manganknollen verabschiedet. 2010 und 2012 kamen Regelwerke für die Erkundung von Massivsulfiden und kobaltreiche Eisen-Mangan-Krusten hinzu.[20] 2017 legte die Rechts- und Fachkommission der Meeresbodenbehörde den ersten offiziellen Entwurf für Verordnungen zur Regulierung der Ausbeutungsphase vor. Diese werden seither intensiv verhandelt und sind stark von der Investorenperspektive geprägt.[21]

Am 27. Februar 2019 hielt Gerard Barron, damals Chief Executive Officer des auf Tiefseebodenbergbau spezialisierten Unternehmens Deep Green (heute CEO von The Metals Company), während der 25. Sitzung der Meeresbodenbehörde in Kingston, Jamaika, eine kurze Ansprache.[22] Ich nahm an dieser Sitzung als Mitglied der Beobachterdelegation des Potsdamer Institute for Advanced Sustainability Studies teil. Beobachterinnen, dazu gehören Forschungsinstitute, Nichtregierungsorganisationen und internationale und transnationale Institutionen wie das Interna-

19 Feichtner, »Entwicklung im Transnationalen Rohstoffrecht«; Feichtner, »Law of Natural Resource Extraction«.

20 International Seabed Authority, *Consolidated Regulations and Recommendations on Prospecting and Exploration*. Die Verordnungen für die Exploration von Massivsulfiden und kobaltreichen Eisen-Mangan-Krusten ändern das Parallelregime ab, indem sie Vertragsnehmern erlauben, der Enterprise eine Beteiligung einzuräumen, anstatt ein zweites Lizenzgebiet zu identifizieren.

21 Zur Investorenperspektive siehe Muniesa, »Financial Value«.

22 Barron, *Address to ISA Council*, 27. 2. 2019, https://www.isa.org.jm/wp-content/uploads/2022/06/nauru-gb.pdf [20. 1. 2025].

tionale Komitee zum Schutz von Seekabeln, sitzen in der großen Versammlungshalle der Meeresbodenbehörde auf den Rängen. Sie dürfen sich mit Redebeiträgen an den Debatten beteiligen, nicht jedoch an den Abstimmungen teilnehmen. Gerard Barron adressierte den Rat vom Parkett aus, wo die Regierungen ihren Platz haben, als Teil der Delegation von Nauru.

Barron appellierte an die Regierungen, die Verhandlungen über das Bergbaurecht für den Tiefseeboden zu einem baldigen Ende zu bringen, damit sein Unternehmen mit dem Tiefseebergbau einen Beitrag zu Klimaschutz und Energiewende leisten könne. Mithilfe der Tiefseemineralien könne eine globale Flotte von einer Milliarde Autos elektrifiziert werden. Außerdem würden durch den Tiefseebergbau die durch landseitigen Bergbau verursachten sozialen und ökologischen Schäden minimiert. Zur Begründung verwies Barron auf die vermeintlich dünnere Besiedlung des Tiefseebodens im Vergleich zum terrestrischen Boden und das Minenunglück in Brasilien, bei dem im Januar 2019 infolge eines Dammbruchs durch eine Welle giftigen Schlamms Hunderte von Menschen ums Leben gekommen waren. Schließlich eröffne die Partnerschaft mit seinem Unternehmen dem Staat Nauru, der durch den steigenden Meeresspiegel in seiner Existenz bedroht ist, neue Entwicklungsperspektiven.

Naurus Investition in den Tiefseebergbau

> Naurus Partizipation als befürwortender Staat eröffnet ihm Entwicklungsmöglichkeiten, die ansonsten nicht bestünden.
>
> *Gerard Barron*[23]

Nauru ist ein pazifischer Inselstaat mit nur etwa 12.500 Einwohnern. 1888 deklarierte das deutsche Kaiserreich die Insel als Teil der Marshall-Inseln zu einer deutschen Kolonie.[24] Für die Ausbeutung der 1900 entdeckten Phosphatlagerstätten auf der Insel

23 Ebd. (eigene Übersetzung).

24 Storr, *International Status in the Shadow of Empire*, S. 45 ff.

wurde der deutschen Jaluit-Gesellschaft eine Konzession erteilt.[25] 1906 wurde diese mit Zustimmung des Reichskanzlers auf ein britisch-deutsches Konsortium, die Pacific Phosphate Company, übertragen. Nach dem Ersten Weltkrieg, mit dem Deutschland seine Kolonien verlor, erteilte der Völkerbund dem Vereinigten Königreich das Mandat zur Verwaltung Naurus. Ausgeübt wurde es von Australien, das die Verwaltung nach dem Zweiten Weltkrieg unter dem Treuhandrat der Vereinten Nationen fortführte.[26] Während dieser Zeit wurden die Phosphatstätten weiter ausgebeutet, was zur ökologischen Verwüstung des Landes führte. Mit der Unabhängigkeit nationalisierte Nauru 1970 den Phosphatabbau und eine Zeit lang galt es als das reichste Land der Welt – nach Pro-Kopf-Vermögen berechnet. Der Reichtum des Landes schwand mit Erschöpfung der Phosphatvorkommen. 1989 erhob Nauru eine Klage gegen Australien vor dem Internationalen Gerichtshof auf Wiedergutmachung unter anderem wegen Verstößen gegen Verpflichtungen aus der Treuhandschaft und gegen das völkerrechtliche Prinzip der ständigen Souveränität über natürliche Ressourcen. Der Rechtsstreit wurde durch einen Vergleich beendet.[27] Während der Finanzkrise geriet Nauru in eine Schuldenkrise und war dringend auf neue Einnahmen angewiesen.

Um Staatseinnahmen zu generieren, »kapitalisiert« Nauru seine Souveränität: Es nutzt die Hoheitsbefugnisse, die mit staatlicher Souveränität einhergehen, um finanzielle Erträge zu erzielen. So unterhält es auf seinem Territorium, finanziert von Australien, ein umstrittenes Auffanglager für Geflüchtete, die nach Australien einreisen möchten, fungiert als Steueroase und betei-

25 Treue, *Die Jaluit-Gesellschaft*.
26 Abkommen über die Treuhandschaft zwischen den Vereinten Nationen, Australien, Neuseeland und dem Vereinigten Königreich: A/RES/140 (II), 1. 11. 1947.
27 International Court of Justice, *Certain Phosphate Lands in Nauru*; Anghie, »The Heart of my Home«.

ligt sich am Handel mit Staatsangehörigkeiten.[28] Seit einigen Jahren verfolgt es als »befürwortender Staat« für Nauru Ocean Resources Inc. (NORI), Tochtergesellschaft von TMC, eine weitere Einnahmequelle.

Das Konzept der »Befürwortung« ist im Seerechtsübereinkommen geregelt. Es sieht vor, dass ein Unternehmen, das bei der Meeresbodenbehörde einen Antrag auf eine Lizenz stellt, der Befürwortung des Staates bedarf, dessen Nationalität es hat und der das Unternehmen kontrolliert.[29] Nauru befürwortete 2008 den Antrag von NORI, zu diesem Zeitpunkt noch eine Tochtergesellschaft von DeepGreen Resources, auf eine Explorationslizenz.[30]

Die Befürwortung geht für den Staat zunächst einmal mit Rechtspflichten einher. Sie sind im Seerechtsübereinkommen definiert und wurden 2011 von der Meeresbodenkammer des Internationalen Seegerichtshofs in Hamburg auf Anfrage der Meeresbodenbehörde in einem Gutachten konkretisiert.[31] Befürwortende Staaten sollen dafür sorgen, dass die von ihnen unterstützten Unternehmen, ihre rechtlichen Verpflichtungen – aus dem Seerechtsübereinkommen, den Regelwerken der Behörde, dem Lizenzvertrag und dem Recht des befürwortenden Staats – befolgen. Der Internationale Seegerichtshof bezeichnete befürwortende Staaten als »Hüter des gemeinsamen Menschheitserbes«. Sie sollen zusammen mit der Behörde darüber wachen, dass Unternehmen rechtmäßig handeln und keine Schäden verursachen. Dabei sind die Pflichten die gleichen, egal ob es sich bei dem befürwortenden Staat um ein armes oder ein reiches Land handelt. Das Gutachten erkennt zwar die Schwierigkeiten von Entwick-

28 The Guardian, »The Nauru Files«, https://www.theguardian.com/news/series/nauru-files [17.10.2024].

29 SRÜ Anlage III, Art. 4 Absatz 3.

30 ISBA/14/LTC/L.2, 21.4.2008; zu Vorwürfen der unrechtmäßigen Weitergabe von Informationen durch das Sekretariat der Behörde: Lipton, »Secret Data«; kritisch zur Rolle von TMC: Casson u.a., *Deep Trouble.*

31 *Responsibilities and Obligations of States Sponsoring Persons and Entities with Respect to Activities in the Area,* Gutachten vom 1.2.2011, ITLOS Reports 2011, S. 10.

lungsländern an, die mit der Befürwortung einhergehenden Verpflichtungen zu erfüllen; diese führten jedoch nicht zu einer Differenzierung von Pflichten je nach Grad der wirtschaftlichen Entwicklung des befürwortenden Staates.

Nutzt ein Staat sein »Souveränitätsprivileg« primär zum Zweck, dadurch wirtschaftliche und finanzielle Vorteile zu erzielen, kommt es zu einem Rollen- und Interessenkonflikt. Denn die Rolle des uneigennützigen »Hüters« des gemeinsamen Menschheitserbes ist nur schwer mit der Rolle des »privatnützig« tätigen Investors vereinbar. Trotz dieses Interessenkonflikts begrüßte 2011 der damalige Generalsekretär der Meeresbodenbehörde Nii Allotey Odunton die Vergabe von Explorationslizenzen an NORI und TOML, die beiden Tochterunternehmen von TMC, als eine »enorm wichtige Entwicklung«. Denn sie erlaube den befürwortenden Staaten Nauru und Tonga die Teilnahme an der Exploration des Meeresbodens.[32] Inzwischen gibt es in der Meeresbodenbehörde eine Debatte darüber, ob die Kriterien, an die das Seerechtsübereinkommen die Befürwortung knüpft, strenger ausgelegt werden sollten.[33] Dabei geht es jedoch weniger darum, den hier beschriebenen Rollenkonflikt aufzulösen, als zu verhindern, dass Staaten als befürwortende Staaten für Unternehmen auftreten, die sie rechtlich und faktisch nicht kontrollieren können, beispielweise weil alle relevanten Entscheidungen in einem Mutterunternehmen getroffen werden, das seinen Sitz in einem anderen Staat hat.

Das Commonwealth Secretariat und die Europäische Union hatten Nauru und andere Pazifikstaaten in ihrem Vorhaben unterstützt, den Tiefseebergbau als neuen Entwicklungspfad für sich zu erschließen.[34] Die Hilfe bestand unter anderem in der

32 Zitiert in TMC, »Response to Greenpeace Report«, Dezember 2020, https://metals.co/response-to-greenpeace-report/ [13.10.2024].

33 Rojas/Phillips, »Effective Control«.

34 SPC-EU DSMP, »About The SPC- EU Deep Sea Minerals Project«, https://dsm.gsd.spc.int/ [17.10.2024].

Ausarbeitung nationaler Tiefseebergbaugesetze und kann als Teil der Initiativen für »blaues Wachstum« verstanden werden. Inzwischen wird der Tiefseebergbau als Entwicklungspfad sehr viel kritischer betrachtet. Das zeigt sich etwa in Berichten der Weltbank, die deutlich auf die Risiken des Tiefseebergbaus für Pazifikstaaten hinweisen. Hatte die Weltbank den Tiefseebergbau zunächst als eine Entwicklungsoption eingeschätzt, äußern sich Wissenschaftler der Weltbank in einem Bericht von 2017 über Entwicklungsstrategien für pazifische Inselstaaten zurückhaltend. Tiefseebergbau berge große Risiken und Staatseinnahmen seien – auch wegen des Steuerwettbewerbs unter den Pazifikstaaten – unsicher. Statt auf den Tiefseebergbau sollten sie für ihre wirtschaftliche Entwicklung, so die Autoren, lieber auf Kreuzfahrtschiffstourismus setzen.[35]

Für Nauru ist die Investition in den Tiefseebergbau in der Tat mit großen Unsicherheiten verbunden. Im Antrag auf Erteilung einer Erkundungslizenz hatte NORI noch angegeben, dass die Einnahmen des Unternehmens an zwei gemeinnützige Stiftungen in Nauru fließen würden.[36] Davon ist mittlerweile keine Rede mehr. Die »Seabed Minerals Act« Naurus von 2015 sah vor, dass das Unternehmen für die Befürwortung eine einmalige Antragsgebühr von 15.000 Dollar und eine jährliche Gebühr in Höhe von 20.000 Dollar an Nauru zahlen muss.[37] Das sind kleine Beträge im Vergleich mit den an die Behörde zu entrichtenden Zahlungen. Die Höhe weiterer Abgaben an den Staat wurde im Gesetz offengelassen.

35 Weltbank, *Pacific Possible*; zur Gefahr eines »race to the bottom«: Readhead u. oa., *Report on the Proposed Payment Regimes for Deep Sea Mining*, S. 16. Auch andere internationale Institutionen wie UNCTAD und UNEP äußern sich kritisch zum Tiefseebergbau und die EU-Kommission hat inzwischen Abstand davon genommen.

36 ISBA/14/LTC/L.2, 21. 4. 2008.

37 International Seabed Minerals Act 2015, http://ronlaw.gov.nr/nauru_lpms/files/acts/0ca467c92b6467be3d58fa7ebc53ad8b.pdf [13. 10. 2024]; inzwischen ersetzt durch Naura Seabed Minerals Authority Act 2024.

Ein weiterer Grund, warum die Einnahmen für befürwortende Staaten – auch im Vergleich mit Staatseinnahmen aus landseitigem Bergbau – niedrig ausfallen dürften, ist das schon genannte System des Vorteilsausgleichs. Die Vertragsnehmer sollen Förderabgaben an die Meeresbodenbehörde als Entgelt für die Ausbeutung des gemeinsamen Menschheitserbes leisten. Aus diesen Einnahmen sollen zunächst die Kosten der Behörde gedeckt und ein Kompensationsfonds für Staaten gefüllt werden, die landseitigen Bergbau betreiben und deren Rohstoffwirtschaft durch den Tiefseebergbau beeinträchtigt wird. Was dann noch übrig ist, kann gerecht verteilt werden.[38] Die finanziellen Erträge, die Nauru vom Tiefseebergbau erwarten kann, werden also im Wesentlichen von zwei Faktoren abhängen: was NORI an Erträgen erwirtschaftet und in welcher Höhe Nauru das Unternehmen besteuert, nachdem es Förderabgaben an die Meeresbodenbehörde abgeführt hat.

Die Investorenperspektive

Damit wären wir wieder bei The Metals Company. Um das für den Tiefseebodenbergbau notwendige Kapital aufzubringen, gibt TMC Aktien und Anleihen aus. Auch wenn TMC in öffentlichen Auftritten die Förderung des Allgemeinwohls durch den Tiefseebergbau betont, ist das Unternehmen primär seinen Kapitalgebern verpflichtet. Ihnen gegenüber preist TMC den Tiefseebergbau als sozialökologische Investitionsgelegenheit. Auf seiner Webseite wirbt es damit, die Manganknollen seien »A battery in a rock« und seine Lizenzgebiete gehörten zu den mineralienreichsten im Pazifik. Nach einer Intervention der US-amerikanischen Wertpapier- und Börsenaufsichtsbehörde musste TMC seine Informationen für Investoren allerdings korrigieren. TMCs Geschäftsbericht weist nun ausdrücklich darauf hin, dass unsicher sei, ob sich die Manganknollen wirklich in handelbare Me-

38 Artikel 173 Absatz 2 SRÜ.

talle verwandeln ließen.[39] Außerdem verklagen Investoren TMC vor amerikanischen Gerichten und zivilgesellschaftliche Organisationen haben eine Beschwerde bei der Wertpapier- und Börsenaufsichtsbehörde eingereicht.[40] Letztere machen geltend, TMC habe seine Investoren über die Gewinnaussichten, über die Durchführbarkeit der Bergbauprojekte und die Nachfrage nach den Tiefseemineralien für die Batterieproduktion getäuscht. TMC steht also zunehmend unter Druck, bald eine Ausbeutungslizenz zu erhalten, um mit dem Tiefseebergbau beginnen zu können. Nur so können berechtigte Erwartungen auf künftige Erträge aufrechterhalten werden und bleiben diese schon heute durch den Verkauf von Anleihen kapitalisierbar.

Die Investitionslogik und -perspektive wirken sich auf die aktuellen Verhandlungen in der Meeresbodenbehörde aus. Nicht nur TMC drängt auf die Verabschiedung der Regeln für den kommerziellen Tiefseebergbau. Um die Verhandlungen im Rat der Behörde zu beschleunigen, machte Nauru Ende Juni 2021 von einer rechtlichen Vorschrift des Seerechtsübereinkommens Gebrauch, die in der Vergangenheit von manchen als »nukleare Option« bezeichnet worden war. Heute wird sie in der Behörde unter dem Agendapunkt »Zweijahresregel« geführt. Nauru forderte den Rat auf, die Verhandlungen der Ausbeutungsregelungen zum Abschluss zu bringen.[41] Damit setzte Nauru eine Frist in Gang, mit deren Ablauf am 9. Juli 2023 der Rat der Meeresbodenbehörde rechtlich verpflichtet ist, Anträge auf Erteilung von Ausbeutungslizenzen zu berücksichtigen.[42] Ob er sie auch genehmigen

39 TMC, »Annual Report 2023«. https://www.annualreports.com/HostedData/AnnualReports/PDF/NASDAQ_TMC_2023.pdf [18. 10. 2024].

40 PR Newswire, »Shareholder Alert. Pomerantz Law Firm Investigates Claims on Behalf of Investors of TMC«; Blue Climate Initiative u.a., »Letter of Complaint to the Securities and Exchange Commission Regarding The Metals Company«, 18. 7. 2024, https://dsm-campaign.org/wp-content/uploads/2024/07/2024_07_18_SEC_Complaint_Letter_re_-TMC.pdf [18. 10. 2024].

41 ISBA/26/C/38. 1. 7. 2021.

42 Durchführungsabkommen zum SRÜ, Annex, Abschnitt 1, Paragraph 15.

muss, selbst wenn die den Abbau regelnden Normen noch nicht verabschiedet sind, ist umstritten.[43] Die Mitgliedstaaten der Meeresbodenbehörde konnten sich bisher nicht auf eine Antwort einigen. Stattdessen verabschiedete der Rat eine Erklärung mit dem Inhalt, dass keine kommerzielle Ausbeutung stattfinden soll, bevor die erforderlichen Ausbeutungsregeln in Kraft getreten sind.[44] NORI kündigte an, bis zur Sitzung der Meeresbodenbehörde im März 2025 einen Antrag auf Erteilung einer Ausbeutungslizenz zu stellen.[45]

Die Investitionslogik beeinflusst auch die Verhandlungen über die Ausgestaltung der Förderabgaben, die Vertragsnehmer an die Meeresbodenbehörde als Teil des sogenannten Zahlungsmechanismus abführen müssen. Kapitalmarktorientierte Unternehmen wie TMC machen geltend, dass ihnen eine angemessene Rendite verbleiben muss. Zugleich zahlt sich die Investition der Befürwortung für die Pazifikstaaten nur dann aus, wenn sie die Unternehmen besteuern können. Werden sowohl die Renditeerwartung der Unternehmen als auch die Einnahmeerwartungen der befürwortenden Staaten berücksichtigt, dann reduziert das die Förderabgaben, die die Behörde für die Verwertung des gemeinsamen Menschheitserbes bekommt und umverteilen kann.

Verwertung des Wohnens: »ein Sparplan in Beton«

Nicht nur der Tiefseeboden, auch der Stadtboden ist ein Investitionsobjekt. Laut einer Kolumne in der *Frankfurter Allgemeinen Zeitung* vom 4. April 2023 sind vermietete Häuser und Wohnungen, »wenn sie mit Fremdkapital bezahlt und während der Vermietung entschuldet werden«, letztlich »nichts anderes als ein Sparplan

43 Singh, »›What If‹ Revisited«.
44 ISBA/28/C/25, 21. 7. 2023.
45 TMC, »TMC Announces Corporate Update on Expected Timeline, Application Costs and Production Capacity Following Part II of the 28th Session of the International Seabed Authority«, https://investors.metals.co/news-releases/news-release-details/tmc-announces-corporate-update-expected-timeline-application/ [18. 10. 2024].

in Beton«.[46] Unter dem Titel »Wer wird Millionär?« legt der Autor den Zeitungslesern dar, wie sie den Immobilienkauf zur Vermögensbildung nutzen können. Die Kolumne konkretisiert zugleich die oben zitierte Definition der Kapitalanlage am Beispiel der Investition in Wohnungseigentum:

»Der Anleger nimmt im vorliegenden Fall 1 Million Euro auf und kauft sich dafür drei oder vier Wohnungen, die bei einer jährlichen Wertsteigerung von 2 Prozent in 30 Jahren rund 1.811.000 Euro wert sein werden. Er streicht Mieten ein und erzielt Steuervorteile. Die Einkünfte reichen allerdings nicht aus, um die Zinsen und die Tilgung zu bezahlen, sodass der Anleger jeden Monat etwas Geld zuschießen muss. Die Höhe hängt von den Mieten und den Kreditzinsen ab. Wenn die Wohnungen nach Abzug der Kosten jährlich 25.000 Euro abwerfen, die jedes Jahr um 2 Prozent steigen, und die Kredite auf Dauer nicht mehr als 4 Prozent pro Jahr kosten, wird der Anleger an diesem Sparplan seine helle Freude haben, weil die jährliche Rendite nach Steuern bei 6,7 Prozent liegt. Die jährlichen Zuzahlungen beginnen bei 19.000 Euro und steigen im Laufe der Zeit auf 26.000 Euro. Das entspricht Monatsraten von 1583 bis 2167 Euro, sodass die Wohnungen der mit Abstand lukrativste Weg sind, um in 30 Jahren realer Millionär zu sein.«[47]

Wegen gestiegener Zinsen und Immobilienpreise war zum Zeitpunkt der Veröffentlichung der Kolumne im April 2023 der Weg zur Million auch für wohlbetuchte FAZ-Leserinnen im Vergleich zur vorangegangenen Niedrigzinsphase erschwert. Deutlich wird dennoch, was es bedeutet, wenn Grund- und Wohnungseigentum zur Kapitalanlage werden. Die Funktion des Grundeigentums ist dann die Vermögensbildung. Das Grundeigentum erlaubt es der Eigentümerin, einen Kredit aufzunehmen, um den Eigentumserwerb zu finanzieren. Denn sie kann das Eigentum zur Kreditsicherung einsetzen, etwa durch Belastung

46 Looman, »Wer wird Millionär?«, in: *FAZ*, 4.4.2023.
47 Ebd.

mit einer Grundschuld. Die Fremdfinanzierung erlaubt ihr die Ausnutzung des sogenannten Hebeleffekts.[48] Er tritt dann ein, wenn die Mieteinnahmen – auf diese hat die Neueigentümerin einen Anspruch, da sie mit dem Erwerb in die Rolle der Vorvermieterin eintritt[49] – nach Abzug von (Instandhaltungs-)Kosten die Kosten der anfallenden Zinsen übersteigen. Durch den Hebeleffekt kann die Anlegerin die Rendite auf das eingesetzte Eigenkapital erhöhen. Hat sie den Kredit abbezahlt, stehen ihr die Mietüberschüsse als Einnahmen zur Verfügung. Die Grundschuld könnte sie zur erneuten Kreditaufnahme nutzen. Ist der Marktwert des Grundstücks seit dem Kauf gestiegen, kann sie das Grundstück auch mit Gewinn weiterveräußern. Ein Handbuch zur Immobilienwirtschaft spricht daher von »zwei wesentlichen Renditequellen« direkter Immobilieninvestitionen – auch Investitionen in Realkapital genannt: »Vermietungseinkünfte (Cashflows) und die Veränderungen des Immobilienwertes« (Wertveränderungsrenditen).[50]

Was im Immobilienmarktjargon Cashflow genannt wird, ist in der Terminologie der politischen Ökonomie die Grundrente. Karl Marx bezeichnete so die »Geldsumme, die der Grundeigentümer jährlich aus der Verpachtung eines Stücks des Erdballs bezieht«.[51] Der Bodenpreis gilt als kapitalisierte Grundrente, soweit er den Wert der künftig erwarteten Mieteinnahmen reflektiert.[52] In welcher Höhe ein Eigentümer Mieterträge realisieren kann, hängt von sehr unterschiedlichen Faktoren ab: von der Attraktivität der »Lage«, die wiederum durch soziale Infrastrukturen wie öffentlichen Nahverkehr, Geschäfte, Schulen und Kindergärten mitbestimmt wird, aber auch vom sozialen Mietrecht,

48 Immoheld, »Leverage-Effekt einfach erklärt: Sprungbrett für Ihre Rendite«, https://immoheld.eu/wissen/leverage-effekt-einfach-erklaert/ [18.10.2024].

49 § 566 Absatz 1 BGB.

50 Schindler, »Immobilien als Bestandteil von Vermögensportfolios«, S. 295.

51 Marx, »Das Kapital«, S. 636. Zur Grundrente bei Wohnimmobilien: Belina/Heeg, »Wohnen mit Marx«; Holm, *Objekt der Rendite*, S. 96 f.

52 Brede/Dietrich/Kohaupt, *Politische Ökonomie des Bodens und der Wohnungsfrage*.

also dem rechtlichen Rahmen, innerhalb dessen sich Mieten bewegen müssen. Wenn die tatsächliche Miete unter der erzielbaren Miete liegt, dann wird zuweilen von einer »Mietenlücke« gesprochen.[53] Aus Investorenperspektive ist es sinnvoll, darauf hinzuwirken, diese Lücke zu schließen und so die »Cashflows« des Assets Immobilie zu optimieren.

Natürliche Personen, die als kreditwürdig eingeschätzt werden und über ein gewisses Eigenkapital verfügen, können also direkt in Grund- und Wohnungseigentum als »Realkapital« investieren. Es wird ihnen sogar häufig im Sinne der Vermögensbildung und Altersversorgung und angesichts der geringen Rendite auf Spareinlagen dazu geraten. Wenn sie es auf maximale Erträge anlegen, können sie versuchen, Mieteinnahmen durch legale und illegale Mittel zu steigern. Selbstverständlich gibt es auch Menschen mit Immobilieneigentum, denen nicht daran gelegen ist, maximale Erträge zu erwirtschaften, die sowohl die Immobilie pflegen wie auch gute Beziehungen zu ihren Mieterinnen.

Immobilieneigentum dient nicht nur als Realkapital. Es bildet auch die Grundlage für Finanzkapital. Kann ich mir als Privatperson keine Immobilie leisten, dann kann ich *indirekt* in Immobilien investieren, etwa indem ich Aktien oder Anleihen von Vonovia, einem börsennotierten Wohnungsunternehmen, erwerbe oder mein Geld in einem Fonds anlege, der in Immobilien investiert. Wenn eine Anlegerin indirekt Geld in Immobilien anlegt, erwirbt sie mit dem Wertpapier ein vermögenswertes Individualrecht, nicht jedoch Privateigentum an Grundstücken und Wohnungen. Sie hat keine Sachherrschaft im Sinne eines Rechts, über Boden und Immobilien selbst zu verfügen und sie zu nutzen. Ihre Rendite hängt von den Erträgen ab, die auf Grundlage des Grundstücks- und Immobilieneigentums eingenommen werden, insbesondere den Mieteinnahmen. Für die Anlegerin ist in der Regel irrelevant, ob die Assets des Unternehmens, in das sie

53 Smith, »Gentrification and Uneven Development«.

investiert, durch andere Assets ausgetauscht werden, sofern das ihre Rendite nicht beeinträchtigt. Ebenso hat auch für das Unternehmen die einzelne Immobilie primär die Funktion von Kapital. Zwar gibt das Wohnungsunternehmen Vonovia in seinem Geschäftsbericht die Bereitstellung bezahlbaren Wohnraums als Unternehmensziel an, zugleich betreibt es aber ein aktives Portfoliomanagement, das die Wohnimmobilien allein als Assets behandelt, die künftige Cashflows generieren.

Da institutionelle Investoren, dazu gehören beispielsweise Versicherungen, direkt und indirekt in Boden und Immobilen investieren, sind viele Menschen an Investitionen in Boden und Immobilien als Kapitalanlagen beteiligt, ohne dass sie sich dessen notwendig bewusst sind. Wegen der weiten Verbreitung solcher Investitionen in unterschiedlichen Bevölkerungsschichten sprechen Adkins, Cooper und Konings von einer Demokratisierung der Asset-Ökonomie.[54] Diese Entwicklung verändert nicht nur die Beziehung zwischen Mieter und Vermieterin, sondern hat darüber hinausreichende gesellschaftliche Auswirkungen. Das zeigt das folgende Beispiel:[55] 2011 erwarb Blackstone Real Estate Partners Europe III, ein Investmentfonds des Unternehmens Blackstone, 6800 Wohnungen im Osten Berlins. Die Wohnungen gehörten zuvor dem deutschen Unternehmen Level One. Dieses hatte sie nach der Wende gekauft und den Erwerb vor allem durch Schuldenaufnahme finanziert. Während der Finanzkrise musste es Konkurs anmelden. Partner in dem von Blackstone eigens für den Erwerb der Immobilien von Level One aufgesetzten Fonds war das Pennsylvania Public School Employees' Retirement System, ein Rentenplan für Lehrerinnen im US-Bundesstaat Pennsylvania. Dieser investierte 200 Millionen Dollar in den Fonds. Die Altersversorgung der amerikanischen Lehrer hing also fortan auch von der rentablen Verwertung der Berliner Wohnimmobilien durch den Fonds ab. Durch diese »Demokratisierung«

54 Adkins/Cooper/Konings, *Die Asset-Ökonomie*, S. 79 f.
55 Christophers, *Our Lives in Their Portfolios*, S. 67 ff.

der Asset-Ökonomie, die mit der Privatisierung sozialer Infrastrukturen einhergeht, entstehen neue Ungleichheitsmuster und Widersprüche – etwa wenn Mieterinnen zu Renditen beitragen, die ihre eigene Altersversorgung absichern sollen.[56]

Ob Boden und Wohnen als Finanzkapital gewinnbringend verwertet wird, ist in dieser Konstellation nicht mehr von der persönlichen Disposition des Vermieters abhängig. Vielmehr besteht hier ein struktureller und auch rechtlicher Verwertungszwang. Er resultiert daraus, dass der Fonds seinen Anlegern zur Optimierung der Rendite verpflichtet ist.[57] Außerdem können Akteure wie Fonds und Aktiengesellschaften – die mit dem Oberbegriff der Kapitalgesellschaft erfasst werden können – eine rechtliche, organisatorische und technische Infrastruktur nutzen, die natürlichen Personen nicht zur Verfügung steht, um auf Basis des Grundeigentums eine Vielzahl weiterer Assets zu schaffen, darunter Aktien, Anleihen und Unternehmensanteile.[58] Im Ökosystem dieser finanzialisierten Wirtschaft entstehen weitere Cashflows und Einnahmequellen, etwa Gebühren für Asset-Manager für die Verwaltung von Fonds, für Banken für die Restrukturierung und Gewährung von Darlehen und für Wirtschaftsprüfungsgesellschaften für die Bewertung von Immobilien.[59] In Deutschland und insbesondere in Berlin ist heute ein signifikantes Segment der Wohnungswirtschaft Teil dieser Asset-Ökonomie.[60]

Wohnungen werden zur Assetklasse

Ende der 1990er Jahre und Anfang der Nullerjahre wurden in Deutschland große Bestände an Wohnungen privatisiert. Dabei handelte es sich sowohl um Immobilien, die zuvor Eigentum der

56 Adkins/Cooper/Konings, *Die Asset-Ökonomie*, S. 80; Lapavitsas, »Financialised Capitalism«.
57 Neitzel, »Vermögensbindung und Nachhaltigkeit«.
58 Birch, »Rethinking Value in the Bio-Economy«.
59 Botzem/Dobusch, »Financialization as Strategy«.
60 Heeg, »Wohnungen als Finanzanlage«; Gabor/Kohl, ›*My Home is an Asset Class*‹; Holm/Alexandri/Bernt, *Housing Policy under the Conditions of Financialisation*.

öffentlichen Hand waren, als auch um Werkswohnungsbestände.[61] Berlin begann ab 1995 mit einer umfangreichen Privatisierung.[62] Sanierungsbedürftige Bestände sollten möglichst profitabel veräußert und dadurch sollte der Landeshaushalt saniert werden. Zu den die Privatisierung ermöglichenden und begünstigenden Rahmenbedingungen gehörten die Aufhebung der Wohnungsgemeinnützigkeit, Finanzmarktliberalisierungen und Steuerbegünstigungen. Günstige Kredite erleichterten Grundstückskäufe und die Ausnutzung des oben beschriebenen Hebeleffekts. In Berlin beförderten außerdem niedrige Mieten, eine große Fluktuation und hohe Leerstandsraten bei gleichzeitiger Erwartung steigender Nachfrage nach Mietwohnungen die Transformation von Wohnungen in Kapitalanlagen. Als sichere Vermögensanlagen wurden Grundstücke und Immobilien zu immer begehrteren Anlageobjekten.[63]

Eine Besonderheit der deutschen Privatisierung von Wohnimmobilien war es, dass ganze Wohnblöcke und einige landeseigene Wohnungsgesellschaften samt Bestand veräußert wurden.[64] Dagegen kam es nicht so häufig wie etwa in osteuropäischen Ländern und in England zu Privatisierungen durch den Verkauf von Wohnungen an die jeweiligen Mieterinnen. Zwar wurde auch in Berlin Mieterinnen der Erwerb der eigenen Wohnung angeboten. Diese »Mieterprivatisierung« erreichte aber nur ein geringes Ausmaß. Viele Mieterinnen schlugen das Angebot wegen wirtschaftlicher Unsicherheiten oder ihrer (noch) sehr niedrigen Mieten aus.[65]

61 Zur Privatisierung von Werkswohnungen in Nordrhein-Westfalen siehe Landtag NRW, *Abschlussbericht der Enquetekommission*, S. 106 ff.

62 Uffer, »The Uneven Development of Berlin's Housing Provision«; Uffer, »Wohnungsprivatisierung in Berlin«; Holm, »Private heißt rauben«.

63 Zum wichtigen Kontext des Übergangs einer Politik der Lohn- zu einer der Assetpreisinflation: Adkins/Cooper/Konings, *Die Asset-Ökonomie*.

64 Uffer, »The Uneven Development of Berlin's Housing Provision«, S. 156.

65 Holm, »Privatisierungspolitik in Berlin seit 1990«, S. 101.

Wichtige Akteure in der Privatisierung öffentlicher Wohnungsbestände und der Transformation von Wohnungen in Assets waren und sind die schon genannten Investmentfonds.[66] Sie sammeln Geld von privaten und institutionellen Anlegern, weshalb sie auch als Kapitalsammelstellen bezeichnet werden. Sie bündeln und investieren dieses Geld und die Anleger erhalten entweder Anteile in Form von Wertpapieren oder unternehmerische Beteiligungen.[67] Eine Reihe von Investmentfonds ist auf Investitionen in Wohnimmobilien spezialisiert. In Berlin begannen internationale Fonds und andere internationale Kapitalgesellschaften ab 2004 mit dem Ankauf von großen Wohnungsbeständen bzw. Gesellschaftsanteilen.[68]

Stadtforscher Andrej Holm und Sabina Uffer unterscheiden zwei Geschäftsmodelle, die Fonds Anfang der Nullerjahre in Berlin verfolgten.[69] Zum einen erwarben sie Wohnungsbestände aus dem 19. Jahrhundert und den 1920er und 1930er Jahren in attraktiven Innenstadtlagen mit dem Ziel, ihren Wert durch Modernisierungen und Mietsteigerungen zu erhöhen. Zum anderen kauften sie weniger attraktive Bestände günstig ein, verkauften sie schon bald wieder zu höheren Preisen und erzielten so in kurzer Zeit eine Rendite von 20 Prozent und mehr. Dabei nutzten sie den Hebeleffekt durch Fremdfinanzierung maximal aus und setzten auf Preisanstiege durch erhöhte Nachfrage und Einsparungen in den Kosten der Immobilienbewirtschaftung. Die Finanzkrise machte allerdings einen Strategiewechsel erforderlich: In den Beständen, die sich in schlechtem Zustand und am Stadtrand befanden, reduzierten die Vermieter den Leerstand,

66 Gabor/Kohl, *My Home is an Asset Class*.

67 Bei offenen Immobilienfonds erwerben Anlegerinnen Anteile in Form von Wertpapieren, i.d.R. sind dies Inhaberwertpapiere; bei geschlossenen Immobilienfonds erwerben sie eine unternehmerische Beteiligung: Meyer (Hg.), *Handbuch Immobilienwirtschaftsrecht*, Kapitel 12, Rn. 159.

68 Holm, »Privare heißt rauben«, S. 47.

69 Uffer, »The Uneven Development of Berlin's Housing Provision«; Holm, »Privare heißt rauben«.

um durch Mieteinnahmen ihren Schuldendienst leisten zu können. Dazu senkten sie Mieten und vermieteten einen Großteil der heruntergekommenen Wohnungen an Personen, deren Mieten vom Sozialamt gezahlt wurden.[70]

Im Zuge der Finanzkrise nahm dann auch die Bedeutung börsennotierter Aktiengesellschaften zu. Ihr Geschäftsmodell ist auf längerfristige Bewirtschaftung angelegt. Dabei betreiben auch sie ein »aktives Portfoliomanagement«, sie kaufen und verkaufen also regelmäßig Bestände, um Einnahmen und Kapitalstruktur zu optimieren. Zu dieser Gruppe gehört Vonovia, ein seit 2013 börsennotierter Konzern, dessen Aktien 2015 in den DAX aufgenommen wurden. Seinem Geschäftsbericht von 2023 zufolge bewirtschaftet Vonovia in Deutschland 485.000 eigene Wohnungen.[71] 2021 fusionierte Vonovia mit der Aktiengesellschaft Deutsche Wohnen. In Berlin werden heute fast eine Viertelmillion Wohnungen von großen Kapitalgesellschaften bewirtschaftet.[72]

Infrastrukturen der Verwertung

Auch die Transformation von Boden und Immobilien in Kapitalanlagen und die Schaffung weiteren Finanzkapitals und weiterer Cashflows wird durch eine rechtliche Infrastruktur ermöglicht. Katharina Pistor spricht von der rechtlichen Codierung des Kapitals.[73] Hierfür ist das Gesellschaftsrecht von besonderer Bedeutung. Es ermöglicht die Gründung juristischer Personen – wie Aktiengesellschaften und Gesellschaften mit beschränkter Haftung –, die unabhängig von natürlichen Personen agieren und diese überleben können. Die Gründung juristischer Personen erlaubt es den Gesellschaftern, die Haftung auf das Unternehmensvermögen zu beschränken. Das bedeutet, dass ein wirtschaftliches Scheitern zur Insolvenz des Unternehmens führen kann,

70 Ebd., S. 166 f.
71 *Vonovia SE Geschäftsbericht 2023*, S. 41.
72 Bernt/Holm, *Vergesellschaftung senkt die Miete.*
73 Pistor, *Der Code des Kapitals.*

nicht jedoch die Gesellschafter selbst in ihrer wirtschaftlichen Existent bedroht. Die deutschen Kolonisierer waren daher so darauf erpicht, dass der Gesetzgeber mit der GmbH neben der Aktiengesellschaft eine weitere Unternehmensform typisieren sollte, die einerseits der Sammlung von Kapital für das risikoreiche Unterfangen der Kolonisation dienen, ihnen andererseits große organisatorische Freiheit und Freistellung von persönlicher Haftung bieten sollte.[74] Auch juristische Personen genießen Eigentumsschutz durch Artikel 14 GG und menschenrechtliche Verbürgungen etwa im 1. Zusatzprotokoll der EMRK und Artikel 17 der Grundrechtecharta der Europäischen Union. Handelt es sich um ausländische Unternehmen, so sind ihre Investitionen unter Umständen durch internationales Investitionsschutzrecht gegen staatliche Eingriffe geschützt. Dieser Eigentumsschutz erstreckt sich wie bei natürlichen Personen sowohl auf das Sacheigentum als auch auf andere vermögenswerte Individualrechte. Er erfasst also auch Finanzkapital in Form von Aktien und Anleihen.

Während natürliche Personen zur Fremdfinanzierung von Grundstücks- und Immobilienkäufen auf Bankkredite angewiesen sind, zu denen der Zugang aus vielfältigen Gründen – wegen des Alters, des (Aufenthalts-)Status oder der finanziellen Situation – erschwert sein kann, verfügen Unternehmen über vielfältige Möglichkeiten der Kapitalbeschaffung. Kapitalgesellschaften können sich – im Gegensatz zu natürlichen Personen – durch den Verkauf von Unternehmensanteilen oder die Ausgabe von Unternehmensanleihen über den Kapitalmarkt finanzieren. Bei Unternehmensanteilen spricht man von Eigenkapital, bei Unternehmensanleihen und Darlehen von Fremdkapital. Ab einer bestimmten Größe und bei gutem Rating verbessert sich der Zugang zum Kapitalmarkt. Außerdem bekommen Unternehmen leichter Bankdarlehen als natürliche Personen.

74 Feichtner, »Koloniales Wirtschaftsrecht«, S. 218 f.

Im Zusammenhang mit der Finanzierung entstehen die schon genannten weiteren Ertragsströme: Gebühren für Steuerberatungsfirmen, Banken und Ratingagenturen. Eine Finanzinnovation aus der Zeit der Jahrtausendwende, die weitere Cashflows generiert, ist die sogenannte Verbriefung: Schulden werden gebündelt und zu neuen Finanzprodukten »verpackt«, die auf dem Kapitalmarkt gehandelt werden.[75] Solche Verbriefungsdeals waren eine Ursache für die globale Finanzkrise.

Die Möglichkeit, nicht nur Unternehmen zu gründen, sondern Konzernstrukturen zu schaffen, verschachtelte Gebilde aus Mutter-, Tochter- und Nebenunternehmen, eröffnet weitere Wege, die Verwertung von Boden und Immobilien zu optimieren. So lassen sich Steuern vermeiden und Haftungsrisiken eindämmen.[76] Konzerne im Bereich der Wohnungswirtschaft sind häufig so strukturiert, dass Tochtergesellschaften das Eigentum an Grundstücken und Immobilen halten und die übergeordneten Muttergesellschaften (Mehrheits-)Anteile an den Tochtergesellschaften. Damit sind die Immobilien Realkapital allein der im Grundbuch als Eigentümerin eingetragenen Tochtergesellschaft. Die Anteile an der Tochtergesellschaft sind die Vermögenswerte der Muttergesellschaft. Ausweislich des Geschäftsberichts von 2023 gehören zum Konzern Vonovia, dessen Muttergesellschaft eine Societas Europaea mit Sitz in Bochum ist, 631 rechtliche Einheiten, also Tochtergesellschaften und andere verbundene Gesellschaften. Diese müssen in einem Anhang zum Geschäftsbericht aufgelistet werden.[77] Dort finden sich dann beispielsweise folgende Objektgesellschaften mit Sitz in Berlin: »BUWOG Goethestraße Development AG GmbH«, »BUWOG Harzer Straße Development AG GmbH,« »BUWOG Mariendorfer Weg Development AG GmbH«, »BUWOG Parkstraße AG GmbH«. Die Straßennamen

75 Pistor, *Der Code des Kapitals*, 4. Kapitel.

76 Botzem/Dobusch, »Financialization as Strategy«.

77 Siehe *Vonovia SE Geschäftsbericht 2023*, S. 250 f. Die Auflistung ist gemäß § 313 Absatz 2 Handelsgesetzbuch verpflichtend.

deuten darauf hin, dass die Gesellschaften Eigentümerinnen von in diesen Straßen gelegenen Immobilien sind.

Diese Strukturierung dient unter anderem dem Management von Haftungsrisiken, der Vermeidung von Grunderwerbssteuer und der Umgehung von Vorkaufsrechten durch Anteilskäufe. Bei sogenannten Share Deals erwirbt ein Unternehmen nicht das Grundeigentum selbst, sondern lediglich Anteile des Unternehmens, das als Eigentümer des Grundstücks im Grundbuch eingetragen ist. So konnten Unternehmen, die weniger als 95,5 Prozent an Anteilen erwarben, wirtschaftlich in die Position des Grundeigentümers eintreten, ohne auch rechtlich Eigentümer des Grundstücks zu werden, und zugleich die Verpflichtung zur Zahlung von Grunderwerbssteuer umgehen.[78] Außerdem kann Folge dieser Share Deals sein, dass Kommunen und andere Entitäten (Landgesellschaften im Falle von Agrarlandverkäufen) ihnen zustehende Vorkaufsrechte nicht ausüben können. Vorkaufsrechte dienen dazu, Grundstücksverkäufe an bestimmte Käufer und damit sozialschädliche Entwicklungen in der Verteilung von Grundeigentum zu verhindern. Ein Fall der Umgehung eines Vorkaufsrechts für Agrarland in Brandenburg hat für besondere Aufmerksamkeit gesorgt: Das Unternehmen Quarterback Immobilien, das zu 40 Prozent dem Immobilienunternehmen Deutsche Wohnen gehörte, kaufte 2023 Anteile der Röderland GmbH, die 2.500 Hektar Land bewirtschaftete, um auf Teilen der Fläche Photovoltaikanlagen zu betreiben. Das Vorkaufsrecht konnte von der zuständigen Landgesellschaft nicht zugunsten eines am Kauf des Betriebs interessierten Landwirts ausgeübt werden, weil es sich um einen Share Deal handelte.[79]

78 Die Grunderwerbssteuerreform von 2021 senkt diese Schwelle auf 90 Prozent und soll so Share Deals erschweren.

79 Heinrich-Böll-Stiftung u. a., *Bodenatlas* 2024, S. 24. Was den Stadtboden betrifft, hat das Oberverwaltungsgericht Berlin-Brandenburg Anfang 2021 entschieden, dass auch ein Share Deal ein gemeindliches Vorkaufsrecht auslösen kann, wenn er ein Umgehungsgeschäft darstellt, OVG Berlin-Brandenburg, Beschluss vom 22. 2. 2021, Az. OVG 2 S 46/20. Allgemein zu

Transnational agierende Unternehmen nutzen durch die Konzernstrukturierung auch die Unterschiede in staatlichen Rechtsordnungen zu ihrem Vorteil. TMC war es möglich, durch die Gründung eines Tochterunternehmens in Nauru vom privilegierten Zugang zu reservierten Gebieten zu profitieren, den das Seerechtsübereinkommen allein Entwicklungsländern gewährt. Eine weitere beliebte Praxis ist Steuervermeidung durch eine Unternehmensstrukturierung, die dazu führt, dass Gewinne in Ländern mit niedrigen Steuersätzen anfallen und Kosten dort, wo sie von der Steuer abgesetzt werden können.

Unternehmen verfügen schließlich über ganz andere Möglichkeiten als natürliche Personen, durch Organisation, Management und Governance die Verwertung zu optimieren. In der Sprache der Immobilienwirtschaft gesprochen: Cashflows und Wertzugewinne zu realisieren und zu maximieren. Sie tun das insbesondere durch Kostenreduktion, Erhöhung von Mieteinnahmen und Erschließung weiterer Ertragsquellen.

Zur Kostenreduktion wurden im Zuge von Privatisierungen häufig Hausmeister- und Quartiersleistungen eingestellt und die Arbeitsbedingungen der Beschäftigten von Wohnungsunternehmen zu deren Nachteil verändert.[80] Automatisierung und Digitalisierung ermöglichen weitere Einsparungen und überdies eine effiziente Vornahme von Mieterhöhungen. In seinem Geschäftsbericht nennt Vonovia eine »hocheffiziente Bewirtschaftungsplattform« als einen von sechs »Werttreibern«. Die »skalierbare Bewirtschaftungsplattform« wirke unter anderem dadurch werttreibend, dass sie zu einer »ausgeprägten Fixkostendegression« führe.[81]

Mieterhöhungen werden unter anderem durch Modernisierungen möglich. Die Kosten von Modernisierungen dürfen auf

Vorkaufsrechten in der Stadt und auf dem Land: Brunner/Klingenmeier/Schubel, »Vorkaufsrechte«.

80 Holm, »Privare heißt rauben«, S. 53.

81 Vonovia SE, *Geschäftsbericht 2023*, S. 44.

die Miete umgelegt werden, und zwar dauerhaft und nicht lediglich, bis sie refinanziert sind.[82] Wie Wohnungsunternehmen Modernisierungen und Zusatzleistungen zur Erzielung höherer Mieteinnahmen nutzen, lässt sich anhand einer Modernisierungsmaßnahme verdeutlichen, die Vonovia aktuell in seinen Beständen vornimmt. Im Mai 2023 verschickte Vonovia an Mieterinnen in Frankfurt folgende Ankündigung: »[I]n Kürze beginnt eine wichtige Modernisierung in Ihrem Haus: Wir rüsten Ihre Wohnung mit dem neuen Multisensor Plus aus. Das ist ein innovativer Rauchwarnmelder, der Ihre Sicherheit verbessert und zusätzliche Komfortfunktionen für ein besseres Raumklima bietet.«[83] Das neunseitige Schreiben enthält Ausführungen zu den Vorzügen der neuen Feuermelder, die durch »innovative Komfortfunktionen« und »intelligente Lüftungshinweise« dabei helfen sollen, »Feuchtigkeitsprobleme zu vermeiden« und »Energiekosten zu sparen«. Da es sich nicht um eine Erhaltungs-, sondern eine Modernisierungsmaßnahme handele, die die Mieterin grundsätzlich zu dulden habe, würden die Kosten entsprechend der gesetzlichen Vorgaben teilweise auf sie umgelegt. Für eine Wohnung mit neun neu zu installierenden Rauchwarnmeldern soll das zu einer Erhöhung der monatlichen Grundmiete um 7,61 Euro führen. Außerdem kündigt Vonovia eine Erhöhung der monatlichen Betriebskosten um 2,63 Euro für die alle 14 Tage stattfindende »Fernwartung« an. Schließlich lädt das Schreiben dazu ein, die von der Vonovia Kundenservice GmbH bereitgestellte App entweder im App- oder Google Play Store herunterzuladen, um die »optimalen Komfortfunktionen« nutzen zu können, und weist auf die Erforderlichkeit einer Einwilligung zur Datenverarbeitung hin. Mit dieser genehmigt die Mieterin die

82 §559 Absatz 1 BGB: Erhöhung der Miete um 8 Prozent der anteilig für die Wohnung aufgewendeten Modernisierungskosten.

83 Vonovia, Schreiben vom 24.5.2024 betreffend »Durchführung von Modernisierungsmaßnahmen, Installation neuer Rauchwarnmelder im Objekt Sodener Str 16 in Frankfurt« (liegt der Autorin vor).

raumspezifische Erfassung von Klimadaten, die alle zwei Minuten erfolgt. Sie werden nicht nur verwendet, um der Mieterin Hinweise zum richtigen Lüften und Heizen zu geben, sondern auch für die »Erstellung von aggregierten und anonymisierten Auswertungen für die Vonovia SE«.

Unternehmen, die über große zusammenhängende Bestände verfügen, können auch versuchen, auf die Attraktivität der Lage einzuwirken, um dadurch die erzielbaren Mieteinnahmen zu erhöhen – etwa durch die selektive Vermietung an bestimmte Gruppen, beispielsweise junge Familien, sowie durch »Wohnumfeldverbesserungen«, die Vonovia als »wertschaffendes Value-Add« und Teil der Unternehmensstrategie anführt.[84]

Das soziale Mietrecht setzt zwar unter anderem mit der Mietpreisbremse Mieterhöhungen rechtliche Grenzen. Diese sind jedoch nicht unverrückbar. Angesichts ihrer aktuell angespannten finanziellen Situation fordert die Immobilienwirtschaft von der Politik eine Flexibilisierung. Dann könnten, so wird argumentiert, Mieteinnahmen durch periodische Mieterhöhungen an die Refinanzierungszyklen des Kapitalmarkts angepasst, also gestiegene Finanzierungskosten – kürzlich bis zu fünf Prozent Zinsen für neue Anleihen – leichter auf die Miete umgelegt werden. Den Interessen der Mieterinnen solle der Staat durch staatliche Beihilfen Rechnung tragen.[85]

Auswirkungen der Verwertung

Die Privatisierung und Assetisierung wirkt sich direkt auf Mieterinnen und Beschäftigte aus – durch die Einstellung von zuvor erbrachten Leistungen, Mieterhöhungen, Anonymisierung, wechselnde Vermieter und Tarifflucht.

Die nachteiligen Auswirkungen der Assetisierung von Wohnimmobilien und ihrer Bewirtschaftung durch Kapitalgesellschaften sind empirisch belegt. In Berlin, wo finanzialisierte Woh-

84 Vonovia, *Geschäftsbericht 2023*, S. 45.

85 Leykam, »›Vonovia hat Vertrauen erschüttert‹«.

nungsunternehmen fast 20 Prozent des Wohnungsbestands bewirtschaften, sind die Mieten stärker gestiegen als in anderen deutschen Städten.[86] Zudem ist belegt, dass diese Akteure im Vergleich zu landeseigenen Wohnungsunternehmen weit mehr Geld in (umlagefähige) Modernisierungen als in Instandhaltung investieren.[87] Außerdem ist es in der Vergangenheit nicht nur in Einzelfällen zu fehlerhaften automatisierten Mieterhöhungen und Betriebskostenabrechnungen gekommen.[88]

Der rechtliche Mieterschutz (etwa vor unrechtmäßigen Mietsteigerungen, Nebenkostenerhöhungen und Kündigungen) ist auf ein zweipoliges Rechtsverhältnis zwischen Mieter und Vermieter ausgelegt. Er berücksichtigt bisher nur unzureichend, dass in einer finanzialisierten Wohnungswirtschaft die Mieter Vermietern gegenüberstehen, die nicht allein ihren Mietern rechtlich verpflichtet sind, sondern auch ihren Anlegerinnen, und dass die Interessen von Mietern und Anlegerinnen häufig auseinanderfallen beziehungsweise gegenläufig sind.[89] Das oben geschilderte Beispiel des von Vonovia als Modernisierung deklarierten

86 Die Bestandsmieten sind von 3,11 Euro im Jahr 1991 auf 6,86 Euro pro Quadratmeter im Jahr 2021 gestiegen; die Mieten bei Neuvermietungen von 3,78 Euro auf 11,09 Euro pro Quadratmeter: Holm/Alexandri/Bernt, *Housing Policy under the Conditions of Financialisation*, S. 41.

87 2019 investierte Vonovia 1.489,5 Millionen Euro in Modernisierungen und Neubau und 481,6 Millionen Euro in Instandhaltung; 2023 war das Verhältnis 762 Millionen Euro zu 722,5 Millionen Euro: Statista, Modernisierungs- und Instandhaltungsmaßnahmen der Wohnungsgesellschaft Vonovia in den Jahren von 2013 bis 2023, https://de.statista.com/statistik/daten/studie/519401/umfrage/modernisierungs-und-instandhaltungsmassnahmen-der-vonovia/.

88 Über fehlerhafte Betriebskostenabrechnungen durch Wohnungsunternehmen und darüber, wie Mieterinnen dagegen vorgehen können, informiert der Mieterverein zu Hamburg: https://www.mieterverein-hamburg.de/mediathek/pressemitteilungen/millionenschaeden-durch-falsche-betriebskosten/.

89 Eller, »Privatrecht in der Wohnungskrise«. Diesen Interessenkonflikt greift das soziale Mietrecht nur unzureichend auf; eine Antwort wäre der gewerkschaftliche Zusammenschluss von Mieterinnen zum Aufbau von Gegenmacht: Kennedy/Klare/Turk, »A Wagner Act for Tenant Unions«.

Austauschs von Feuermeldern illustriert die Defizite des Mieterschutzes. Vonovias Mieterinnen könnten sich organisieren und sich in ihrem Widerstand gegen Modernisierung und Mieterhöhung von Mietervereinen unterstützen lassen. Klage bei Gericht müsste jede Mieterin jedoch einzeln erheben. Außerdem sind die Hürden der Organisierung hoch und die relativ geringe Mieterhöhung mag vielen den Aufwand unverhältnismäßig erscheinen lassen.

Über die einzelnen Miet- und Beschäftigungsverhältnisse hinaus verändert die Assetisierung die gesamte Stadt und das Leben ihrer Bewohnerinnen. Bei konzentrierten Beständen der auf Mietmaximierung ausgerichteten Unternehmen können höhere Mieten im Bestand den Mietspiegel beeinflussen und so auch über den Bestand des einzelnen Unternehmens hinaus zu einem höheren Mietniveau führen. Besonders spürbar wirkt sich die Assetisierung durch die direkte und indirekte Verdrängung aus, die mit »Entmietungen«, selektiven Neuvermietungen und Mieterhöhungen einhergeht. Kleinbetriebe, Gemeinschafts- und Kunstprojekte sowie einkommensschwache Bevölkerungsgruppen wurden und werden aus »guten Lagen« in der Innenstadt vertrieben, weil sie Mieten nicht mehr zahlen können. Dabei haben sie nicht selten selbst dazu beigetragen, dass die Lage attraktiv wurde.[90] Durch die Verdrängung kommt es zu einer räumlichen Trennung unterschiedlicher Bewohnergruppen.

Die beschriebenen Entwicklungen wirken sich auch auf weitere gesellschaftliche Beziehungen und politische Gestaltungsmöglichkeiten aus. Durch steigende Mieten fließt ein immer größerer Teil des Sozialprodukts und der Löhne an Vermieterinnen. Zugleich hängen schon heute Pensions- und Versicherungsleistungen zum Teil von Renditen ab, die institutionelle Investoren mit Kapitalanlagen auf Grundlage von Wohnungs- und Grund-

90 Holm, *Objekt der Rendite*; mit Negri und Hardt kann formuliert werden, dass hier Commons sozialer Reproduktion und Kooperation »verwertet« werden: Hardt/Negri, Assembly.

eigentum und anderer sozialer Infrastrukturen erzielen.[91] Es sei hier an den von Blackstone aufgelegten Fonds erinnert, der fast 7000 Berliner Wohnungen erwarb, die als Assets Rendite erwirtschaften sollten, um Renten von Lehrern in Pennsylvania zu finanzieren. Mit der Einführung einer »Aktienrente«, wie sie in den Niederlanden oder den USA schon existiert, würde auch in Deutschland eine weitere soziale Infrastruktur, die Rente, zunehmend abhängig vom Ertrag von Kapitalanlagen.

Durch den hohen Grad der Fremdfinanzierung, der für große Wohnungsunternehmen charakteristisch ist, steigt die Konkursgefährdung der Unternehmen.[92] Einnahmen werden häufig nicht zur Bildung von Rücklagen genutzt. Stattdessen werden Gewinne an Aktionäre ausgeschüttet oder dienen zum Erwerb weiterer Assets. Stellen Unternehmen wichtige soziale Infrastrukturen bereit, sind sie also »systemrelevant«, dann steigt die Wahrscheinlichkeit, dass der Staat sie in wirtschaftlichen Notlagen unterstützt. Faktisch hat Berlin im Sommer 2024 mit dem Rückkauf von 4500 Wohnungen von Vonovia zu einem »Derisking« des durch die angestiegenen Zinsen in erhebliche wirtschaftliche Probleme geratenen Wohnungskonzerns beigetragen.[93] Vonovia kündigte dagegen an, die Mieten für seine 40.000 Berliner Wohnungen bis zu 15 Prozent zu erhöhen. Damit verstößt es gegen seine Selbstverpflichtung zu Mietstabilisierungen im freiwilligen »Bündnis für Wohnungsneubau und bezahlbares Wohnen«, das das Land Berlin mit Verbänden, Genossenschaften und Wohnungsunternehmen geschlossen hatte.

91 Christophers, *Our Lives in Their Portfolios.*

92 Filser/Rehkugler, *Marktverhalten und Performance von Wohnungsunternehmen*, S. 97 ff.

93 Land Berlin, »Land Berlin kauft rund 4500 Wohnungen von Vonovia«, https://www.berlin.de/aktuelles/8835271-958090-land-berlin-kauft-der-vonovia-rund-4500-.html [21. 10. 2024].

5 | Bodenbewertung

> Thatsächlich ist es gelungen, die erheblichsten Ländereien in Ostafrika [...] gegen Hingabe von Baumwollzeug, alten Flinten, Glasperlen, Husarenjacken und einem Leierkasten zu erwerben. [...] Wie soll aber weiter bilanziert werden, wenn Güter für Nichts erworben worden sind?
>
> *Victor Ring, 1887*[1]

Was ist der Wert des Bodens? Boden, Grundstücke und Immobilien haben wie auch andere Dinge keinen Wert »an sich«, keinen »intrinsischen« Wert. Wert entsteht in einem bestimmten Kontext, in Beziehungen zwischen Personen und zu Dingen, Raum und Zeit. Wert selbst ist eine Beziehung.[2] In unserer gegenwärtigen Gesellschaftsordnung ist Wert vor allem ein ökonomisches Konzept.[3] Wenn heute von Wert die Rede ist, dann ist meist ein Marktwert gemeint – sei es ein historischer, ein tatsächlicher oder ein fiktiver. Dinge haben einen Wert, der in Geld gemessen wird, weil sie als Waren auf Märkten gehandelt werden, potenziell gehandelt werden könnten oder weil sie – als Kapital – künftige Einkommen generieren.

Wie der Wert des Bodens ermittelt wird, hat jedoch Auswirkungen weit über den Wirtschaftsverkehr hinaus. Die Bewertung beeinflusst, welcher Anteil aus der Verwertung des gemeinsamen Erbes Tiefseeboden »der Menschheit« zukommt und welche rechtlichen und praktischen Hürden das Vergesellschaftungsprojekt von »Deutsche Wohnen & Co. enteignen« überwinden muss. Ob die Übertragung großer Wohnungsbestände von Privateigentum in Gemeineigentum finanzierbar ist, hängt ganz entscheidend davon ab, ob Gerichte sich für die Frage der Entschädigung am Wert der vergesellschafteten Wohnungen orientieren und, wenn sie dies tun, welchen Wert sie ihren Entscheidungen zugrunde legen.

1 Ring, *Deutsche Kolonialgesellschaften*, S. 84 f.
2 Orléan, *The Empire of Value. A New Foundation for Economics.*
3 Kempter, »Against Value(s)«.

Die Bewertung von Boden und Immobilien kann zu diversen Zwecken erfolgen – zur Ermittlung von Steuerlasten, des Verschuldungsgrads von Unternehmen und ihrer Kreditwürdigkeit oder der Höhe von Entschädigungen infolge von Enteignungen.Je nach Zweck der Bewertung kommen sehr unterschiedliche Wertbegriffe und Verfahren der Wertermittlung zur Anwendung. So gibt es beispielsweise den Buchwert, der als »historischer Anschaffungs- und Herstellungswert« definiert wird, sich also aus den Beträgen ergibt, die zur Anschaffung und Herstellung des zu bewertenden Gegenstands aufgewendet wurden. Der Anschaffungswert wird auch als historischer Marktwert bezeichnet. Daneben gibt es den Verkehrswert genannten gegenwärtigen Marktwert. Die deutsche Immobilienwertermittlungsverordnung (ImmoWertVO), die Grundsätze für die Ermittlung der Verkehrswerte von Immobilien enthält, nennt drei Verfahren zur Wertermittlung: das Vergleichswertverfahren, das Ertragswertverfahren und das Sachwertverfahren (§6 ImmoWertVO). Daneben existieren weitere.

Es gibt sogar Verfahren zur Ermittlung von Marktwerten für Dinge, für die es (noch) gar keinen Markt gibt wie die Erkundungslizenzen für den Tiefseeboden. Für diejenigen, die die rechtlichen und technischen Infrastrukturen der Verwertung auf die Kolonien erstrecken wollten, stellte es eine Herausforderung dar, dass sich die Kolonialgesellschaften große Landflächen gegen die »Hingabe von Baumwollzeug und alten Flinten« angeeignet hatten: »Wie soll aber weiter bilanziert werden, wenn Güter für Nichts erworben worden sind?«[4], fragte der Gesellschaftsrechtler Victor Ring in seiner Abhandlung über deutsche Kolonialgesellschaften Ende des 19. Jahrhunderts. Die Bewertung der Grundstücke als Vermögenswerte der Gesellschaften anhand des »Anschaffungswerts« hätte sich negativ auf die Bilanz ausgewirkt. Wäre es damals schon üblich gewesen, dass Unternehmen ihre Assets an-

4 Ring, *Deutsche Kolonialgesellschaften*, S. 84.

hand von Prognosen über künftige Erträge bewerten, hätte das einen Ausweg aus dem Dilemma geboten, dass der Anschaffungswert die Grundstücke wertlos erscheinen ließ, obwohl sich die Gesellschaften von ihnen erhebliche künftige Erträge versprachen.

Heute wenden kapitalmarktorientierte Unternehmen wie Vonovia und The Metals Company, deren Aktien und Anleihen öffentlich an Börsen gehandelt werden, Verfahren an, die es ihnen erlauben, den Wert ihrer Assets auf der Grundlage prognostizierter Einnahmen zu ermitteln. Diese Art der Bewertung ist eine Konsequenz der vom amerikanischen Ökonomen Irving Fisher (1867–1947) zu Beginn des 20. Jahrhunderts eingeführten Definition von Kapital als Vermögenswerte, die in Zukunft »Flows«, also Einkommensströme, generieren.[5] Bei Vonovia sind es Portfolios von Wohnimmobilien, die »Cashflows« in Form von Mieteinnahmen einbringen, bei TMC sind es Erkundungslizenzen, an die die Erwartung geknüpft ist, dass sie in Zukunft, durch Förderlizenzen abgelöst, zu Einnahmen durch den Verkauf der Meeresbodenmineralien führen werden. Der Wert der Kapitalanlagen von Vonovia und TMC ergibt sich für die Unternehmen aus eben diesen künftigen Einnahmen und nicht aus dem Wert des Tiefsee- und Stadtbodens, der Häuser und der Manganknollen.

Die Bewertung von Wohnimmobilien als Kapitalanlagen

> Wir haben in der Geschichte der Bundesrepublik noch nie so hohe Wertreduktionen gesehen wie 2023. Das gilt nicht nur für Vonovia, sondern für alle.
>
> *Rolf Buch, Vorstandsvorsitzender von Vonovia*[6]

Im März 2024 teilte Vonovias Vorstandsvorsitzender den Aktionären des Unternehmens mit, dass der Wert der Immobilien um

5 Fisher, *The Nature of Capital and Income.*

6 Deutsche Börse Frankfurt, »ROUNDUP: Vonovia macht 2023 Milliardenverlust – Dividende soll trotzdem steigen«, https://www.boerse-frankfurt.de/nachrichten/ROUNDUP-Vonovia-macht-2023-Milliardenverlust---Dividende-soll-trotzdem-steigen-f1c1e4cd-28a4-4a13-a58e-aedf7a24cb44 [14.10.2024].

10,8 Milliarden Euro im Vergleich zum Vorjahr gesunken sei.[7] Hatte der Wert 2022 noch 94,7 Milliarden Euro betragen, lag er Ende 2023 nur mehr bei 83,9 Milliarden Euro.[8] Die Häuser standen nach wie vor. Weder Substanzschäden durch Extremwetterereignisse noch Mietausfälle waren für den Wertverlust verantwortlich. Die Nachfrage nach Wohnungen überstieg weiterhin das Angebot. Die Mieten für Vonovias Wohnungen waren 2023 um 3,8 Prozent gestiegen, 2022 um 3,3 Prozent und 2021 ebenfalls um 3,8 Prozent.[9] Seit dem Börsengang 2013 hatten sich die Werte der Wohnimmobilien ständig erhöht, was es Vonovia erlaubte, durch Immobilienkäufe und Unternehmensübernahmen seine Portfolios zu erweitern. Wie kam es nun zu diesem Einbruch der Immobilienwerte?

Die Antwort ergibt sich aus den Geschäftsberichten. Als öffentliches Unternehmen, dessen Wertpapiere auf dem Kapitalmarkt gehandelt werden, muss Vonovia zum Schutz seiner Anlegerinnen regelmäßig Bilanzen, also Gewinn- und Verlustrechnungen, in Geschäftsberichten veröffentlichen. Die Bewertung der Assets des Unternehmens für die Bilanzierung erfolgt, das ist rechtlich vorgeschrieben, auf Grundlage internationaler Rechnungslegungsstandards – der International Accounting Standards (IAS) und der International Financial Reporting Standards.[10]

Für die »als Finanzinvestitionen gehaltenen Immobilien«, die »zur Erzielung von Mieteinnahmen« gehalten werden – dazu gehören Vonovias Wohnimmobilien –, kommt IAS 40 zur Anwendung. Danach können die bilanzierenden Unternehmen zur Bewertung der Immobilien zwischen zwei Modellen wählen: dem »Anschaffungskostenmodell« (Cost Model) und dem »Modell des

7 Ebd.
8 Vonovia, *Geschäftsbericht 2023*, Kennzahlen.
9 Ebd.
10 Für deutsche kapitalmarktorientierte Unternehmen ergibt sich das aus § 315 Buchstabe e Handelsgesetzbuch.

beizulegenden Zeitwerts« (Fair Value Model). Vonovia bewertet seine Wohnimmobilien nach Letzterem.[11] Die IAS definieren »Fair Value« als den Betrag, den man »in einer gewöhnlichen Transaktion zwischen Marktteilnehmern beim Verkauf erhalten würde«. Zu seiner Ermittlung kommt das Discounted-Cash-Flow-Verfahren (DCF-Verfahren) zum Einsatz, bei dem der Wert der zu bewertenden Kapitalanlage anhand künftig erwarteter Erträge bestimmt wird.[12] Beim DCF-Verfahren wird also nicht wie beim sogenannten Vergleichswertverfahren auf den tatsächlichen Markt geschaut und darauf, zu welchen Preisen vergleichbare Immobilien dort aktuell gehandelt werden. Die Ermittlung von Vergleichswerten ist für große Portfolios von Immobilien, deren Preise von sehr vielen unterschiedlichen Faktoren (darunter Baujahr, Lage, Ausstattung, Mietrecht) abhängen, sehr schwierig. Für Assets wie Tiefseebergbauerkundungslizenzen, für die kein Markt existiert, ist sie unmöglich. Da sich der Wert beim DCF-Verfahren nicht unmittelbar aus dem Markt und dort gezahlten Preisen ergibt, wird hier auch von der Fiktion eines Marktwerts gesprochen.

Bei der Bewertung im DCF-Verfahren wird zunächst der jährliche Reinertrag der Immobilien ermittelt. Dazu werden die Ausgaben, das sind insbesondere die Instandhaltungs- und Verwaltungskosten, von den Einnahmen, das sind vor allem die Mieteinnahmen, abgezogen. Diese Ermittlung berücksichtigt nicht nur die tatsächlich anfallenden Kosten und Einnahmen, sondern beruht auf Prognosen künftiger Einnahmen und Ausgaben. Diese Prognosen stützen sich, was die erwarteten Mieteinnahmen betrifft, unter anderem auf die aktuellen Mietspiegel, aber auch auf Studien zur räumlichen Prosperität von Bundesinstituten und

11 Vonovia, *Geschäftsbericht 2023*, S. 116, 191. Das Unternehmen nimmt eine interne Bewertung vor und gibt auch eine Bewertung durch unabhängige Gutachter in Auftrag.

12 Wöhle, »Moderne Immobilienbewertung mithilfe der Discounted Cashflow-Verfahren«.

privaten Unternehmen. Möglichkeiten, Mieten zu erhöhen, werden vom Unternehmen systematisch geprüft und fließen in die Prognosen ein.[13]

Aus den erwarteten Reinerträgen ergibt sich ein »Zukunftswert«. Mithilfe des sogenannten Diskontierungszinssatzes wird dieser Zukunftswert sodann in einen gegenwärtigen Wert übersetzt. Die Diskontierung, auch Abzinsung genannt, macht Zukunft und Gegenwart kommensurabel. Wert wird dadurch intertemporal vergleichbar. Zur Erklärung, warum die Übersetzung künftiger Erträge in einen heutigen Wert der Abzinsung, also eines Abschlags, bedarf, wird häufig knapp darauf hingewiesen, dass Geld, das mir heute zur Verfügung steht, mehr wert sei, als Geld, das ich erst in Zukunft erhalte. Die Soziologin Liliana Doganova erläutert in ihrer Studie zur Diskontierung, wie sich die Begründung der Diskontierung, die sie als eine situierte Praxis beschreibt, über die Zeit und je nach Kontext verändert hat.[14] Für den Ökonomen Irving Fisher, auf den diese Art der Kapitalbewertung zurückgeht, ergab sich der Diskontierungszinssatz aus der Präferenz der Gemeinschaft für jetzige gegenüber künftigen Erträgen.[15] Unterschiedliche Faktoren können diese Präferenz beeinflussen: Eine üppige Verfügbarkeit von Bargeld verringert die Präferenz für sofort verfügbares Geld und damit auch den Diskontierungszinssatz, ein hohes Risiko künftiger Einkommensausfälle erhöht sie dagegen. Im Kontext einer finanzialisierten Wirtschaft, in der sich Unternehmen über den Kapitalmarkt finanzieren und Managemententscheidungen allein nach der Rendite ihres Kapitaleinsatzes treffen, ändern sich auch Funktion und Ermittlung des Diskontierungszinssatzes. Neben Inflation und Geschäftsrisiko reflektiert er nun auch Finanzierungs- und Opportunitätskosten. Die Finanzierungskosten variieren je nach Grad und Art der Fremdfinanzierung und sind abhängig

13 Unger, »Mehr Miete für die Dividende«.

14 Doganova, *Discounting the Future*, S. 33 ff.

15 Fisher, *The Rate of Interest*, S. 3.

von der Geldpolitik der Zentralbanken. Die Opportunitätskosten kennzeichnen die Renditeschwelle, die erreicht werden muss, damit Investoren in eine bestimmte Kapitalanlage investieren und nicht eine andere Investition vorziehen. Um diese Schwelle zu bezeichnen, werden auch die englischen Begriffe »hurdle rate« und »minimum attractive rate of return« (MARR) genutzt.

Je niedriger der Diskontierungszinssatz, desto höher der Zeitwert und umgekehrt. Er wird von den Unternehmen selbst unter der Beteiligung von externen Gutachtern ermittelt. Schon kleine Veränderungen können erhebliche Auswirkungen auf die Bewertung haben. 2013, dem Jahr von Vonovias Börsengang, betrug Vonovias Diskontierungszinssatz 6,1 Prozent; 2021, dem Jahr, in dem Vonovia die größten Wertzuwächse verzeichnete, betrug er 4,4 Prozent. 2023 wurde er auf 5,1 Prozent angehoben.[16] Die Erhöhung des Diskontierungszinssatzes infolge steigender Finanzierungskosten, die aus der Zinswende der Europäischen Zentralbank resultierten, war die maßgebliche Ursache dafür, dass Vonovia wie auch andere große Immobilienunternehmen massive Wertverluste verzeichnete. 2023 musste das Unternehmen die Abwertung seiner Wohnimmobilien um 10,8 Milliarden Euro vornehmen.

Mit der Abwertung ändert sich das Verhältnis von Unternehmensschulden zum Wert der Assets, die Verschuldungsrate steigt (Loan to Value/LTV). Für die großen Wohnungsunternehmen ist, wie schon erwähnt, ein hoher Grad der Fremdfinanzierung charakteristisch. Denn die Fremdfinanzierung erlaubt ihnen die Ausnutzung des in Kapitel vier beschriebenen Hebeleffekts. Außerdem wird von den Gewinnen nur ein relativ kleiner Teil zur Bildung von Rücklagen und zur Reinvestition in die Bestände genutzt. Selbst als Vonovia seine Assets abwerten musste, hat es Dividenden an die Aktionäre ausgeschüttet und diese sogar noch er-

16 Diese Zahlen beziehen sich auf den Gesamt-Diskontierungszinssatz siehe Vonovia, *Geschäftsbericht 2023*, S. 192 ff.

höht.[17] Steigt nun die Kennzahl des LTV, dann beeinträchtigt das nicht nur die Möglichkeiten des Unternehmens zur Refinanzierung, sondern ist das potenziell existenzbedrohend. Die Konditionen der Fremdfinanzierung verschlechtern sich, Kredit- und Anleihezinsen sowie das Insolvenzrisiko steigen. Bei Vonovia stieg die Verschuldungsrate im Jahr 2023 von 45,1 auf 47,3 Prozent.[18] Wie viele andere Wohnungsunternehmen war auch Vonovia gezwungen, Immobilien und Unternehmensanteile zu verkaufen.

Die zukunftsgerichtete Bewertung, die »Futurisierung von Wert«, wie Doganova einen Effekt des DCF-Verfahrens beschreibt, beeinflusst sowohl die Verwertung als auch die politische Gestaltbarkeit von Zukunft.[19] Der Fokus der Bewertung auf Erträge führt dazu, dass sich Mieterhöhungen wertsteigernd, Sanierungskosten dagegen wertmindernd auswirken. In der Konsequenz zieht das Unternehmensmanagement Maßnahmen, die die Prognose steigender Mieterträge zulassen, anderen Maßnahmen vor, die nicht in dem Sinne wertbildend sind, dass sie sich in künftigen »Flows« niederschlagen, auch wenn sie dem Bestand, der Wohnqualität oder dem Klimaschutz zugutekämen. Die Diskontierung führt außerdem dazu, dass Investitionen, die kurzfristig Erträge erhöhen, Priorität vor solchen haben, die in fernerer Zukunft zu erhöhten Einnahmen oder reduzierten Kosten führen (wie Instandhaltungsmaßnahmen), da Letztere stärker diskontiert werden.

Um den Wert ihrer Assets zu erhöhen und um Abwertungen zu verhindern, wirken Wohnungsunternehmen auf die Politik ein. So setzt sich Vonovia dafür ein, dass die Mietpreisbremse aufgehoben wird. Soweit das Unternehmen davon ausgehen kann, dass Nachfrage auch für teurere Wohnungen besteht, Mieterhöhungen die Leerstandsrate also nicht vergrößern würden, führt die Möglichkeit, die Mieten stärker zu erhöhen, zu einer Wert-

17 Vonovia, *Geschäftsbericht 2023*, S. 6.
18 Vonovia, *Geschäftsbericht 2023*, Kennzahlen.
19 Doganova, *Discounting the Future*.

steigerung. Und zwar nicht erst dann, wenn sich höhere Mieten realisieren, sondern schon im Zeitpunkt der Prognose. Die Wertsteigerung wiederum bedeutet günstigeren Zugang zu Geld, das in weitere Assets investiert werden kann.

Die prognosebasierte Bewertung erhöht auch die Gefahr, dass gut bewertete Assets von einem Tag auf den anderen ihren Wert verlieren, nämlich dann, wenn Prognosen korrigiert werden müssen. Deshalb ist die Beobachtung und Minimierung von Abwertungsrisiken ein wichtiger Aspekt der Unternehmensführung. Ordnet der Staat beispielsweise teure Klimaschutzmaßnahmen verbindlich an und lassen sich deren Kosten nicht auf Mieterinnen umlegen, sei es, weil die Umlegung den Unternehmen rechtlich untersagt ist oder die Mieterinnen die zusätzlichen Lasten nicht tragen können, dann kann das erhebliche Abwertungen nach sich ziehen. Die Abwertung könnte so weit gehen, dass aus noch bewohnbaren Immobilien »stranded Assets« werden, also wertlose Kapitalanlagen.[20]

Schon heute könnten Unternehmen angesichts von Berichten des Weltklimarats, bestehenden völkerrechtlichen Verpflichtungen zum Klimaschutz und auch nationalen Klimaplänen und -gesetzgebung damit rechnen, dass sich das »politische Risiko« weitreichender rechtlicher Verpflichtungen zu Klimaanpassungsmaßnahmen realisiert. Auch müssten physische Risiken, die die Unbewohnbarkeit oder eingeschränkte Bewohnbarkeit infolge von Klimawandel und extremen Wetterereignissen betreffen, in die Bewertung einbezogen werden. Dass sich diese beiden Arten von Risiken noch nicht sichtbar in den Bewertungen der großen Wohnungsunternehmen niederschlagen, rührt nicht daher, dass die Unternehmen sie nicht im Blick haben. Die mangelnde Berücksichtigung in der Bewertungspraxis ist dem Vertrauen der Unternehmen darauf geschuldet, die Politik so beeinflussen zu können, dass sich ihre eigenen Ertragseinbußen minimieren.

20 Dehm, »Legally Constituting the Value of Nature«.

Vonovia beobachtet auch aufmerksam die Entwicklungen um die Vergesellschaftungsinitiative. Bisher kommt es zu dem Schluss, dass sie für das Unternehmen und den Wert seiner Assets kein nennenswertes Risiko darstellt.[21]

Anhand der Debatten über einen Zahlungsmechanismus für den Tiefseebergbau und über die Entschädigung für Enteignungen lässt sich verdeutlichen, wie die Bewertung von Kapitalanlagen politische Gestaltungsmöglichkeiten beeinflusst und wie stark die Investitionslogik, nach der die Erwartung künftiger Erträge den gegenwärtigen Wert von Dingen bestimmt, auch Rechtsetzung und Rechtsanwendung prägt.

Mindestrendite aus der Verwertung des gemeinsamen Menschheitserbes

> Wir gehen hier davon aus, dass die MARR [minimale attraktive Renditerate] die typischen landbasierten Raten (~15 %) übersteigen müsste, um den neuen technologischen, operationellen und geologischen Risiken [des Tiefseebergbaus] Rechnung zu tragen.
>
> *Randolph Kirchain, Richard Roth,*
> *Frank R. Field, III, Carlos Muñoz-Royo, Thomas Peacock,*
> *MIT Materials Systems Laboratory*[22]

Auch die Regierungsvertreter im Rat der Meeresbodenbehörde beschäftigen sich seit einigen Jahren mit Fragen der Bewertung und dem DCF-Verfahren. Das Bergbaurecht, das die künftige kommerzielle Ausbeutung der Tiefseemineralien regeln soll, muss auch einen sogenannten Zahlungsmechanismus enthalten. Wesentlicher Bestandteil sind die Verpflichtungen der Vertragsnehmer, Zahlungen an die Meeresbodenbehörde zu leisten. Schon in

21 Vonovia, *Statement on Expropriation Debate in Berlin,* https://www.vonovia.com/en/investors/latest-publications/expropriation-debate-in-berlin [15.10.2024]; Vonovia, »Entwicklung von Gesamtwirtschaft und Branche«, https://report.vonovia.com/2023/q4/de/entwicklung-von-gesamtwirtschaft-und-branche/?highlight=vergesellschaftung [14.10.2024].

22 Kirchhain u.a., *Report to the International Seabed Authority,* S. 5 (eigene Übersetzung).

den 1970er Jahren waren diese hoch umstritten. Die sehr detaillierten Vorgaben, die das Seerechtsübereinkommen zu Gebühren, Förderabgaben und Gewinnbeteiligungen an die Behörde macht,[23] waren Ergebnis eines Kompromisses zwischen G77 und Industriestaaten.[24] Mit dem Abkommen von 1994 wurden sie durch eine Reihe allgemeiner Prinzipien ersetzt. Sie besagen unter anderem, dass die Zahlungsverpflichtungen so ausgestaltet sein sollen, dass der Tiefseebergbau gegenüber dem landseitigen Bergbau weder einen Wettbewerbsnachteil noch -vorteil hat.[25] An der Umsetzung dieser Prinzipien in konkrete Vorschriften und Verpflichtungen für die Vertragsnehmer arbeitet seit 2018 eine Arbeitsgruppe des Rats der Meeresbodenbehörde.[26]

Wie schon in den 1970er Jahren werden dabei auch heute wieder Wirtschaftswissenschaftler des Massachusetts Institute for Technology (MIT) beratend tätig. Und wieder gestalten sich die Verhandlungen schwierig. Die Wertbestimmung mittels DCF-Verfahren spielt heute eine große Rolle, was Liliana Doganovas Beobachtung bestätigt, dass es sich bei der Bewertung nach DCF-Verfahren nicht nur um eine situierte, sondern auch eine »normalisierte Praxis« und politische Technologie handelt, die heute kaum noch infrage gestellt wird.[27]

Die Vertragsnehmer, so eine Prämisse der Verhandlungen, verwerten mit den Meeresbodenmineralien das gemeinsame Menschheitserbe. Dafür sollen sie an die Meeresbodenbehörde eine Abgabe entrichten. Das Durchführungsabkommen sieht vor, dass diese die Form einer Förderabgabe annehmen kann oder dass Förderabgaben mit Gewinnbeteiligungen kombiniert werden. Aktuell diskutiert die Arbeitsgruppe verschiedene Varian-

23 SRÜ, Anlage III, Artikel 13.

24 Katz, »Financial Arrangements for Seabed Mining Companies«.

25 Durchführungsabkommen zum SRÜ, Annex, Abschnitt 8, Paragraph 1.

26 Arbeitsdokumente dieser Arbeitsgruppe sind über die Webseite der Meeresbodenbehörde zugänglich: https://www.isa.org.jm/the-mining-code/working-groups/ [14.10.2024].

27 Doganova, *Discounting the Future*.

ten: eine Förderabgabe, deren Höhe als Prozentsatz des Werts der in den Manganknollen vorkommenden Metallerze ausgedrückt wird; eine solche Förderabgabe, die in zwei Phasen erhoben wird, mit einem höheren Prozentsatz in der zweiten Phase der Mineralienförderung; außerdem Kombinationen von Förder- und Gewinnabgaben.[28] Die Zahlungen der Vertragsnehmer sollen die Gegenleistung für ihre wirtschaftliche Ausbeutung des gemeinsamen Menschheitserbes sein. Die MIT-Experten haben es so formuliert: Die Förderabgabe ist das Entgelt für den Übergang des Eigentums an den Manganknollen.[29] Die Menschheit verliert die Manganknollen und bekommt dafür Geld zu Händen ihrer Treuhänderin, der Meeresbodenbehörde.

Die Verhandelnden sind sich einig, dass die Abgaben an die Behörde so hoch wie möglich ausfallen sollen. Besonders die Länder der afrikanischen Gruppe, die selbst nicht über die Befürwortung von Unternehmen am Tiefseebergbau partizipieren, legen Wert darauf, dass die Behörde möglichst hohe Einnahmen generiert. Das Prinzip der Einkommensmaximierung für die Behörde entspricht einer regelmäßigen Empfehlung von Entwicklungsökonomen an Regierungen für das Design von Fiskalregimen für den Bergbausektor.[30] Der Zahlungsmechanismus für den Tiefseebergbau stellt jedoch eine größere Herausforderung dar als Fiskalregime von Staaten, deren Volkswirtschaft stark vom landseitigen Bergbau abhängt. Denn hier soll nicht nur die Behörde einen möglichst großen Anteil an den Gewinnen bekommen. Auch eine Reihe von befürwortenden Staaten will und soll finanzielle Vorteile aus dem Tiefseebergbau ziehen. Die Situation der befürwortenden Staaten ist dabei eine andere als die von Staaten mit großem Bergbausektor. Nauru, Tonga und Kiribati wird der Tiefseebergbau außer finanziellen Erträgen keine weiteren nennenswerten wirtschaftlichen Vorteile bringen. Die geförderten Mine-

28 ISBA/28/C/OEWG/CRP.6, 09.10.2023.

29 Kirchhain u.a., *Report to the International Seabed Authority*, S. 41.

30 Readhead u.a., *Report on the Proposed Payment Regimes for Deep Sea Mining*, S. 9.

ralien werden nicht in den Pazifikstaaten prozessiert und verarbeitet werden, sodass dort auch keine Arbeitsplätze entstehen.

Momentan gehen die Verhandelnden davon aus, dass die befürwortenden Staaten eine Unternehmenssteuer in Höhe von 25 Prozent erheben werden. Was die Vertragsnehmer konkret mit den befürwortenden Staaten hierzu vereinbart haben, ist weitgehend unbekannt. Nur sehr wenige der zwischen ihnen abgeschlossenen Befürwortungsabkommen sind veröffentlicht. Bekannt ist aber, dass einzelne Abkommen die Vertragsnehmer vollständig von der Steuer befreien. Damit die so begünstigten Unternehmen keinen Wettbewerbsvorteil haben und um dem Prinzip der Ertragsmaximierung für die Behörde Rechnung zu tragen, sollen im Zahlungsmechanismus Ausgleichsmaßnahmen vorgesehen werden. Diese sollen sicherstellen, dass Vertragsnehmer, die weniger oder keine Steuern an die befürwortenden Staaten zahlen, im Gegenzug mehr Abgaben an die Behörde abführen. Insgesamt soll die effektive Besteuerung der Vertragsnehmer mit der von Bergbauunternehmen, die an Land tätig sind, vergleichbar sein.[31]

Ein weiteres typisches Designprinzip von Fiskalregimen im Bergbausektor ist die Attraktivität für ausländische Investoren, um Anreize für ihren Kapitaleinsatz zu bieten. Die MIT-Experten, die die Meeresbodenbehörde beraten, gehen davon aus, dass es das vorrangige Ziel jedes Unternehmens sei, die Rendite zu maximieren. Daraus schließen sie, dass die Vertragsnehmer nur in den Tiefseebergbau investieren, wenn ihre Renditerate größer ist als die MARR: die Mindestrenditerate, unterhalb derer der Tiefseebergbau für Vertragsnehmer nicht attraktiv ist. Zunächst gingen sie davon aus, dass diese Schwelle bei +/– 18 Prozent liege und stützten sich dabei auf Angaben der Vertragsnehmer. Die Zahl von 18 Prozent ergab sich aus Renditeraten von 15 Prozent, die für den landseitigen Bergbau typisch seien, und einem Risiko-

31 Ebd., S. 16.

aufschlag von drei Prozent, der durch technologische, operationelle und geologische Risiken des neuartigen Tiefseebergbaus gerechtfertigt sei.[32]

Mithilfe eines auf dem DCF-Verfahren beruhenden Modells und Prognosen über Kosten und Einnahmen ermitteln sie nun, welche Auswirkungen unterschiedliche Abgaberegelungen einerseits auf die Renditerate der Vertragsnehmer und andererseits auf den Ertrag der Meeresbodenbehörde haben. Die prognostizierten Einnahmen sind die Erlöse aus dem Verkauf der Manganknollen. Zu den Kosten, die in unterschiedlichen Phasen des Projekts anfallen, gehören Kosten für die Erkundung, für die Ausrüstung, den Förderbetrieb und für Wiederherstellungsarbeiten im Lizenzgebiet nach Abschluss der Mineralienförderung. Auch hier wird nun wieder diskontiert, um dem Umstand Rechnung zu tragen, dass zwischen Beginn und Abschluss des Projekts eine lange Zeitspanne liegt, die mehrere Jahrzehnte umfassen kann.

Wird die Mindestrenditerate als Fixpunkt behandelt, dann hat das zur Folge, dass alle Kosten für die Vertragsnehmer, die zur Unterschreitung dieser Schwelle führen würden – seien es Versicherungsbeiträge oder Zahlungen in einen Umweltfonds –, dadurch kompensiert werden müssen, dass die Förderabgaben nach unten korrigiert werden. Sie gehen damit notwendig zu Lasten des Ertrags der Behörde und des Ziels der Verteilungsgerechtigkeit. So, wie in der Immobilienwirtschaft die Instandhaltung mit dem Anliegen, Erträge zu steigern und den Wert der Immobilien zu erhöhen, in Konflikt steht, befinden sich in einem der Investitionslogik folgenden Tiefseebodenregime der Umweltschutz und die Verteilungsgerechtigkeit in Widerspruch zu den Renditeerwartungen der Vertragsnehmer. Darüber hinaus werden Verteilungsgerechtigkeit und Umweltschutz zu gegenläufigen Interessen, denn werden den Bergbauunternehmen höhere

32 Kirchhain u.a., *Report to the International Seabed Authority.*

Abgaben für Umweltschutz auferlegt, führt das zu geringeren Einnahmen der Behörde, die umverteilt werden können.

Die Modellierung der MIT-Experten, die der Einigung über den Zahlungsmechanismus dienen soll, stößt auf Kritik von Mitgliedstaaten und zivilgesellschaftlichen Beobachtern: Nicht alle Vertragsnehmer operierten, so ein Einwand, nach der der Modellierung zugrunde liegenden Investitionslogik. Staatsunternehmen beispielsweise legten andere Kriterien an die Wirtschaftlichkeit ihrer Tätigkeiten an und hätten andere Finanzierungskosten als Kapitalgesellschaften. Ein Modell, das von transnationalen Unternehmen mit hoher Fremdfinanzierungsrate und hoher MARR ausgehe, werde der Diversität von Vertragsnehmern nicht gerecht. Außerdem sei es unangemessen, das Interesse der Vertragsnehmer an einer Mindestrendite ins Zentrum der Analyse zu stellen. Der Fokus müsse stattdessen auf der Frage liegen, welche Gegenleistung für die Verwertung des gemeinsamen Menschheitserbes für die Menschheit ausreichend sei. Die MIT-Experten nehmen diese Kritik zur Kenntnis. Doch ihre Reaktion zeugt von einer gewissen Ratlosigkeit: Einerseits wollen sie die Akzeptabilität der Abgabenordnung nun danach beurteilen, ob die Erträge für die Meeresbodenbehörde angemessen sind. Andererseits merken sie an, dass die Abgaben nicht zu hoch ausfallen dürften, da sonst der Tiefseebergbau finanziell für Vertragsnehmer nicht mehr attraktiv sei. Nehmen diese von der Meeresmineralienförderung Abstand, erzielt die Behörde gar keine Einnahmen.[33]

Dieses Dilemma folgt aus der beschriebenen Entwicklung des Tiefseebodenregimes zu einer Kapitalverwaltung und der Entscheidung, die Teilhabe von Entwicklungsländern im Wege der Befürwortung transnationaler Unternehmen zu ermöglichen, die nach einer Investitionslogik operieren. Nur wenn der Tiefseebergbau für diese Unternehmen rentabel ist, entsteht auch für

33 Kirchhain u.a., *UPDATE: Report to the International Seabed Authority.*

die befürwortenden Staaten eine (wenn auch kleine) Rendite und zahlt sich ihre Investition in den Tiefseebergbau durch die Befürwortung aus. Die Folge ist allerdings, dass sich das Regime immer weiter von Ideen der Gemeinwirtschaft und Verteilungsgerechtigkeit entfernt.

Inzwischen passen auch die Kritikerinnen des Tiefseebergbaus ihre Interventionen an die Investitionslogik an: So argumentiert eine Reihe zivilgesellschaftlicher Organisationen in ihrer Beschwerde an die US-amerikanische Wertpapier- und Börsenaufsichtsbehörde, dass TMC seine Assets überbewerte und bei seinen Ertragsprognosen nicht berücksichtige, dass die Nachfrage der in den Manganknollen enthaltenen Metalle für die Produktion von Batterien für E-Autos zurückgehe, da zunehmend lithiumbasierte Batterien zum Einsatz kämen.[34] Andere fordern eine Kosten-Nutzen-Analyse, die nicht nur den Wert der Tiefseemineralien, sondern weitere (Vermögens-)Werte des Meeresgrunds berücksichtigt.[35] Die Implikationen stelle ich im folgenden Kapitel vor. Vorher aber komme ich von der Frage der gerechten Kompensation für die privatisierte Verwertung des gemeinsamen Menschheitserbes zur Frage der Kompensation von privaten Akteuren für den Verlust ihres Eigentums infolge von Enteignungen. Auch diese wird inzwischen durch Bewertungsverfahren geprägt, die der Investitionslogik folgen.

34 Blue Climate Initiative u.a., »Letter of Complaint to the Securities and Exchange Commission Regarding The Metals Company«, 18.7.2024, https://dsm-campaign.org/wp-content/uploads/2024/07/2024_07_18_SEC_Complaint_Letter_re_-TMC.pdf [18.10.2024].

35 Thiele u.a., *A Comprehensive Approach to the Payment Mechanism for Deep Seabed Mining.*

Kompensation für den Verlust von Eigentum

> Wenn die Diskontierung wegen der Art und Weise Sorgen bereitet, wie sie die Zukunft bewertet, so ist nicht weniger besorgniserregend, wie sie Wert futurisiert, also wie sie die Zukunft als Ort des Werts behandelt.
>
> *Liliana Doganova*[36]

2019 verurteilte ein internationales Schiedsgericht Pakistan zur Zahlung von mehr als vier Milliarden Dollar Schadensersatz.[37] Tethyan Copper Company Pty Limited, ein australisches Unternehmen, hatte Pakistan wegen der Nichterteilung einer Bergbaulizenz verklagt. Das Schiedsgericht befand, dass der Staat gegen den zwischen Pakistan und Australien abgeschlossenen bilateralen Investitionsschutzvertrag, genauer den darin enthaltenen Grundsatz der fairen und gerechten Behandlung ausländischer Investoren, verstoßen hatte. Der dem Unternehmen entstandene Schaden wurde auf Grundlage des Werts der versagten Lizenz nach dem DCF-Verfahren bemessen. So kam es zu dem spektakulären Schiedsspruch mit einer der höchsten Schadensersatzsummen in der Geschichte der internationalen Investor-Staat-Streitbeilegung.[38]

Das Urteil ist Teil einer Entwicklung, die in den 1980er Jahren begann, als Schiedsgerichte anfingen, zur Ermittlung der Höhe von Schadensersatz und Enteignungsentschädigungen die Investorenperspektive zu übernehmen und das DCF-Verfahren zuzulassen.[39] Relevant ist diese Entwicklung sowohl für die Bestimmung der Höhe von Schadensersatzzahlungen infolge von Rechtsverletzungen als auch für die Höhe der Entschädigung für grundsätzlich rechtlich zulässige Enteignungen. Im Folgenden befasse ich mich mit der Entschädigung für rechtmäßige staatliche Eigentumsentziehungen.

36 Doganova, *Discounting the Future*, S. 15 (eigene Übersetzung).

37 ICSID, *Tethyan Copper Company PTY Limited v. Pakistan*, Award v. 12. 7. 2019, Case No. ARB/12/1.

38 Bonnitcha/Brewin, *Compensation Under Investment Treaties*, S. 38.

39 Marzal, »Quantum (In)Justice: Rethinking the Calculation of Compensation and Damages in ISDS«.

Wie das deutsche Verfassungsrecht schützt auch das internationale Investitionsschutzrecht Eigentumsrechte.[40] Während in Deutschland alle Privateigentümer in den Genuss des Eigentumsgrundrechts des Grundgesetzes kommen, schützt das internationale Investitionsschutzrecht nur die Eigentumsrechte ausländischer Investoren.[41] Als Grund wird ihre besondere Schutzbedürftigkeit gegenüber einer fremden Staatsgewalt angeführt. Doch auch koloniale Kontinuitäten erklären die Schaffung eines Rechtsregimes, das zunächst vor allem Investitionen von Investoren aus dem globalen Norden, die diese im globalen Süden tätigten, absicherte.[42] Quelle dieses internationalen Eigentumsschutzes sind tausende bilaterale und einige regionale völkerrechtliche Verträge. Beide Rechtsregime, das des nationalen und das des internationalen Eigentumsschutzes, verbieten nicht den Eigentumsentzug durch den Staat zur Verfolgung öffentlicher Interessen. Sie sehen aber vor, dass im Falle einer Enteignung der Staat die Person, die ihr Eigentum verliert, entschädigen muss.

Die Vorschriften in den völkerrechtlichen Investitionsschutzverträgen, die die Entschädigung betreffen, sind sehr unterschiedlich formuliert. Während manche den Marktwert als Maßstab für die Entschädigung nennen, fordern andere lediglich einen gerechten Ausgleich.[43] Trotz dieser Differenzen hat sich in der Praxis der Schiedsgerichte der Grundsatz etabliert, dass eine Entschädigung nach dem Marktwert geschuldet wird.[44] Zunächst

40 Hoffmann, *Divergenz und Transformation*.

41 Wegen Artikel 19 Absatz 3 GG ist der Schutz von Artikel 14 GG für juristische Personen allerdings auf deutsche und europäische juristische Personen beschränkt.

42 Sornarajah, »The Battle Continues«.

43 Zu den unterschiedlichen Formulierungen, aus denen sich kein einheitlicher Maßstab ableiten lässt: Sornarajah, *The International Law on Foreign Investment*, S. 415 f.

44 World Bank, »Guidelines on the Treatment of Foreign Direct Investment« 1992, https://www.law.umich.edu/facultyhome/drwcasebook/Documents/Documents/2.5_World%20Bank%20guidelines%20on%20the%20treatment%20of%20FDI.pdf [18. 10. 2024].

verstanden Schiedsgerichte Marktwert im Sinne des Buchwerts von Vermögenswerten, also des historischen Anschaffungswerts. Dann setzte sich jedoch die Bewertung aus Investorenperspektive durch, sodass es heute üblich ist, dass Schiedsgerichte ihre Feststellungen zu staatlichen Kompensationspflichten auf Marktwerte stützen, die von Gutachtern mithilfe des DCF-Verfahrens ermittelt werden.[45]

Im eingangs erwähnten Fall Tethyan Copper Company gegen Pakistan ging das Schiedsgericht so weit, dass es den fiktiven Marktwert einer fiktiven Kapitalanlage zur Grundlage seines Schiedsspruchs machte.[46] Die Bergbaulizenz, deren Wert ermittelt wurde, war nie erteilt worden. Auch zum Bergbau war es nie gekommen. Der beauftragte Gutachter nahm die Wertermittlung anhand der Erträge vor, die angesichts der zuvor durch das Unternehmen vorgenommenen Erkundungen von Kupfer- und Goldvorkommen erwartbar gewesen wären, hätte der Staat die Lizenz erteilt und wäre es zur Förderung und Vermarktung von Gold und Kupfer gekommen. Der Gutachter fingierte dabei nicht nur die Lizenzerteilung, sondern nahm darüber hinaus auch an, dass dem Investor von Seiten des Staats eine 15-jährige Steuerbefreiung erteilt worden wäre. Er beurteilte den Wert also sowohl anhand von Prognosen in Bezug auf Förderung und Vermarktung als auch Prognosen über das politische Verhalten des Staates, das »politische Risiko« von Ertragsminderungen durch staatliche Maßnahmen wie die Erhebung von Steuern.

Diese Bewertungspraxis führt nicht nur zu ungewöhnlich hohen Summen, die die politischen Gestaltungsspielräume der Gaststaaten ausländischer Investoren empfindlich beschränken. Sie impliziert darüber hinaus, dass der Investor legitimerweise

45 Marzal, »Quantum (In)Justice: Rethinking the Calculation of Compensation and Damages in ISDS«.

46 In diesem Fall ging es nicht um die Entschädigung für eine Enteignung, sondern um Schadensersatz für die Verletzung der Verpflichtung zur fairen Behandlung von Investitionen und Investoren.

erwarten darf, dass staatliche Institutionen ihre wirtschaftspolitischen Kompetenzen, etwa zur Besteuerung oder zur Regulierung von Unternehmen, nicht ausüben. Die Schiedssprüche können zu einer Feedbackschleife führen, wenn sie die Prognosen der Investoren und Gutachter über niedrige politische Risiken durch die Zuerkennung hoher Entschädigungsansprüche nachträglich bestätigen. Regierungen kann die Furcht vor hohen Zahlungsverpflichtungen davon abhalten, Maßnahmen zu ergreifen, die die Erträge von Investoren schmälern. Um dieses Phänomen zu beschreiben, wird heute der Ausdruck der »regulatorischen Abschreckung« verwendet.[47]

Die Praxis der Enteignungsentschädigung nach deutschem Recht hat diese völkerrechtliche Entwicklung auf nationaler Ebene nicht vollständig nachvollzogen. Doch es gibt Tendenzen, die in eine ähnliche Richtung deuten. Das Grundgesetz gibt lediglich vor, dass für eine Enteignung eine Entschädigung geleistet werden muss und dass diese »unter gerechter Abwägung der Interessen der Allgemeinheit und der Beteiligten zu bestimmen« ist (Artikel 14 Absatz 3 GG). Diese offene Formulierung wurde während der Verhandlung des Grundgesetzes im Parlamentarischen Rat gewählt, um zu verdeutlichen, dass eine Entschädigung zwar erforderlich ist, dass den gesetzgebenden Organen bei ihrer Bestimmung jedoch ein großer Spielraum verbleibt. Sie müssen nur den jeweiligen Interessen der Eigentümerin und der Allgemeinheit ausreichend Rechnung tragen. Die Mitglieder des Parlamentarischen Rats hatten sich bewusst gegen die Verwendung des Begriffs der angemessenen Entschädigung entschieden, da

47 Seit einigen Jahren wird eine kritische Debatte über die Investor-Staat-Streitbeilegung geführt und ein internationaler Reformprozess ist im Gang, der auch die Frage von Entschädigungen adressiert. Siehe hierzu das Forschungsprojekt von Anthea Roberts und Taylor St. John Roberts: https://www.isdsreform.com/ [18.10.2018].

dieser in der Regel als Entschädigung des Marktwerts interpretiert wurde.[48]

Für Enteignungen von Grundeigentum zur Verwirklichung städtebaulicher Zwecke konkretisiert das Baugesetzbuch die offene Formulierung der Verfassung. Es sieht vor, dass sich die Entschädigung bei einer Grundstücksenteignung nach dem Verkehrswert bemisst.[49] Außerdem bestimmt es, dass Verkehrswert gleichbedeutend mit Marktwert ist.[50] Dahinter steht folgende Erwägung: Die dem Marktwert entsprechende Entschädigung soll die Eigentümerin in die Lage versetzen, sich für das enteignete Grundstück »Ersatz« zu beschaffen, das heißt ein gleichartiges und gleichwertiges Grundstück.[51] Hier wird wieder die Operationsweise des Privateigentums deutlich, die den belebten Boden zu einem körperlichen Gegenstand und zum Objekt von Verfügungs- und Vermögensrechten abstrahiert.[52] Zwar mag ein bestimmtes Stück Erdoberfläche für seine Bewohnerin unvergleichlich und unersetzbar sein, das Recht geht jedoch davon aus, dass für dieses Stück Erdoberfläche als »Grundstück« und als Vermögenswert am Markt Ersatz beschafft werden kann.

Mit dieser Maßgabe der Entschädigung des Marktwerts, wie sie im Baurecht niedergelegt ist und von manchen auch in das Grundgesetz hineingelesen wird, gleicht das deutsche Recht dem internationalen Investitionsschutzrecht. Auch im deutschen Recht wird der Marktwert von vermieteten Immobilien durch deren Erträge bestimmt. Das zur Wertermittlung herangezoge-

48 Kempny, »Artikel 14«, Rn. 13. Kritisch zur sogenannten Kontinuitätsthese, wonach gerechte Entschädigung gleichbedeutend mit angemessener Entschädigung im Sinne von Artikel 153 Absatz 2 Weimarer Reichsverfassung sei, die ihrerseits so ausgelegt wurde, dass sie vollen Wertausgleich im Sinne von § 8 Absatz 1 des Preußischen Enteignungsgesetzes vom 11. 6. 1874 bedeute: Papier/*Shirvani*, »Artikel 14«, Rn. 707 ff.

49 § 95 Absatz 1 Baugesetzbuch (BauGB).

50 § 194 BauGB.

51 BGHZ 119, 62 (68); BGH WM 1989, 1154; Krohn/Löwisch, *Eigentumsgarantie, Enteignung, Entschädigung*, Rn. 248 ff.

52 Vgl. Vanuxem, *La Propriété de la Terre*.

ne »Ertragswertverfahren«, dessen Grundsätze in der ImmoWertVO zu finden sind, hat insofern Ähnlichkeit mit dem DCF-Verfahren, unterschiedet sich aber auch in ein paar wesentlichen Punkten. Seine Verfechter betonen, dass es sich anders als das DCF-Verfahren stärker am tatsächlichen Marktgeschehen ausrichte und daher weniger spekulativ sei als das DCF-Verfahren, das sich an den von Investoren gewünschten Renditeraten orientiere.[53]

Das Ertragswertverfahren geht von »marktüblich« zu erzielenden Erträgen aus. Maßgeblich ist die »vom allgemeinen Grundstücksmarkt erwartete Ertragsentwicklung«.[54] Zur Ermittlung des Ertragswerts werden die für die Restlebensdauer einer Wohnimmobilie erwarteten jährlichen Einnahmen aufsummiert und mit einem Zinssatz, dem sogenannten Liegenschaftszinssatz, diskontiert. Während der Diskontierungszinssatz, der im DCF-Verfahren zur Anwendung kommt, von den Unternehmen selbst bestimmt wird, die dabei auch Prognosen über die Zinsentwicklung berücksichtigen, wird der Liegenschaftszinssatz von den Gutachterausschüssen für Teilmärkte aus der Kaufpreissammlung ermittelt. Auch beim Ertragswertverfahren können Entwicklungen, die sich auf die zu bewertende Immobilie beziehen, berücksichtigt werden, also beispielsweise Mietentwicklungen, die sich aus Verträgen für einzelnen Wohnungen ergeben. Je stärker das tatsächliche Marktgeschehen spekulative Erwartungen reflektiert, desto stärker werden sich diese über den Liegenschaftszins auch im Ertragswertverfahren niederschlagen. So können sich die Ergebnisse von DCF-Verfahren und Ertragswertverfahren aneinander annähern.

Auch wenn das Ertragswertverfahren weniger offen für die Gewinnprognosen von Investoren und stärker an der Gegenwart als an der Zukunft orientiert ist, so reflektiert auch dieses Verfahren eine Investitionslogik. Wie das DCF-Verfahren bewertet

53 Kleiber, »Immobilienbewertung in der Bundesrepublik Deutschland«, S. 392.
54 Ebd., S.396.

das Ertragswertverfahren die Mietimmobilie als Kapitalanlage, deren Wert sich maßgeblich aus künftigen Erträgen ergibt. Die Bewertung nach diesem Verfahren holt durch die Ermittlung eines »Zukunftserfolgswerts« die Zukunft in die Gegenwart. Damit wird ein grundlegendes rechtliches Prinzip, sowohl des deutschen Verfassungsrechts als auch des völkerrechtlichen Eigentumsschutzes, infrage gestellt. Es besagt, dass der Verlust des Eigentums entschädigt werden soll, nicht aber künftige Gewinne, die der Eigentümerin durch die Enteignung entgehen. Wenn sich jedoch der gegenwärtige Wert aus künftigen Gewinnerwartungen ergibt, kann die Trennung zwischen entschädigungsfähigem Wert und nicht entschädigungsfähigen künftigen Erträgen nicht aufrechterhalten werden: Der Ersatz des Werts ist dann auch Ersatz des Ausfalls von (diskontierten) Gewinnen.

Außerdem kommt in beiden Bewertungsverfahren die grundsätzlich mögliche und rechtlich zulässige politische Gestaltung von Eigentumsrechten nicht voll zum Tragen. So bleibt bei der Bewertung in der Regel unberücksichtigt, dass staatliche Regelungen, beispielsweise in Form einer strengen Mietendeckelung, künftige Erträge erheblich beschneiden könnten. Der politischen Gestaltbarkeit des Eigentums könnte dadurch Rechnung getragen werden, dass nur solche wertbildenden Faktoren in die Bewertung einbezogen werden, auf deren Fortbestand die Eigentümerin legitimerweise vertrauen durfte. Investoren sollten in der Regel nicht darauf vertrauen dürfen, dass die rechtlichen Infrastrukturen der Verwertung, also die rechtlichen Rahmenbedingungen von Investitionen und Markttransaktionen, nicht im Rahmen des verwaltungs- und verfassungsrechtlich Zulässigen geändert werden. Solche Änderungen sollten also *nicht* als »politische Risiken« gewertet werden, auf deren Ausbleiben Eigentümerinnen vertrauen dürfen, sondern als Risiken, deren Realisierung erwartbar ist.

Dieses Kapitel sollte zeigen, wie die Infrastrukturen der Bewertung – bestehend unter anderem aus Bewertungsverfahren, Gutachterausschüssen, Rechnungslegungsstandards und Berichtspflichten – einen erheblichen Einfluss auf die Verwertung haben, etwa weil sie künftige Erträge in Geld als wertbildend berücksichtigen, bestehende und für Bewohnbarkeit unabdingbare Materialitäten dagegen vernachlässigen. So verstärken Infrastrukturen der Bewertung die zerstörerischen und trennenden Wirkungen der Verwertung und schränken zugleich die Möglichkeiten kollektiver Gestaltung ein.

6 | Der Wert des Gemeinsamen

Der russische Geograf und Anarchist Peter Kropotkin wies darauf hin, dass der Wert der Häuser in den begehrten Vierteln von Paris den Arbeitern, Künstlern, Gelehrten und Schriftstellern zu verdanken sei. Sie hätten Paris zu dem gemacht, was es ist.[1] Das lässt sich heute auch über den Prenzlauer Berg oder Neukölln sagen. Städtische »Lagen«, in denen sich Bewohnerinnen und soziale Projekte mit Kunst- und Kulturangeboten, Urban Gardens, Reparierwerkstätten, Umsonstläden und Nachbarschaftscafés über ihre privaten Räume hinaus für die Bewohnbarkeit ihres Viertels einsetzen, in denen über Jahrzehnte gewachsene, diverse und vielfältige Gemeinschaften das Zusammenleben prägen, sind nicht nur für die Bewohnerinnen attraktiv. Sie versprechen auch eine positive Auswirkung auf den Wert von Immobilien als Kapitalanlagen. Die Erträge, die den Kapitalanlagen ihren Wert geben, werden nur möglich durch die vielfältigen Beziehungsgeflechte und Kooperationen zwischen unterschiedlichsten Akteuren und Aktanten.[2] Der Wert des (Stadt-)Bodens für Investoren resultiert aus Kooperations- und Reproduktionsbeziehungen, sozialen und öffentlichen Infrastrukturen.[3] Der Wert des Tiefseebodens als Asset lässt sich auf die Interaktionen zwischen lebender und nichtlebender, organischer und anorganischer Materie zurückführen, die über viele Millionen Jahre die Manganknollen und andere Meeresmineralien hervorgebracht haben.[4]

Die Stadt und ihre sozialen Kooperationsnetzwerke wie auch die aus vielfältigen sozialökologischen Beziehungen hervorgegangenen Naturgüter können als »das Gemeinsame« verstanden werden. Es ist heute die Grundlage eines großen Teils privatnüt-

1 Aus Kropotkin, *Die Erorberung des Brotes*, 1892, zitiert in: Holm, *Objekt der Rendite*, S. 99.

2 In der Akteur-Netzwerk-Theorie bezeichnet der Begriff »Aktant« nichtsoziale Entitäten.

3 Marella, »The Law of the Urban Common(s)«.

4 Vgl. Latour, *Wo bin ich?*, S. 35.

ziger Verwertung.[5] Im Fall des Tiefseebodens erkennt das Recht den Status als Gemeinsames explizit an. Aber auch der Boden in der Stadt und auf dem Land wird als Gemeingut bezeichnet. Weil er Teil der Ökosozialsysteme ist, die nicht an Grundstücksgrenzen enden, sondern sie überschreiten und die Bewohnerinnen verbinden.[6] Im Recht auf Stadt kommt der Anspruch auf die Stadt als Gemeinsames zum Ausdruck.[7] Durch die Überführung in Privateigentum, das nicht durch eine Sorgebeziehung zwischen Eigentümerin und Boden gekennzeichnet ist und auch nicht als Treuhandschaft im Sinne aller Bewohnerinnen funktioniert, wird nicht nur die Grundlage für die Verwertung des Gemeinsamen geschaffen. Das Gemeinsame wird dadurch auch zerstört.[8]

Eine Antwort auf die Zerstörung des Gemeinsamen durch die privatnützige Verwertung sind alternative Bewertungsansätze, -methoden und -verfahren. Im Folgenden möchte ich zwei solcher Ansätze vorstellen. Der eine Ansatz stammt aus dem wachsenden Feld der Naturkapitalbewertung und soll eine umfassende Bewertung des Tiefseebodens ermöglichen, die nicht nur die Mineralien erfasst, sondern alle Güter und Nutzungen, die Menschen für wertvoll erachten. Der andere Ansatz kommt aus der Aktionsforschung zur Diversität nicht extraktiver Wirtschaftsweisen.[9] Er möchte mit einer Sozialwertberechnung dem Marktwert einen alternativen Wert entgegensetzen.

Um der zerstörerischen und trennenden Verwertung des Gemeinsamen entgegenzutreten, braucht es jedoch mehr als solche alternativen Bewertungen. Sozialökologische Transformation bedarf einer Politik und eines Rechts der Teilhabe, die direkt

5 Hardt/Negri, *Assembly*.
6 Sachverständigengruppe »Weltwirtschaft und Sozialethik«, *Ernährungssicherheit, Klimaschutz und Biodiversität*, S. 13.
7 Holm, *Wir bleiben alle*.
8 Harvey, *Rebel Cities*.
9 Gibson-Graham, »Diverse Economies. Performative Practices for ›Other Worlds‹«.

an den Prozessen der Verwertung ansetzen und damit nicht nur das Gemeinsame schützen, sondern auch die Bedingungen dafür schaffen, dass Gemeinsames und Commons entstehen und bestehen können.

Die Totalwertermittlung des Tiefseebodens

> Intakte Ökosysteme bieten ein erneuerbares Naturkapital, das kontinuierlich und unbegrenzt Ökosystemdienstleistungen und Vorteile erbringen kann. *Institute of Advanced Sustainability Studies*[10]

In seiner berühmt gewordenen Studie über die Meeresmineralien beschrieb John Mero 1965 den Ozean als günstiges Transportmedium, als Spielplatz für die Menschheit, wichtige Nahrungsquelle, Mülldeponie und Speicherhaus mineralischer Rohstoffe.[11] Heute würde er den Ozean vielleicht auch noch als Apotheke und Drogerie bezeichnen. Denn schon seit einiger Zeit ist die marine Biotechnologie ein wachsendes Forschungsfeld; marine genetische Ressourcen versprechen Fortschritte in Kosmetik und Medizin.[12]

Die Naturkapitalbewertung möchte den Wert der Güter und Dienstleistungen von Ökosystemen, des Ozeans und der Böden an Land sichtbar machen. Sie ist ein in den Wirtschaftswissenschaften inzwischen etabliertes Forschungsfeld, kann in schon bestehende Verwaltungspraktiken, insbesondere Kosten-Nutzen-Analysen, integriert werden und gewinnt im »grünen Kapitalismus« stetig an Bedeutung.[13]

2021 schlugen Wissenschaftler des Forschungsinstituts für Nachhaltigkeit in Potsdam (RIFS, damals IASS) eine Naturkapital-

10 Thiele u.a., *A Comprehensive Approach to the Payment Mechanism for Deep Seabed Mining*, S. 6 (eigene Übersetzung).

11 Mero, *The Mineral Resources of the Sea*, S. 1.

12 Helmreich, *Alien Ocean*, S. 106 ff.

13 Buller, *The Value of a Whale*; siehe auch das Horizon-2020-Projekt zur Bodenbewertung »Soilguard«, https://soilguard-h2020.eu/ [18. 10. 2024].

bewertung des Tiefseebodens vor.[14] So könne zum einen sichtbar gemacht (und quantifiziert) werden, welche Werte durch Tiefseebergbau zerstört würden; zum anderen würden unterschiedliche Werte dadurch vergleichbar. Die Wissenschaftler hielten die Naturkapitalbilanzierung für eine Möglichkeit, die Vorschriften des Seerechtsübereinkommens zu operationalisieren, wonach der Tiefseebergbau zum Wohle der Menschheit erfolgen muss und seine wirtschaftlichen und finanziellen Vorteile gerecht zu verteilen sind. Denn die durch die Naturkapitalbewertung errechneten Werte können in einer Kosten-Nutzen-Analyse miteinander verrechnet werden, um so zu ermitteln, ob der Tiefseebodenbergbau »netto« wirtschaftliche Vorteile bringt oder ob er am Ende mehr Wert zerstört, als er generiert. Die Naturkapitalbilanzierung kann außerdem eine Grundlage dafür schaffen, Bergbauunternehmen Gebühren für die Minderung des Naturkapitals in Rechnung zu stellen oder sie zu Kompensationszahlungen für Werteinbußen zu verpflichten.[15] Sie würde so neue Handlungsspielräume eröffnen: Eine negative Bilanz könnte durch Kompensationszahlen zu einer positiven werden.

Die Meeresbodenbehörde nahm diese Anregung auf. Eine auf Antrag der Arbeitsgruppe zum Zahlungsmechanismus vom Sekretariat der Behörde 2023 in Auftrag gegebene Studie gibt nun erste Hinweise, wie der Wert des Tiefseebodens umfassend bestimmt werden könnte.[16] Der »Totalwert« des Tiefseebodens, so die Studie, bestehe sowohl aus Gebrauchswerten als auch Nichtgebrauchswerten, die unabhängig von einer gegenwärtigen oder künftigen Nutzung seien. Als Gebrauchswerte nennt sie die Mineralienextraktion, den Tourismus und die CO_2-Speicherung.

14 Thiele u.a., *A Comprehensive Approach to the Payment Mechanism for Deep Seabed Mining.*

15 Die deutsche Regierung hat vorgeschlagen, die Beeinträchtigungen von Ökosystemdienstleitungen in Form von Ausgleichsmaßnahmen in den Zahlungsmechanismus zu integrieren: https://www.isa.org.jm/wp-content/uploads/2024/03/DSM-Finance.pdf [21.2.2025].

16 Brander/Gõni, *Report on the Value of Ecosystem Services.*

Auch Optionswerte fasst sie unter die Kategorie Gebrauchswert.[17] Diese resultierten aus der potenziellen künftigen Nutzung, beispielsweise von genetischen Ressourcen. Als Nichtgebrauchswerte werden dagegen Dinge bezeichnet, denen ein Wert beigemessen wird, weil sie für andere, für künftige Generationen oder um ihrer selbst willen bewahrt werden sollen. Als Beispiel nennt die Studie die Bewahrung einer Tiefseebodenkreatur um ihrer selbst willen – als »Existenzwert«.

Bestehe schon ein Markt wie etwa für genetische Ressourcen, dann könne die Bewertung auf Grundlage existierender Preise erfolgen. Existiert kein Markt, dann sollen die zu bewertenden Güter in fiktive Waren und Kapitalanlagen transformiert und ihr Wert mithilfe ökonomischer Methoden bestimmt werden. Dazu gehört die Befragung von Personen nach ihrer Zahlungsbereitschaft, beispielsweise für den Erhalt von Nutzungsoptionen oder Biodiversität als Existenzwert. Aus der durch individuelle Befragung ermittelten und auf die Weltbevölkerung hochgerechneten Bereitschaft, einen bestimmten Teil des Haushaltseinkommens für Biodiversitätsschutz auszugeben, könne der »aktuelle Wert« dieser Güter ermittelt werden. Würden einzelne Haushalte danach befragt, was es ihnen wert ist, dass ein Meeresbodenoktopus um seiner selbst willen bewahrt wird, dann sei ihre Zahlungsbereitschaft Ausdruck einer Präferenz und damit der Bedeutung des Oktopusses für das Wohlbefinden der Haushaltsmitglieder.[18]

Deutlich wird in der Studie, dass die ökonomische »Totalbewertung« des Tiefseebodens mit erheblichen praktischen

17 Wenn die Studie von Gebrauchswerten spricht, ist das irreführend. Durch die Abfrage der Zahlungsbereitschaft will sie einen Tauschwert beziehungsweise Marktwert ermitteln.

18 Zur Kritik einer Bestimmung von Wert anhand individueller Präferenzen: Orléan, *The Empire of Value*, S. 37ff.; mit der Verwendung von Geld als Bewertungsmaßstab wird auch die Funktionsweise des Geldes und der Geldwirtschaft in die Bewertung importiert. So beeinflussen die Knappheit und ungleiche Verteilung von Geld die Antwort auf die Frage nach der Zahlungsbereitschaft für den Erhalt einer Tiefseebodenspezies.

Schwierigkeiten einhergeht. Ihre Umsetzung hängt nicht nur von weiterer meeresbiologischer Erforschung der Biodiversität des Tiefseebodens ab, sondern auch von tragfähigen Studien zur »Bepreisung« von Naturkapital. Es drängt sich der Verdacht auf, dass es sich bei der Forderung nach einer umfassenden Naturkapitalbewertung vor allem um eine Taktik handelt, den Beginn des Tiefseebergbaus aufzuschieben.

Doch diese Taktik ist nicht ohne Konsequenzen. Mit der Naturkapitalbewertung werden die Investoren- und Verwertungsperspektive auf den gesamten Tiefseeboden als Quelle fiktiver Waren und Kapitalanlagen ausgedehnt. Die ökonomische Naturbewertung operiert mit der fiktiven Kommodifizierung (etwa der zu den Existenzwerten gezählten Biodiversität) und Assetisierung (etwa des als Optionswert qualifizierten genetischen Materials). Auch wenn es zunächst nur um die Sichtbarmachung von Wert(en) geht und die Kommodifizierung und Assetisierung zum Zwecke der Bewertung fiktiv sind (»Was wären die Menschen bereit, für die Erhaltung winziger Oktopoden, die um Manganknollen herum leben, zu zahlen, wenn es einen Markt für solche Erhaltungsleistungen gäbe?«), so beeinflussen sie doch die Beziehung der Bewertenden zum Tiefseeboden. Denn die fiktive Kommodifizierung lässt sich nicht von der Welt trennen, die sie beschreibt. Sie hat Auswirkungen auf diese Welt. Wie wir den Ozean bewerten, beeinflusst unsere Wahrnehmung des Ozeans und unsere Beziehung zu ihm.[19] Außerdem bleibt die Naturkapitalbewertung keine bloße Fiktion, sondern dient der Vorbereitung einer realen Verwertung des Gemeinsamen. Bei den »Optionswerten« steht diese deutlich am Horizont. So ist die Ausbeutung genetischer Ressourcen des Ozeans schon jetzt ein wichtiger Regelungsgegenstand des 2023 von der Generalversamm-

19 Radin, *Contested Commodities*, S. 88; Muniesa, »Financial Value«; Chiapello, »Financialization of Valuation«; Fourcade, »Cents and Sensibility«; Graeber, *Toward an Anthropological Theory of Value*.

lung der Vereinten Nationen angenommenen und nun zur Ratifikation stehenden »Ozean-Vertrags«.[20]

Karl Marx definierte »Gebrauchswert« als »Naturbeziehung« zwischen Menschen und Dingen. Die Naturbeziehung von Menschen zum Tiefseeboden und zu seinen Kreaturen wird in der Naturkapitalbewertung durch die Abfrage von Zahlungsbereitschaft gerade nicht reflektiert. Sie trägt nicht dazu bei, die materielle und spirituelle Verbundenheit mit dem Ozean abzubilden oder zu stärken, sondern vertieft die Trennung zwischen den Befragten und dem Ökosozialsystem Ozean. Mit der Verwendung von Geld als Wertmaßstab werden nicht nur ganz unterschiedliche Dinge vergleichbar und kommensurabel, es entsteht auch der Eindruck der beliebigen Kompensierbarkeit.[21] Die Studie zur Totalwertermittlung des Tiefseebodens lobt die Naturkapitalbewertung dafür, dass sie die Bedeutung des Tiefseebodens für das Wohlbefinden der Menschen zum Ausdruck bringe. Was sie jedoch nicht zum Ausdruck bringen kann: dass mit einer Zerstörung der kritischen Zone auch deren Bewohnbarkeit unwiederbringlich dahin ist. Kein Geldbetrag kann das kompensieren. Auch wenn die Zahlungsbereitschaft noch so groß ist: An die Stelle der verlorenen Wohnstatt kann keine neue treten. Jedenfalls nicht auf diesem Planeten.

20 Der offizielle Titel lautet: Übereinkommen im Rahmen des Seerechtsübereinkommens der Vereinten Nationen über die Erhaltung und nachhaltige Nutzung der biologischen Vielfalt der Meere von Gebieten außerhalb nationaler Hoheitsbefugnisse.

21 Zur Bewertung von Manganknollen unter Verwendung von Zeit als Maßeinheit: Ruzzene, »Forms of Money Power and Measure of Economic Value«.

Der Sozialwert der Commons

> Unsere Wertbuchhaltung macht sichtbar, was sonst unsichtbar und ungezählt ist – nämlich freiwillige unbezahlte Arbeit, Pflegedienste an der Umwelt, alltägliche ökologische Praktiken und Verbesserungen des Wohlbefindens.
>
> *Doina Petrescu, Constantin Petcou, Maliha Safri und Katherine Gibson*[22]

Anders als die Naturkapitalbewertung, die mit der (fiktiven) Transformation ökologischer Güter in Waren, Dienstleistungen und Kapitalanlagen diesen einen Marktwert gibt, will die Sozialwertberechnung, die ich jetzt vorstelle, dem Marktwert einen sozialen Wert, einen Wert des Gemeinsamen, entgegensetzen. Anstoß für den von Doina Petrescu, Constantin Petcou, Maliha Safri und Katherine Gibson unterbreiteten Vorschlag einer Sozialwertberechnung von Urban Commons gab ein allzu geläufiges Szenario: Eine Kommune überließ ein Grundstück, auf dem sich ein in ein Netzwerk selbstverwalteter städtischer Commons-Projekte eingebetteter landwirtschaftlicher Betrieb befand, einem Investor. Der machte einen Parkplatz daraus. Den Wert des Parkplatzes als Kapitalanlage konnte die Kommunalverwaltung erkennen, nicht jedoch den Wert eines unversiegelten, ökologisch und solidarisch bewirtschafteten Bodens und der daran anknüpfenden Kooperationsbeziehungen. Die Sozialwertberechnung sollte dieser beschränkten Sichtweise abhelfen.

Auch sie benutzt Geld als Recheneinheit. Das erlaubt ihr den direkten Vergleich zwischen der »Rentabilität« des Bauernhofs und des Parkplatzes. In die Bilanzierung des Werts des städtischen Commons gehen folgende Posten ein: direkte Einnahmen, die durch den landwirtschaftlichen Betrieb und seine Produktion erwirtschaftet werden, ehrenamtliche Tätigkeiten, formelle und informelle Bildungsleistungen sowie Ersparnisse für Planet, Staat und Haushalte, die durch das umweltfreundliche Design

22 Petrescou u. a., »Calculating the Value of the Commons. Generating Resilient Urban Futures«, S. 160 (eigene Übersetzung).

des Commons entstehen. Die Bewertung dieser Posten orientiert sich an bestehenden Marktpreisen für vergleichbare Güter.

Der größte Unterschied zur Naturkapitalbilanzierung liegt darin, dass die Sozialwertbilanzierung den Wert sichtbar machen soll, der gerade dann entsteht, wenn Versorgung, Verteilung und Verwaltung von Gütern außerhalb von Investitions- und Marktlogiken erfolgen. Außerdem soll die Sozialwertberechnung dazu beitragen, Projekte, die Boden und Stadtnutzung entprivatisieren, der Investitions- und Verwertungslogik entziehen und in selbstverwaltete Commons überführen, zu legitimieren und damit gegen Zerstörung zu schützen.

In Barcelona hat es funktioniert. 2009 kündigten einige Stadtbewohnerinnen an, ein 13.000 Quadratmeter großes ehemaliges Fabrikareal Can Battló, das schon seit 1976 für die Umwandlung in öffentliche Einrichtungen und einen Park vorgesehen war, aber immer noch brachlag, zu besetzen. Zur Besetzung kam es nicht, denn vor Ablauf der von den Stadtbewohnerinnen gesetzten Frist gewährte die Stadt der auf 2500 Personen angewachsenen Gruppe ein fünfzigjähriges Nutzungsrecht. Auf dem Grundstück entstanden eine Vielzahl von Projekten, darunter ein Gemeinschaftszentrum, Gemeinschaftsgärten, eine Gemeinschaftsschule sowie Kunsträume, Sportplätze und eine selbstverwaltete Bibliothek. Eine Sozialwertbilanzierung diente hier dazu, die Ersparnisse der Stadt aus der selbstverwalteten Bereitstellung von Leistungen durch die Commons-Projekte zu kalkulieren. Auf dieser Grundlage übernahm die Stadt im Gegenzug Betriebskosten, Sicherheitsleistungen und Renovierungsarbeiten auf dem Areal.[23]

In Berlin könnte eine Sozialwertberechnung dazu dienen, Einwände des Berliner Rechnungshofes gegen die Vergesellschaftungsinitiative auszuräumen. Dieser stellte in einem Bericht fest,

23 Brown/Milburn, *Commoning the Public*, S. 13 ff.; Kleine/Calbet Elias, »Das Programm ›Patrimonio Cuidadano‹ in Barcelona«; Coma/Aguirre, *Patrimonio Cuidadano Framework for Public-Community Collaboration*.

dass die Vergesellschaftung zu einer hohen Belastung des Berliner Haushalts führen würde.[24] Er stützte sich dabei unter anderem auf eine Schätzung des Senats, die die Kosten der Entschädigung für die Unternehmen, deren Wohnungen in Gemeineigentum überführt werden sollen, auf 28,8 bis 36 Milliarden Euro bezifferte.[25] Eine Sozialwertberechnung würde nicht nur die Kosten der Vergesellschaftung berücksichtigen, sondern die Aufmerksamkeit auch darauf lenken, welche Einsparungen durch die Ausweitung erschwinglichen Wohnraums, durch Unterkünfte für Obdachlose und von häuslicher Gewalt bedrohte Menschen und durch die Stärkung des sozialen Zusammenhalts in städtischen Quartieren möglich werden könnten.

Beide hier vorgestellten Bewertungsansätze – für die Ermittlung des Totalwerts des Ozeanbodens und des Sozialwerts städtischer Commons – operieren in einem Kontext, der stark von Investitionslogik und privatnütziger Verwertung geprägt ist. Daher kommen beide nicht umhin, für die Bestimmung des Werts des Gemeinsamen Marktwerte zu benutzen. Im ersten Fall ist das jedoch kein bloßer Notbehelf. Nach der Naturkapitalbilanzierung hat der Tiefseeboden nur dann einen Wert, wenn es entweder einen tatsächlichen oder potenziellen Markt für seine Dienstleistungen und Güter gibt und die Bereitschaft besteht, für den Verzicht auf Verwertung zu bezahlen. Die Naturkapitalbilanzierung stellt die Logik des Markts und der Verwertung nicht infrage, sondern weitet sie auf den gesamten Tiefseeboden aus.

Im zweiten Fall dient die Orientierung am Markt einer politischen Legitimierung von Commons, die ökonomische Verwer-

24 Rechnungshof von Berlin, *Bericht zu den Auswirkungen einer Vergesellschaftung großer Wohnungsunternehmen auf den Landeshaushalt*.

25 Senatsverwaltung für Inneres und Sport, »Erläuterungen zur amtlichen Kostenschätzung«, März 2019, https://www.parlament-berlin.de/adosservice/18/Haupt/vorgang/h18-1701.A-v.pdf [20. 1. 2025]; siehe auch die Auseinandersetzung damit durch »Deutsche Wohnen & Co. enteignen«: Anmerkungen zur Kostenschätzung des Senats; dies., »Was Vergesellschaftung kostet. Zahlen und Mythen«.

tungsstrukturen überwinden wollen. Das funktioniert gut, solange durch die Sozialwertberechnung tatsächliche Ersparnisse von Staat und Kommunen beziffert und verdeutlicht werden können. Die Methode verliert aber an Überzeugungskraft, wenn sie auch zum Zwecke der Bewertung von Dingen wie beispielsweise dem gemeinsamen Lernen, der Schaffung und Weitergabe von Wissen in einem Commons einen Markt fingiert, den es nicht gibt. Und den es – der Logik der Commons zufolge – auch gar nicht geben soll.

Das zeigt: Der Verwertung des Gemeinsamen kann nicht allein auf der Ebene der Bewertung entgegengetreten werden. Soll die zerstörende Verwertung von Boden als Kapitalanlage überwunden werden, dann ist bei der Beziehungsweise des Werts anzusetzen. So, wie das in den mannigfaltigen Projekten der Entprivatisierung und der Commons bereits passiert.

Revolution des Werts

> Wert ist notwendig ein Schlüssel, wenn wir soziale Welten nicht bloß als Ansammlung von Personen und Dingen sehen wollen, sondern als ein Projekt der Ko-Kreation. Als etwas, das kollektiv geschaffen und neu geschaffen wird. *David Graeber*[26]

Gesellschaft entsteht durch soziale Praktiken und diese orientieren sich an einer Vorstellung vom Guten.[27] Mit dem Anthropologen David Graeber gesprochen: Sie orientieren sich an Wert. Dabei steht Wert hier nicht allein für den Marktwert, den Wert der Verwertung, mit dem ich mich bisher befasst habe, sondern für das Projekt selbst, um das sich Gesellschaften formieren und das Gesellschaften integriert. Wert, so Graeber, lässt Universen entstehen – »value brings universes into being«.[28] Deswegen ist Wert auch der Schlüssel zu gesellschaftlicher Transformation.

26 Graeber, »It Is Value That Brings Universes into Being«, S. 222 (eigene Übersetzung).
27 Marx, »Theorien über den Mehrwert«; Menke, *Kritik der Rechte*, S. 339 ff.
28 Graeber, »It Is Value That Brings Universes into Being«, S. 222; Graeber, *Toward an Anthropological Theory of Value*.

Trennender und totalisierender Wert

Aktuell sind unsere gesellschaftlichen Beziehungen durch den oben beschriebenen Wert der Verwertung bestimmt. Diesen meint Bini Adamczak, wenn sie feststellt, dass es »die Beziehungsweise des Wertes [ist], die Allgemeinheit durch Vereinzelung herstellt, indem sie trennt.« Auf Grundlage des Privateigentums realisiere diese Beziehungsweise »eine allgemeine Privatheit und damit eine privatisierte Allgemeinheit«.[29]

In den vorangegangenen Kapiteln habe ich versucht, die trennenden Wirkungen des Privateigentums an Boden und der darauf aufbauenden Infrastrukturen der Verwertung zu beschreiben. Diese Verwertungsinfrastrukturen haben den Tiefseeboden in Lizenzgebiete unterteilt, sie haben die zunächst noch in Solidarität für eine neue Weltwirtschaftsordnung vereinten ehemaligen Kolonien auseinanderdividiert und bewirkt, dass manche von ihnen als »befürwortende Staaten« nun in einem harten Wettbewerb um Einnahmen stehen. Sie haben das Ziel eines starken marinen Umweltschutzes vom Ziel der gerechten Verteilung getrennt, sodass heute Umweltschutz zu Lasten der Verteilungsgerechtigkeit geht. Im Bereich der Wohnungswirtschaft hat die Assetisierung Stadtbewohnerinnen voneinander entfernt und gewachsene Strukturen und Beziehungen zertrennt. Sie trennt ferner die Interessen der Anlegerinnen von denen der Mieterinnen, selbst wenn beide Rollen manchmal in ein und derselben Person zusammenfallen. Bestandserhalt bei bezahlbaren Mieten und »Modernisierung« sind zu gegenläufigen Interessen geworden. Bewertungen verengen Gestaltungsräume.

Und die Verwertung breitet sich immer weiter aus – von der Tiefsee bis ins Weltall.[30] Sie erstreckt sich auch in Lebensbereiche, die ihre Praktiken zuvor an einem anderen Wert als dem Marktwert, an einem anderen Guten ausrichteten. Die Verwer-

29 Adamczak, *Beziehungsweise Revolution*, S. 75 f.

30 Feichtner, »Mining for Humanity in the Deep Sea«.

tung hat totalisierende Wirkung.[31] Jedes Stückchen Boden wird in die »Totalwert-Ermittlung« einbezogen. Das bedeutet auch: Es gibt kein Außen mehr; wir leben in der Welt des »sich selbst verwertenden Werts«, in einer Welt des Totalwerts.[32]

Bruno Latours Aufforderung an die Menschen, wir mögen um der Bewohnbarkeit willen terrestrisch werden und die Welt, von der wir leben, in Einklang bringen mit der Welt, in der wir leben, bedeutet dann zweierlei:[33] Zum einen betrifft sie den Umstand, dass die Bewohnerinnen des globalen Nordens durch ihren Konsum die Reproduktionskapazitäten der Erde überschreiten und zur Deckung ihres Energie- und Rohstoffbedarfs die Lebenswelten anderer Erden- und Ozeanbewohner zerstören.[34] Zum anderen weist uns die Aufforderung darauf hin, dass die Welt des Werts nicht nur eine trennende ist, sondern ebenso eine, die von der Welt der lebendigen und materiellen Beziehungen und Abhängigkeiten abstrahiert, deren Teil wir sind. In der Welt des Werts begegnen wir uns in Transaktionen. Bewertungen sind Rechenoperationen, die Zukunft und Gegenwart, Manganknolle und Oktopus kommensurabel und kompensierbar machen. In der abstrakten Welt des Werts kann ein Geldbetrag den Verlust des Landes ausgleichen, weil das Land als Grundstück vor allem ein Vermögenswert und damit durch Geld kompensierbar ist. Terrestrisch zu werden, auf den Boden zu kommen und die Welt, in der wir leben, mit der Welt, von der wir leben, in Einklang zu bringen, hieße also auch, nicht mehr zu verleugnen,

31 Kempter, »Against Value(s)«.

32 Zur auf Marx aufbauenden Wertkritik von Robert Kurz und der totalisierenden Wirkung des ökonomischen Mehrwerts siehe Kempter, »Against Value(s)«, als Gegenposition Teubner, »The Constitution of Non-Monetary Surplus Values«.

33 Latour, *Das terrestrische Manifest*; Latour, *Wo bin ich?*, S. 60 f. Zur Feststellung, die Menschen der Moderne lebten auf zwei Territorien, dem rechtlichen und politischen Territorium des Nationalstaats und dem ökologischen und ökonomischen Territorium des Raums, in dem die Güter unseres Konsums mobilisiert werden: Charbonnier, *Überfluss und Freiheit*.

34 Brand/Wissen, *Imperiale Lebensweise*.

dass wir nicht nur Teil der Welt des Wertes sind, sondern eingebettet in Beziehungssysteme, die nach und nach kollabieren und deren Verletzungen mit Geld nicht repariert werden können.

In der Welt des Werts macht sich der Kollaps inzwischen auch schon bemerkbar. Sie kann ihre Umwelt nicht mehr ignorieren, wenn das Wasser in die Computer dringt und Stürme die Datenleitungen kappen. Auch die Privateigentümerinnen und Anlegerinnen – die Mitspielerinnen im Spiel der Verwertung – können Vertreibung, Trennung und Zerstörung nicht mehr ignorieren. Die »Externalitäten« beginnen, dem Spiel die Grundlage zu entziehen. Den Spielerinnen entgleitet der Boden unter den Füßen, es fällt ihnen der Himmel auf den Kopf. Die Rechtfertigungen für das Spiel der Verwertung, seine Spielregeln und Ziele – Freiheit, Wohlstand, wirtschaftliche Entwicklung, günstigere Elektroautos, Metall-Commons – werden zwar weiterhin formuliert. Aber sie können nicht mehr überzeugen. Immer drängender wird die Frage, wie es sein kann, dass eine Gesellschaft ihre Praktiken an einem Wert ausrichtet, der das Leben und das Gemeinsame systematisch zerstört.[35]

Commons und das Gemeinsame

Was ist zu tun? Soll die trennende und zerstörerische Verwertung überwunden werden, braucht es andere Beziehungsweisen. Das sei, so Adamczak, »die eigentliche Aufgabe sozialer Transformation: das Knüpfen anderer Verbindungen, die Konstruktion befriedigender Beziehungsweisen«.[36] Um andere Beziehungsweisen herzustellen, muss an der Praxis angesetzt und muss sie statt auf den trennenden Wert auf ein neues Allgemeines ausgerichtet werden, das der Praxis Orientierung gibt und Gesellschaft integriert. Dieses neue Allgemeine sollte das Gemeinsame sein, wie es von François Jullien in Abgrenzung vom Universellen beschrieben wird: »[D]as Gemeinsame ist das, an dem man Anteil hat oder an

35 Dardot/Laval, *Common*.

36 Adamczak, *Beziehungsweise Revolution*, S. 76.

dem man teilnimmt, also das, was geteilt wird oder an dem man teilhat.« Während das Universelle als notwendiges, aus der Vernunft abgeleitetes Gesetz anordnet, »wurzelt das Gemeinsame in der Erfahrung; es vertieft sich in ihr und bereichert sie.«[37] Das Gemeinsame ist ein politisches Prinzip der Praxis. Die Ausrichtung der Praxis auf das Gemeinsame als neues Allgemeines, das nicht trennt und zerstört, sondern generativ ist und verbindet, bedeutet, dass die Praxis politisch werden muss.

Damit müssen die sozialen und wirtschaftlichen Felder und Praktiken zum Ort demokratischer Politik werden.[38] Um bei der Metapher des Spiels zu bleiben: Die Spielerinnen müssen über ihre Spielregeln einschließlich ihrer Position im Spiel und die Spielgeräte neu verhandeln und entscheiden. Das hieße eine kommunistische Idee von Demokratie und Freiheit wiederzubeleben, wonach die gesellschaftliche Praxis die Möglichkeit der Freiheit birgt, wenn sie mit Teilhabe und Selbstbestimmung einhergeht. Dazu muss die Praxis von innen demokratisiert und die Beteiligten müssen fähig werden, ihre eigene Teilnahme zu gestalten.[39] Zugleich muss die ehemalige »Umwelt«, die sich durch ihre Unruhe – mit Stürmen, Hitzewellen und Fluten – ohnehin ständig bemerkbar macht, in die Verhandlungen einbezogen werden.[40] Die Praxis muss am Erhalt der Bewohnbarkeit orientiert werden und der Abbau von Herrschaft muss auch die Herrschaft über die nichtmenschliche Welt erfassen.[41]

Commons im Sinne sozialer Beziehungssysteme können Ausprägung einer solchen demokratischen gesellschaftlichen Praxis sein. Sie formieren sich aus der gemeinsamen Nutzung, Produktion und Verteilung von Gütern. Dabei bringen die Gebrauchs-

37 Jullien, *Das Universelle*, S. 31, 33.

38 Hardt/Negri, *Assembly*; siehe auch Hark u.a., »Das umkämpfte Allgemeine und das neue Gemeinsame«.

39 Menke, *Kritik der Rechte*, S. 341. Menke distanziert sich von diesem Ansatz, den er als ebenfalls totalisierend kritisiert.

40 Latour, *Wo bin ich?*; Latour, *Kampf um Gaia*.

41 Pelluchon, *Das Zeitalter des Lebendigen*.

und Produktionsbeziehungen sowohl die (Gemein-)Güter als auch die beteiligten Gemeinschaften erst hervor.[42] Boden-Commons zeigen zugleich, wie eine demokratische Praxis eine terrestrische sein kann. Sie integrieren den Boden als Gemeingut in Beziehungssysteme, in denen die Bewohnerinnen gemeinsam über Zugang, Verteilung und Nutzung entscheiden und dabei die sozialökologischen Auswirkungen ihrer Entscheidungen und Handlungen berücksichtigen.

Das Plädoyer für ein Ansetzen an Wert und eine Veränderung der Beziehungsweisen der Verwertung durch eine Demokratisierung der sozialen einschließlich der wirtschaftlichen Praxis ist nicht mit anderen Projekten und Initiativen zu verwechseln, die eine stärkere Orientierung an Werten (im Plural) fordern, um den gegenwärtigen Krisen zu begegnen. Politische Forderungen, wirtschaftliche Wertschöpfung stärker an sozialen Werten auszurichten, werden heutzutage häufig formuliert. Sie können die zerstörerische Wirkung der Verwertung aber nicht aufhalten, solange sie nicht direkt an den Praktiken der Verwertung, ihren rechtlichen und technischen Infrastrukturen ansetzen und diese verändern. Insofern sind sie ineffektiv. Eine Ausrichtung von Praxis an Werten kann aber auch gefährlich sein und eine Errungenschaft des Liberalismus über Bord werfen, die darin liegt, dass den Mitgliedern der Gesellschaft kein Bekenntnis auf einen Wertekanon abverlangt wird.[43] Die Verpflichtung auf Werte geht häufig mit der Ermächtigung weniger, früher in der Kirche, heute eher in Verwaltung und Expertengremien, einher, diese Werte für die Allgemeinheit zu bestimmen.[44] Sie droht daher, autoritäre Strukturen hervorzubringen.

42 Zu diesem nichtnaturalistischen Verständnis von Commons: Helfrich/Bollier, *Frei, fair und lebendig*; Marella, »Commons as a Legal Concept«.

43 Adamczak, *Beziehungsweise Revolution*, S. 64.

44 So das autoritäre Projekt des Common Good Constitutionalism: Vermeule, »Beyond Originalism«; Vermeule, *Common Good Constitutionalism*.

Die Bedeutung des Rechts

Rechtliche Infrastrukturen sind konstitutiv für Praktiken und Prozesse der Verwertung. Recht ist daher Teil des Problems. Da die bestehenden rechtlichen Infrastrukturen auch den Möglichkeitsraum der Transformation bestimmen, ist Rechtskritik ein wichtiger Teil transformativer Rechtspraxis. Sie kann den Beitrag des Rechts zu Ungerechtigkeit, die Komplizenschaft von Recht und Rechtswissenschaft in Beherrschung und Verwertung offenlegen.[45]

Transformative Rechtswissenschaft sollte dabei jedoch nicht stehen bleiben, sondern auch untersuchen, welchen Beitrag Recht zum Abbau von Infrastrukturen der Verwertung und zum Aufbau rechtlicher Infrastrukturen für Commons leisten kann. Ob eine Rechtsreform einen solchen Beitrag leisten kann, wäre ein Kriterium, um zu beurteilen, ob es sich dabei um eine nicht bloß reformistische, sondern revolutionäre Reform handelt.[46]

Forschung, die sich allein auf die Kritik der Verwertungsstrukturen konzentriert, kann selbst dazu beitragen, diese zu stabilisieren. Darauf hat das feministische Autorinnenkollektiv J. K. Gibson-Graham hingewiesen. Um dieser Stabilisierung entgegenzuwirken und als Beitrag zu transformativer und transdisziplinärer Wissenschaft initiierten sie das »Diverse Economies Project«, das ökonomische Diversität in einer »mehr als kapitalistischen Welt« kartiert. Das Projekt erstellt so ein Inventar von Praktiken und Institutionen, die nicht den Strukturen einer extraktiven Verwertung entsprechen. Die transdisziplinäre Erforschung gemeinsam mit denjenigen, die diese Strukturen bauen

45 Kennedy/Koskenniemi, *Of Law and the World*.

46 Zu revolutionären transformativen und nichtreformistischen Reformen: Habermas, *Protestbewegung und Hochschulreform*; Hirsch, »Über Reform und Revolution«; Akbar, »Non-Reformist Reforms and Struggles over Life, Death, and Democracy«; zu Vergesellschaftung als einer potenziell revolutionären Reform: Holm, *Objekt der Rendite*.

und in ihnen praktizieren, kann neue Handlungsmöglichkeiten eröffnen und alltägliche Revolutionen sichtbar machen.[47]

Transformative Rechtsforschung sollte diesem Beispiel folgen und die alltäglichen kreativen Rechtsgestaltungen und »legal hacks« untersuchen, die schon heute andere (Boden-)Beziehungen als die der Beherrschung, Extraktion und Verwertung ermöglichen.[48] Der an der Harvard Law School lehrende Jurist und Sozialwissenschaftler Roberto Unger forderte in ähnlicher Absicht Juristinnen dazu auf, den institutionellen Werkzeugkasten mit rechtlichen Arrangements und Designs für institutionelle Experimente zu füllen, die sowohl Freiheit als auch Prosperität – und ich möchte hinzufügen: Bewohnbarkeit – fördern können. Diese sind in der Geschichte wie in der Gegenwart und rechtsvergleichend durch den Blick in andere Rechtsordnungen aufzufinden.[49] Dieser Werkzeugkasten kann die Praxis-Theorie der Commons vor allem zur Frage der institutionellen Arrangements für Commons bereichern.

Silke Helfrich, die wegbereitende deutsche Commons-Forscherin, wurde nicht müde, zu betonen, dass Commons überall um uns herum existieren. Was es aber schwer mache, sie adäquat als Alternative zu staatlichen und marktwirtschaftlichen Organisationsformen und Versorgungsweisen zu beschreiben, sei das Fehlen einer allgemeinen Begrifflichkeit und einer Sprache, die von den vielen Eigenheiten, die Commons charakterisieren, abstrahiert. Elinor Ostrom hatte mit ihren Prinzipien, die sie aus empirischer Forschung zu gelingenden Commons destillierte,

47 Gibson-Graham/Dombroski, *The Handbook of Diverse Economies*; Gibson, »Thinking around what a Radical Geography must be«.

48 Eine Reihe von Juristinnen beteiligt sich in Deutschland schon an dieser Arbeit, darunter: Noah Neitzel, Maximilian Petras, Katja Schubel, Johan Steudle; außerhalb der deutschen Rechtswissenschaft sind wichtige Arbeiten zum Recht der Commons entstanden von Serge Guthwirth, Christian Iaione, Lawrence Liang, Maria Rosaria Marella, Ugo Mattei, Guiseppe Micciarelli und Janelle Orsi.

49 Unger, *What should Legal Analysis become?*.

einen grundlegenden Anfang für eine solche Verallgemeinerung gemacht.[50] Darauf bauen Commons-Forscherinnen mit ihrer Arbeit an einer Mustersprache des Commoning heute auf. Juristinnen können sich auch hier beteiligen, indem sie konzeptionelle Anschlussstellen im Recht identifizieren, Strukturelemente von Commons in rechtliche Begrifflichkeiten, beispielsweise des Kollektiveigentums, übersetzen und so zu einem Recht für die Commons beitragen.

Dass auch Recht eine wichtige Rolle in der sozialökologischen Transformation, in der Revolution der Beziehungsweisen spielen muss, heißt nicht zugleich, dass die zentralen Akteure eines Transformationsrechts die Gerichte, Parlamente und Verwaltungen sind. Die Bewohnerinnen, die sich in sozialen Bewegungen kollektivieren, ihr Protest und ihre Praktiken geben den Anstoß zur Revolution der Beziehungsweisen und zur Veränderung der Infrastrukturen der Verwertung. Sie eignen sich auch das Recht an, demokratisieren und vergesellschaften die Rechtsinterpretation, artikulieren Gegenrechte, schaffen neues Recht und führen institutionelle Experimente durch, die für eine Infrastruktur der Commons und eines neuen Gemeinsamen wegweisend sind.

50 Ostrom, »Beyond Markets and States. Polycentric Governance of Complex Economic Systems«.

Teil III Vergesellschaftung und Commons

Es tut sich etwas in Berlin und Kingston. Die Bewohnerinnen Berlins und des Ozeans organisieren sich und protestieren gegen die zerstörerische und trennende Verwertung. Ihre Initiativen erschöpfen sich nicht in Protest. Sie setzen sich auch für die Verteidigung und Förderung des Gemeinsamen ein. Sie machen ein Gegenrecht gegen das Recht der Verwertung geltend, ein Recht auf Teilhabe am Gemeinsamen und auf Commons. Sie eignen sich das bestehende Recht an, um es zu transformieren. Die regelbasierten Praktiken dieser Gegenbewegungen sind »Keimformen« neuer rechtlicher Infrastrukturen für verbindende und generative Beziehungsweisen der Wertschöpfung und Versorgung.[1]

Im siebten Kapitel veranschauliche ich diese Entwicklungen mit einem genaueren Blick auf soziale Bewegungen in Berlin und im Pazifik. Vergesellschaftungsreferendum und Moratorium des Tiefseebergbaus verstehe ich dabei als potenzielle »konstitutionelle Momente«, die einen Bruch mit dem alten Recht der Verwertung und eine Hinwendung zu einem neuen Recht des Gemeinsamen markieren können. Anhand der Berliner Mieterinneninitiativen und anhand der Interventionen von Indigenen in die Debatte um die künftige Nutzung des Tiefseebodens identifiziere ich drei Dimensionen eines Transformationsrechts für Bewohnbarkeit: Mobilisierung von Gegenrechten, transformative Rechtsinterpretation und -praxis sowie Herausbildung rechtlicher Infrastrukturen für die Commons. Im achten Kapitel befasse ich mich dann eingehender mit Gegenrechten, insbesondere Artikel 15 Grundgesetz, und mit transformativer Interpretation. Das abschließende Kapitel fragt nach ganz konkreten Schritten der Transformation und ist dem Organisationsrecht der Commons gewidmet.

1 Zum Begriff der Keimform: Meretz, »Keimform und gesellschaftliche Transformation«.

In Berlin haben Stadtbewohnerinnen das Recht in die eigenen Hände genommen: Sie fordern, dass von Artikel 15 des Grundgesetzes Gebrauch gemacht und Privateigentum an Boden und Wohnimmobilien großer Unternehmen in Gemeineigentum überführt wird. Als der Berliner Senat nach dem erfolgreichen, von »Deutsche Wohnen & Co. enteignen« initiierten Referendum und auch nach Veröffentlichung des Berichts der vom Senat eingesetzten Expertenkommission die Vergesellschaftung weiter blockierte, haben sie zusammen mit Rechtsanwälten begonnen, Gesetzesentwürfe für den Eigentumstransfer und für die Verwaltung des vergesellschafteten Wohnungsbestands als Gemeingut zu erarbeiten.[2]

In Kingston fordern Pazifikbewohnerinnen gemeinsam mit vielen anderen Akteuren einen Stopp des Tiefseebergbaus.[3] Ein solches Moratorium würde die Verwertung unterbrechen. Es könnte eine Neuausrichtung des Tiefseebodenregimes ermöglichen, die an frühere Ideen des Gemeinsamen anknüpft und die Meeresbodenbehörde als eine Institution planetarer Politik der Bewohnbarkeit konstituiert.

Die Utopie zog immer mit ein: Recht auf Stadt und Vergesellschaftung

Ende Mai 2012 errichten Mieterinnen und Aktivistinnen der Initiative Kotti & Co. in Berlin ein Protesthaus. Seit 2011 protestieren sie gegen Verdrängung aus ihren Häusern rund um das Kottbus-

2 Deutsche Wohnen & Co. enteignen, »Unser Weg zum Vergesellschaftungsgesetz«, https://dwenteignen.de/aktuelles/neuigkeiten/unser-weg-zum-vergesellschaftungsgesetz [25. 10. 2024].

3 The Pacific Blue Line, »Deep Sea Mining is Not Needed, Not Wanted, Not Consented!«, https://www.pacificblueline.org/pacific-blue-line-statement [25. 10. 2024]; Pacific Parliamentarians Alliance on Seabed Mining, »A Call To Protect Our Pacific Ocean«, https://www.pacificblueline.org/_files/ugd/7935c2_277ce99b48224d1cafoae3021d51918d.pdf [25. 10. 2024].

ser Tor in Kreuzberg. Angestoßen wurde ihr Protest durch die rasanten Mieterhöhungen, nachdem als Sozialwohnungen gebaute Wohnungen infolge einer Rechtsänderung durch das Land aus der sogenannten Sozialbindung fielen und ihre Vermieter nicht mehr an Mietobergrenzen gebunden waren.[4] Davon waren auch verschiedene Wohnblöcke am Kottbusser Tor betroffen, die wie das in den 1970er Jahren »für breite Schichten des Volkes« gebaute Neue Kreuzberger Zentrum vor allem von Migrantinnen bewohnt wurden.[5] Mitglieder der Initiative Kotti & Co. haben ihr Anliegen so formuliert: »Es geht um das Recht auf Stadt. Es geht um hohe Mieten und gegen Verdrängung aus unserem Zuhause. Es geht darum, dass sich unsere Stadtteile in eine Richtung verändern, wie wir Bewohner und Bewohnerinnen es wollen. Heute geht es darum, dass wir uns an diesem Punkt treffen und unsere Solidarität zeigen. Wir sind Kreuzberg. Wir sind Berlin. Wir lassen uns nicht verdrängen.«[6]

Das Protesthaus nennen sie Gecekondu. Das ist die türkische Bezeichnung für ein über Nacht und ohne Genehmigung errichtetes Haus. Sie beziehen sich damit »auf den osmanischen Rechtsgrundsatz, dass, wer binnen einer Nacht ein Haus auf öffentlichem Land errichtet, das Recht hat, dort zu wohnen«.[7] Das Gecekondu wird vom Bezirksbürgermeister geduldet. Es entwickelte sich zu einem lebendigen Ort des Austauschs zwischen Bewohnerinnen, Nachbarn, Touristinnen, Passanten und anderen Besucherinnen. Es fanden dort Feste, Konzerte, Filmabende und

4 Holm, »Von der Mieterstadt zur Stadt der steigenden Mieten«.

5 Die Bebauung am Kottbusser Tor war 1987 Gegenstand der Internationalen Bauausstellung, die neue städtebauliche Akzente für urbanes Zusammenleben setzen sollte: Internationale Bauausstellung Berlin, Die Innenstadt als Wohnort, https://www.internationale-bauausstellungen.de/geschichte/1979-1984-87-iba-berlin-die-innenstadt-als-wohnort/ [19.12.2024]; vgl. dazu die Beiträge in Arch+, Ausgabe 66, https://archplus.net/en/ausgabe/66/ [19.12.2024].

6 Kotti & Co., »Merhaba, Salam und schönen guten Tag«.

7 Kotti & Co., »Alles muss man selber machen«, S. 125, Fn. 2.

Treffen der Initiative statt, die im Gecekondu auch eine Sozial- und Mietberatung anbot.[8]

Kotti & Co. ist in den 2010er Jahren nur eine von einer Vielzahl von Mieterinneninitiativen. Es eint sie der Kampf gegen Mieterhöhungen und Verdrängung und sie vernetzen sich zu einer stadtweiten Bewegung. Sie sind nicht die Ersten, die sich gegen die kommerzielle Verwertung von Stadtboden und Immobilien wehren und für die Freiheit protestieren, in der Stadt zu bleiben und sie gemeinsam zu gestalten. In den 1970er und 1980er Jahren kam es, ausgehend vom Frankfurter Westend, bundesweit zu Hausbesetzungen. Auch die Frankfurter Hausbesetzer richteten sich gegen die Ver- und Aufwertung von Boden und Immobilien. Die Eigentümer der von ihnen besetzten Häuser wollten – unterstützt durch den Magistrat – die gut erhaltenen Altbauten im Frankfurter Westend abreißen lassen und an ihre Stelle vielgeschossige Bürobauten zur Erweiterung der Frankfurter City setzen. Die Hausbesetzer kämpften gegen den Abriss wie auch die hohen Mieten und schlechten Wohnbedingungen vor allem für »Gastarbeiter«-Familien.[9]

Die Bewegungen, heute in Berlin und vor einem halben Jahrhundert in Frankfurt am Main, haben gemeinsam, dass es den Protestierenden nicht allein um die Sicherung der eigenen Wohnungen und Freiräume geht. Es waren und sind nicht bloß nach innen gerichtete »Das-ist-unser-Haus-Szenemobilisierungen«, wie Andrej Holm kontrastierend die Hausbesetzungen im Ostberlin der 1990er Jahre beschreibt.[10] »Die Utopie zog immer mit ein«,[11] heißt es in einer Geschichte der Hausbesetzungen der 1970er und 1980er Jahre, die trotz massiver und gewalttätiger Auseinandersetzungen mit der Polizei starken Rückhalt in der Bevölkerung fanden. Normative Anliegen wurden und werden nicht

8 Ebd., S. 122.
9 Sichtermann/Sichtermann, *Das ist unser Haus.*
10 Holm, *Wir bleiben alle!*, S. 67.
11 Sichtermann/Sichtermann, *Das ist unser Haus*, S. 15.

(nur) als abstraktes Programm formuliert – »Kapitalismus überwinden!« –, sondern mit einer Praxis verknüpft, die schon in der Gegenwart erfahrbar macht, wie das Leben morgen aussehen könnte. Manche sprechen hier von präfigurativer Politik.[12] Es ist eine Praxis, die ihre eigenen Fähigkeiten, ihr eigenes Wissen, eigene Regeln und Institutionen sowie raumzeitliche Strukturen sowohl braucht als auch hervorbringt. Forderungen für ein Bleiberecht der zum Abriss bestimmten Häuser – im Falle des Frankfurter Westends – und der Stadtbewohnerinnen werden mit weitergehenden politischen Forderungen, etwa für bessere Bedingungen im öffentlichen Nahverkehr, verbunden.[13] Sie sind auf gesellschaftliche Transformation ausgerichtet. Die Stadt soll ein Gemeinsames und nicht Kapitalanlage sein.

Die Frankfurter Hausbesetzungen und Mietstreiks waren wie die heutigen Berliner Initiativen verbunden mit Protest gegen rassistische Ausgrenzung und Diskriminierung. In Frankfurt waren die Mietstreiks italienischer, griechischer und türkischer Gastarbeiterinnen wichtiger Bestandteil der Bewegung;[14] heute in Berlin setzt sich die Initiative »Deutsche Wohnen & Co. enteignen« unter anderem mit ihrer Arbeitsgemeinschaft Right to the City dafür ein, dass die Bewegung auch für Berlinerinnen, die keine deutsche Staatsangehörigkeit haben oder nicht gut Deutsch sprechen, zugänglicher wird. Schon im Frankfurter Häuserkampf waren auch ökologische Anliegen Bestandteil des Protests. Heute haben diese angesichts von Klimakollaps, der Verantwortlichkeit des Bausektors für 40 Prozent der CO_2-Emissionen und weiterer ökologischer Krisen der Verschmutzung und des Biodiversitätsverlusts an Bedeutung gewonnen. Die Wohnungs-

12 Im Anschluss an Boggs, »Marxism, Prefigurative Communism, and the Problem of Workers' Control«.

13 Die Hausbesetzer in Frankfurt protestierten auch gegen Fahrpreiserhöhungen; heute verbinden sich Verdi und Fridays for Future in der Kampagne »Wir fahren zusammen«.

14 Karakayali, »Across Bockenheimer Landstraße«.

krise wird als Teil der Krise der Bewohnbarkeit des Planeten erkannt.

Anfang des 21. Jahrhunderts wurde der von Henri Lefebvre geprägte Begriff des Rechts auf Stadt zu einem »Klammerbegriff«, der unterschiedliche stadtpolitische Zielsetzungen verbindet.[15] Das Recht auf Stadt, das in stadtpolitischen Kämpfen aufgerufen wird, ist ein Kollektivrecht auf demokratische Mitgestaltung der Stadt durch alle ihre Bewohnerinnen, unabhängig von Staatsangehörigkeit und Aufenthaltsstatus. Die Forderung nach Vergesellschaftung, die mit der Kampagne »Deutsche Wohnen & Co. enteignen« zu der zentralen Forderung der Mieterinnenbewegung in Berlin geworden ist, knüpft an das Demokratisierungsziel des Rechts auf Stadt an. Zugleich hat der Begriff der Vergesellschaftung ein weiterreichenderes Potenzial: Über die Stadt hinaus bringt er die Anliegen von Machtabbau und materieller Gleichheit, Rückgewinnung der Commons, Selbstermächtigung und Demokratisierung der Gesellschaft zu einem gesamtgesellschaftlichen Projekt zusammen. Unter der »Klammer« der Vergesellschaftung werden heute Forderungen nach der Entprivatisierung sozialer Infrastrukturen – im Wohnungs-, Gesundheits-, Bildungs-, Agrar- und Energiesektor – zusammengefasst und die Debatte über die Vergesellschaftung von Stadtboden wird mit Fragen des Zugangs zu, der Verteilung und der ökologischen Nutzung von Agrarland verbunden.[16]

Aneignung des Rechts

Recht ist zentral in der Mieterinnenbewegung gegen Verwertung und Verdrängung und für die Rückgewinnung der Stadt als Gemeinsames. Mieterinnen und Aktivistinnen verstehen sehr gut (und erfahren häufig am eigenen Leib), wie wichtig das Recht ist: Sie wissen, dass es wesentlicher Bestandteil der Verwertungs-

15 Holm, *Wir bleiben alle!*, S. 72 ff.

16 Pfaff (Hg.), *Vergesellschaftung und die sozialökologische Frage*; Klingenmeier, »Landwirtschaftliche Lebensgrundlagen erhalten«.

strukturen ist, dass Recht die Verwertung ermöglicht und absichert, die zu Verdrängung und Trennung führt. Die aktivistische Arbeit mit Recht ist ein Prozess der Aneignung und Vergesellschaftung von Recht.[17] Die Bewohnerinnen verteidigen sich mit Recht; interpretieren es in transformativer Absicht und schaffen neues Recht. Mit ihren Forderungen nach Enteignung und Vergesellschaftung – »Die Häuser denen, die drin wohnen« – und dem Recht auf Stadt stellen sie radikal, mit normativem Überschuss, die Eigentums- und Verwertungsordnung infrage. Dem gängigen Verständnis von Demokratie als auf Repräsentation basierender Regierungsform setzen sie die Idee eines neuen Gemeinsamen, der Commons und der Demokratie als Lebensform entgegen.[18] Diese Artikulationen eines Gegenrechts (das Privateigentum und Verwertung abschafft) und eines neuen Rechts des Gemeinsamen zielen auf andere Beziehungsweisen.[19] An Orten wie dem Gecekondu und in Urban-Gardening-Projekten, die es heute in vielen Städten gibt, werden sie erkenn- und erfahrbar. Dort begegnen sich Menschen nicht als Eigentümer und Nichteigentümer, sondern als Nachbarinnen und Nutzerinnen. Sie handeln die Regeln des Umgangs und der Nutzung gemeinsam aus. Ihre Beziehungsweise wird dadurch verbindlich. Sie ist auch generativ: Im Gecekondu wird an neuen Netzwerken geknüpft, Wissen wird geteilt und neues Wissen geschaffen; die Gärten tragen Früchte, sie machen die Stadt grüner und kühler.

Neben der Artikulation radikaler Forderungen steht die Arbeit in und mit den vorhandenen Rechtsstrukturen. Prozesse werden geführt und konkrete institutionelle Vorschläge und Programme erarbeitet. Die Bewohnerinnen begeben sich dabei in die (Un-)Tiefen des bestehenden Rechts und seiner Dogmatik: Von der italienischen »Unione Inquilini« inspiriert, begründeten

17 Kremer, »Mieterstreik und Vermieterjustiz«; Orsi, »Three Legal Principles for Organizations Rebuilding the Commons«.

18 Dewey, *Demokratie und Erziehung*.

19 Adamczak, *Beziehungsweise Revolution*.

Frankfurter Mieter in den 1970er Jahren ihren Mietstreik damit, dass sie durch bisherige Mietzahlungen – die in manchen Fällen bis zu 500 Prozent über der ortsüblichen Vergleichsmiete lagen – ein »abwohnbares Guthaben« erworben hätten. Dieses verrechneten sie nun mit den anfallenden Mietforderungen und verweigerten weitere Mietzahlungen.[20] In Berlin erarbeiteten Aktivistinnen, Wissenschaftler und Mieterinnen Programme für die Rekommunalisierung von Wohnungen und den Entwurf für ein »Gesetz über die Neuausrichtung der sozialen Wohnraumversorgung in Berlin«. Letzterer sah unter anderem eine Demokratisierung der landeseigenen Wohnungsbaugesellschaften und zu diesem Zweck ihre Umwandlung von Aktiengesellschaften und Gesellschaften mit beschränkter Haftung in Anstalten öffentlichen Rechts vor.[21]

Die Arbeit mit dem Recht umfasst die gemeinsame Erarbeitung und die Weitergabe von Rechtskenntnissen. Mit Blick auf die Verdrängungsprozesse im ehemaligen Berliner Sozialwohnungsbau war das zentral. Selbst Mietervereine konnten den Bewohnerinnen nicht mehr auf die Frage antworten, wie sie sich gegen die rasant ansteigenden Mieten wehren sollten. Mieterinnen und Aktivisten organisierten daraufhin Konferenzen, um ein gemeinsames Verständnis der rechtlichen Strukturen und Zusammenhänge zu entwickeln und erarbeiteten auf dieser Grundlage Reformvorschläge.[22]

Recht ist jedoch nicht bloßes Werkzeug. Es ist selbst Teil der Infrastruktur der Gesellschaft. Die mit der Vertretung der Miet-

20 Sichtermann/Sichtermann, »Tragödie Westend«, S. 110, 114; Kremer, »Mieterstreik und Vermieterjustiz«; Karakayali, »Across Bockenheimer Landstraße«.

21 Holm, »From Protest to Program«.

22 Kotti & Co/berliner bündnis solzialmieter.de (Hg.), »Begleitheft zur Konferenz Nichts läuft hier richtig – Konferenz zum Sozialen Wohnungsbau in Berlin«; Kotti-Coop e. V. (Hg.), »Re-Kommunalisierung Plus. Modellprojekt am Kottbusser Tor«; Kotti-Coop e. V. (Hg.), »Re-Kommunalisierung Plus. Modellprojekt am Kottbusser Tor. Phase II«; vgl. auch França, *Die PAH: Ein Handbuch.*

streikenden in Frankfurt befassten Jurastudierenden und jungen Anwälte wussten das. Es ist nicht unwahrscheinlich, dass sie in den Vorlesungen und Seminaren des Rechtslehrers Rudolf Wiethölter an der Frankfurter Goethe-Universität gelernt hatten, das Recht auch auf seine Bedeutung in der »Recht-Fertigung« von Gesellschaft zu befragen.[23] In den Prozessen gegen die Mietstreikenden übten sie sich nicht nur in kreativer Rechtsauslegung zugunsten ihrer Mandanten. Sie analysierten auch den durch Recht gestalteten gesellschaftlichen Kontext, der Mietwucher, Leerstand und die bewusste Demolierung gut erhaltener Gebäude durch ihre Eigentümer ermöglichte.[24]

Die Bewohnerinnen schaffen also Wissen über Recht, nutzen es als Sprache, in der sie Protest und Utopie formulieren und betreiben kreatives »legal engineering«.[25] Sie entwerfen Gesetze und Institutionen, um ihre Anliegen zu befördern. Indem sie sich in Debatten über die Auslegung und Anwendung bestehenden Rechts einmischen, können sie dazu beitragen, dass sich die »herrschende Meinung« und damit auch die Rechtsanwendung durch Gerichte und Verwaltung verändert: dass sie transformativ und demokratisierend wirkt statt stabilisierend.

Zuspitzung auf Vergesellschaftung

Die Initiative »Deutsche Wohnen und Co. enteignen« steht mit ihrem Vorhaben, den bisher ungenutzten Artikel 15 des Grundgesetzes für eine Überführung von Grund- und Wohnungseigentum in Gemeineigentum einzusetzen, in dieser Tradition der demokratischen Aneignung und der emanzipatorischen und transformativen Arbeit mit Recht.[26] Die Zuspitzung der Mieterinnenbewegung auf die radikale Forderung der Vergesellschaf-

23 Wiethölter, *Rechtswissenschaft*; Zumbansen/Amstutz (Hg.), *Recht in Recht-Fertigungen*.
24 Kremer, »Mieterstreik und Vermieterjustiz«.
25 Kusiak, »Trespassing on the Law«.
26 Zur Entstehungsgeschichte und dem Verhältnis der Initiative zum Recht: Kusiak, *Radically Legal*.

tung, der Erfolg des Vergesellschaftungsreferendums und die anhaltende Mobilisierung für die Umsetzung der Vergesellschaftung haben verschiedene Gründe.

Dazu gehört die jahrelange Organisierung in zahlreichen Mieterinneninitiativen.[27] Mitverantwortlich sind aber auch die sich weiterhin verschärfende Wohnungskrise, eine gewisse Erschöpfung zur Verfügung stehender Rechtsinstrumente, Widerstand in Politik und Verwaltung gegen radikale Reformen und die Erfahrungen aus vorangegangenen Mietkämpfen: In Frankfurt und Berlin wurden wegen der Hausbesetzungen viele Altbauten erhalten. Die Bewegung bewirkte ein Umdenken in der Stadtplanung mit einem Wechsel von weiträumigem Abriss alter Baustruktur zu schonender Sanierung im Bestand.[28] Die Verdrängung konnte sie jedoch allenfalls kurzzeitig aufhalten. Das Frankfurter Westend, wo 1970 die ersten Häuser besetzt wurden, ist heute eines der Stadtviertel mit den höchsten Mieten. In Berlin kam es nicht zu dem durch die Mieterinnen vorbereiteten Volksentscheid über das »Gesetz über die Neuausrichtung der sozialen Wohnraumversorgung in Berlin«, weil das Abgeordnetenhaus ein sogenanntes Abfanggesetz verabschiedete, das Wohnraumversorgungsgesetz. Es stärkte zwar den Mieterschutz, setzte aber die Forderung nach Mitentscheidung in den landeseigenen Wohnungsbaugesellschaften nicht konsequent um.[29]

Milieuschutzverordnungen, Vorkaufsrechte, Verbote der Vermietung von Wohnungen als Ferienwohnungen und des Verkaufs von Eigentumswohnungen konnten eine Verschärfung der Wohnungskrise nicht verhindern.[30] 2024 fehlen in Berlin rund 130.000 Sozialwohnungen und die Mieten steigen bei Neuvermie-

27 Holm, »From Protest to Program«.
28 Holm/Kuhn, »Häuserkampf und Stadterneuerung«.
29 Holm, »From Protest to Program«.
30 Für die Verbote der Umwandlung in Eigentumswohnungen und Ferienwohnungen siehe die auf § 250 BauGB gestützte Berliner Umwandlungsverordnung und das Berliner Gesetz über das Verbot der Zweckentfremdung von Wohnraum.

tungen so stark wie in keiner anderen deutschen Großstadt.[31] Hinzu kommen Gerichtsentscheidungen, die den Mieterschutz schwächten: Im März 2021 erklärte das Bundesverfassungsgericht den Berliner Mietendeckel für verfassungswidrig.[32] Im November 2021 schränkte eine Entscheidung des Bundesverwaltungsgericht den Anwendungsbereich des kommunalen Vorkaufsrechts ein.[33]

Die Zeit ist reif für die Aktivierung von Artikel 15 GG als Gegenrecht gegen die Verwertung und für die utopisch-radikale Forderung nach einer Wohnungsgemeinwirtschaft. Auf der Mietenwahnsinn-Demonstration vom 14. April 2018 war die Initiative »Deutsche Wohnen & Co. enteignen« zum ersten Mal mit ihrer Forderung der Enteignung großer Wohnungsunternehmen öffentlich in Erscheinung getreten; am 26. April 2018 kündigten Aktivistinnen die Kampagne auf einer Pressekonferenz an.[34] In den Monaten, die der Ankündigung folgten, sammelten Berlinerinnen Tausende von Unterschriften für die Zulassung des Volksbegehrens. Am 17. September 2020 erklärte der Senat – allerdings erst infolge politischen und rechtlichen Drucks – das Volksbegehren für rechtlich zulässig. Nach einer zweiten Unterschriftensammelphase im Jahr 2021 wurde am 26. September 2021 der Volksentscheid durchgeführt, bei dem 59,1 Prozent der abgegebenen gültigen Stimmen die Vergesellschaftung der Wohnimmobilien großer Wohnungsunternehmen befürworteten.[35]

31 Holm/Alexandri/Bernt, *Housing Policy under the Conditions of Financialisation*, S. 41; Pestel Institut, *Bauen und Wohnen 2024 in Deutschland*, S. 31.

32 BVerfGE 157, 223 – Berliner Mietendeckel (2021); hierzu: Wihl, »Zur Nichtigkeit des Berliner Mietendeckels«.

33 BVerwGE 174, 109 (2021); hierzu: Augustin, »Nah am Wortlaut, weit in den Folgen«.

34 Deutsche Wohnen & Co. enteignen, »Chronik«, S. 23 ff.

35 Amt für Statistik Berlin-Brandenburg, »Volksentscheid ›Deutsche Wohnen & Co enteigen‹ 2021«, https://www.wahlen-berlin.de/abstimmungen/ve2021/AFSPRAES/ergebnisse.html [10.10.2024]: Dafür stimmten 57,6 Prozent (59,1 Prozent der gültigen Stimmen), dagegen 39,8 Prozent (40,9 Prozent der gültigen Stimmen).

Fast drei Jahre nach dem erfolgreichen Referendum und ein Jahr nach Veröffentlichung des Berichts der Expertenkommission, wonach weder das Grundgesetz noch die Berliner Verfassung der Vergesellschaftung entgegenstehen, ist nicht zu erwarten, dass der Berliner Senat ein Gesetz verabschieden wird, das Privateigentum an Wohnimmobilien großer Wohnungsunternehmen in Gemeineigentum überführt. Schon die zur Zeit des Volksentscheids regierende Bürgermeisterin Franziska Giffey machte keinen Hehl aus ihrer Ablehnung der Vergesellschaftung. Der Koalitionsvertrag der Regierung aus CDU und SPD vom Frühjahr 2023 sieht die Verabschiedung eines Vergesellschaftungsrahmengesetzes vor. Es soll die verfassungsrechtlichen Voraussetzungen von Vergesellschaftungen »in den Geschäftsfeldern der Daseinsvorsorge« konkretisieren,[36] nicht aber Privateigentum in Gemeineigentum überführen. Die angestrebte »Konkretisierung« würde künftige Vergesellschaftungen voraussichtlich erschweren.[37]

»Deutsche Wohnen und Co. enteignen« treibt daher den Prozess der Aneignung und Demokratisierung des Rechts weiter voran: Die Initiative strebt einen weiteren Volksentscheid an, diesmal in der Variante eines Gesetzesvolksentscheids.[38] Dabei soll über zwei Gesetze abgestimmt werden, die aktuell von der Initiative in Zusammenarbeit mit einer Berliner Anwaltskanzlei erarbeitet werden.[39] Ist dieser Volksentscheid erfolgreich, treten die Gesetze in Kraft. Das erste Gesetz überführt das Privateigentum an den Wohnungen großer Wohnungsunternehmen in Gemeineigentum.[40] Es dient damit dem Abbau von Verwertungsstruktu-

36 Regierung Berlin, *Koalitionsvertrag 2023–2026*, S. 50 f.

37 Freiß/Laven, »Vergesellschaftungsverzögerungsgesetz«.

38 Artikel 62 Absatz 1 Satz 1 Verfassung von Berlin.

39 Deutsche Wohnen & Co. enteignen, »Unser Weg zum Vergesellschaftungsgesetz«, https://dwenteignen.de/aktuelles/neuigkeiten/unser-weg-zum-vergesellschaftungsgesetz [25. 10. 2024].

40 Die Initiative hatte im Mai 2021 schon einen Gesetzesentwurf vorgelegt: Deutsche Wohnen & Co. enteignen, »Gesetz zur Überführung von Wohnimmobilien in Gemeineigentum«; Schneider, »Vom Beschlusstext zum Gesetzesentwurf«.

ren. Das zweite, das sogenannte Trägergesetz, gründet eine Anstalt öffentlichen Rechts mit Namen »Gemeingut Wohnen«.[41] Es ist der konstitutive Teil des Vorhabens und schafft den rechtlichen Rahmen für die Verwaltung der Wohnhäuser als Commons.

Der Prozess der Aneignung und Aktivierung von Artikel 15 mit dem Ziel, die Verwertung des Gemeinsamen aufzuhalten, Boden zu entprivatisieren und in Commons zu überführen, könnte sich nachhaltig auf die Verfassung auswirken. Der amerikanische Verfassungsrechtler Bruce Ackermann verwendet den Begriff des »konstitutionellen Moments« für »seltene Augenblicke, in denen es politischen Bewegungen gelingt, neue identitätsstiftende Prinzipien der Verfassung hervorzubringen, die von einer Mehrheit der [...] Bürger nach längerer Erprobung, Debatte und Entscheidung getragen werden«.[42] Die erfolgreiche Durchführung eines Gesetzesvolksentscheids könnte in Verbindung mit der damit einhergehenden Mobilisierung und Organisierung zumindest für Berlin einen solchen konstitutionellen Moment darstellen: Dem in Artikel 15 enthaltenen Recht auf Vergesellschaftung würde nach einer langen Zeit des Nichtgebrauchs und restriktiver Auslegung zur Wirksamkeit verholfen.

Szenenwechsel: Meeresbodenbehörde in Kingston, Jamaika

18. Juli 2023: Der Rat der Meeresbodenbehörde, in dem 36 der (zu diesem Zeitpunkt noch) 168 Mitgliedstaaten vertreten sind, tagt schon die zweite Woche. Im Gebäude der Behörde in Kingston, Jamaika, ist die Klimaanlage ausgefallen. Die erdrückende Hitze kann ich selbst vor dem Bildschirm in Hamburg erahnen. Dort verfolgte ich die Sitzungen im Livestream des WebTV der Meeresbodenbehörde. Verhandelt werden die Verordnungen, die als Teil

41 Auch zur Ausgestaltung einer solchen Körperschaft hat die Initiative schon einen Vorschlag erarbeitet: Deutsche Wohnen & Co. enteignen, *Gemeingut Wohnen.*

42 Ackerman, »Constitutional Politics/Constitutional Law«, S. 546; übersetzt in: Grothe/Schlegelmilch, »›Constitutional Moments‹ in der Geschichte. Eine Einleitung«, S. 7.

des Mining Code die kommerzielle Ausbeutung der Meeresbodenmineralien regeln sollen. Seit 2017 sind Rat und Arbeitsgruppen schon damit beschäftigt.[43] Viele Fragen sind noch immer offen. Sie betreffen vor allem die Zahlungsverpflichtungen der Vertragsnehmer, die Verteilung von Einnahmen der Behörde, den marinen Umweltschutz und institutionelle Regeln.[44] Die durch Nauru in Gang gesetzte Zweijahresfrist ist abgelaufen. Seither verhandeln die Delegierten vor der Drohkulisse, dass TMCs Tochterunternehmen NORI, befürwortet durch Nauru, einen Antrag auf Erteilung einer Abbaulizenz stellt. Zum Abschluss dieser Julisitzung wird der Rat entscheiden, die Verhandlungen gemäß einer »Roadmap« fortzusetzen mit dem Ziel, das Regelwerk bei der 30. Sitzung 2025 zu verabschieden.[45] Er wird außerdem bestätigen, dass kommerzieller Abbau nicht stattfinden soll, bevor das Regelwerk in Kraft ist.[46]Auf weitergehende Aussagen zum Umgang mit Anträgen auf Abbaulizenzen, die vor diesem Zeitpunkt gestellt werden, konnten sich die Regierungsdelegationen nicht einigen.

Die Sitzung am 18. Juli wird von den Vorsitzenden der Arbeitsgruppe zu institutionellen Fragen geleitet. Ein Regelentwurf nach dem anderen wird im Detail diskutiert. Die Vorsitzenden erteilen das Rederecht streng nach Reihenfolge der Meldungen an Regierungsdelegationen, den Besonderen Vertreter der Enterprise und Beobachterorganisationen: »Russia, you have the floor«; »Nauru, you have the floor«, »Canada, you have the floor«, »Special Representative for the Enterprise, you have the floor«, »Greenpeace, you have the floor«, »International Cable Protec-

43 2016 hatte die Rechts- und Fachkommission einen ersten Arbeitsentwurf der Ausbeutungsverordnungen vorgelegt, weitere Entwürfe folgten 2017, 2018 und 2019. Sie sind über die Webseite der Behörde zugänglich: https://www.isa.org.jm/the-mining-code/draft-exploitation-regulations-2/ [21. 2. 2025].

44 Pickens u.a., »From What-if to What-now: Status of Deep-sea Mining Regulations and Underlying Drivers for Outstanding Issues«.

45 ISBA/28/C/24, 21. 7. 2023.

46 ISBA/28/C/25, 21. 7. 2023.

tion Committee, you have the floor« … Die Aufgerufenen bedanken sich für Worterteilung und die harte Arbeit der beiden Vorsitzenden. Es ist Nelson Mandela International Day und viele der Rednerinnen versehen ihre Beiträge mit anerkennenden Stellungnahmen zum Lebenswerk des Freiheitskämpfers. Sie geben ihre Präferenzen für die eine oder andere Formulierung, weitere Vorschläge, Vorbehalte, Anmerkungen zu Protokoll. Als die Diskussion einer Vorschrift über die von Unternehmen zu beachtenden Verpflichtungen zum Schutz der marinen Umwelt an der Reihe ist, schlägt Deutschland die Bildung einer weiteren Arbeitsgruppe vor. Diese soll in der Zeit bis zur nächsten Ratssitzung im November 2023 einen Textvorschlag erarbeiten.

Die monoton aufeinanderfolgenden, formalisierten, häufig repetitiven, immer höflichen Wortmeldungen könnten vergessen machen, dass die Meeresbodenbehörde mit Korruptionsvorwürfen konfrontiert und der Tiefseebergbau zutiefst umstritten ist.[47] Russland ist im Krieg mit der Ukraine; es werden in diesem Juli wieder Hitzerekorde gemessen, Waldbrände wüten, Hungersnöte drohen. Aber in Kingston scheint die Diplomatie noch zu funktionieren – anders als die Klimaanlage: »Russia, you have the floor«, »Federated States of Micronesia, you have the floor«. Ich verfolge den Fluss der Wortmeldungen, bin zugleich angerührt vom Ritus der Diplomatie und irritiert von diesem Rollenspiel inmitten planetarer Katastrophen.

22. Juli 2023: Die Sitzung des Rats ging tags zuvor zu Ende, der Deutschlandfunk meldet: »Der Rat der Internationalen Meeresbodenbehörde ist vorerst an der Aufgabe gescheitert, weltweite Regeln für den Tiefseebergbau aufzustellen.«[48] Richtig: Die Beratungen hatten nicht mit der Verabschiedung von Ausbeutungsverordnungen geendet. Angesichts der vielen offenen Fragen und der immer lauter werdenden Kritik am Tiefseebergbau hatte damit auch keiner der Beteiligten gerechnet. Was in dieser

47 Casson u. a., *Deep Trouble*; Lipton, »Secret Data«.

48 »Kein Regelwerk für Tiefseebergbau«, in: *Deutschlandfunk*, 22. 7. 2023.

Situation als Scheitern und was als Erfolg zu werten ist, lässt sich nicht eindeutig sagen. Eines ist sicher: Der Rat wird vorerst weiterverhandeln und zwischen den Ratssitzungen wird in informellen Arbeitstreffen um Konsens gerungen werden.

Im Anschluss an den Rat tagt das Plenarorgan der Meeresbodenbehörde. In der Versammlung hat jedes Mitglied einen Sitz. Die Debatten über die Agenda sind kontrovers. Einige Regierungen möchten, dass die Versammlung über allgemeine Richtlinien zum Schutz und Erhalt der marinen Umwelt berät und mit einer allgemeinen und systematischen Überprüfung beginnt, die nach dem Seerechtsübereinkommen alle fünf Jahre erfolgen soll und in der untersucht wird, wie sich das Tiefseebodenregime bewährt hat.[49] Andere Mitgliedstaaten blockieren die Aufnahme dieser Punkte auf die Agenda.

Während die Verhandlungen des internationalen Bergbaurechts ihren routinierten Lauf nehmen, wird weltweit für ein Moratorium mobilisiert. Bewohnerinnen des Pazifiks waren die Ersten, die sich in Protesten gegen den Tiefseebergbau vereinigten. Schon bald nachdem die Pazifikstaaten politische Unabhängigkeit erlangt hatten, gingen einige Regierungen Partnerschaften mit Unternehmen ein, zunächst um die mineralischen Ressourcen in ihren ausschließlichen Wirtschaftszonen auszubeuten. Später kam die Befürwortung des Tiefseebergbaus jenseits nationaler Jurisdiktion durch Nauru, Tonga, Kiribati und die Cookinseln hinzu. In den Nullerjahren organisierte sich der Protest von Indigenen, zivilgesellschaftlichen Organisationen und Glaubensgemeinschaften gegen das Projekt Solwara 1 des kanadischen Unternehmens Nautilus Minerals Inc. Nautilus hatte 2011 von der Regierung Papua-Neuguineas die erste Lizenz für Tiefseebergbau in der ausschließlichen Wirtschaftszone des Staates erhalten. 2019 musste das Unternehmen Insolvenz anmelden, Präsident James Marape erklärte ein zehnjähriges Moratorium für

49 Artikel 154 SRÜ.

den Tiefseebergbau und das Vorhaben war vorerst gescheitert.[50] 2022 initiierten Fidschi, Palau und Samoa eine internationale Allianz gegen den Tiefseebergbau.[51]

Heute sprechen sich Regierungen von über 30 Staaten für ein Moratorium aus. Außerdem gibt es viele weitere Erklärungen zu einem Moratorium oder einem Verbot des Tiefseebergbaus von Parlamentarierinnen,[52] Wirtschaftsunternehmen (darunter BMW, Google, Samsung) und Finanzinstitutionen,[53] Wissenschaftlerinnen,[54] Indigenen[55] und zivilgesellschaftlichen Organisationen. Alle wollen verhindern, dass wenige umstrittene Akteure schon in den nächsten Jahren mit dem kommerziellen Tiefseebergbau beginnen. Doch bei näherem Hinsehen unterscheiden sich die Anliegen grundlegend. Im Folgenden stelle ich die deutsche Forderung nach einer vorsorglichen Pause dem von Indigenen und Pazifikbewohnerinnen geforderten Verbot des Tiefseebergbaus gegenüber. Mich interessiert die Frage, ob ein

50 Cannon, »Deep-sea mining project in PNG resurfaces despite community opposition«, https://news.mongabay.com/2023/08/deep-sea-mining-project-in-png-resurfaces-despite-community-opposition/ [28.10.2024]; »Collapse of PNG Deep-Sea Mining Venture Sparks Calls for Moratorium«, in: *The Guardian*, 16.9.2019.

51 Deep Sea Conservation Coalition, »Voices Calling for a Moratorium. Governments and Parliamentarians«, https://deep-sea-conservation.org/solutions/no-deep-sea-mining/momentum-for-a-moratorium/governments-and-parliamentarians/ [28.10.2024]. Weitere pazifische Inselstaaten, die sich für ein Moratorium ausgesprochen haben, sind die Föderierten Staaten von Mikronesien, Vanuatu und Tuvalu. Tuvalu gab seine Absicht, befürwortender Staat zu werden, im März 2022 auf.

52 Ebd.

53 Deep Sea Conservation Coalition, »Voices Calling for a Moratorium. Companies and Finance«, https://deep-sea-conservation.org/solutions/no-deep-sea-mining/momentum-for-a-moratorium/companies-and-finance/ [28.10.2024].

54 Deep-Sea Mining Science Statement, »Marine Expert Statement Calling for a Pause to Deep-Sea Mining«, https://seabedminingsciencestatement.org/ [28.10.2024].

55 Blue Climate Initiative, »Indigenous Voices for a Ban on Deep Sea Mining«, https://www.blueclimateinitiative.org/say-no-to-deep-sea-mining [28.10.2024].

Moratorium mehr bewirken könnte als einen Aufschub; ob es die Logik der Verwertung unterbrechen und zu einer Neuinterpretation des fundamentalen Verfassungsprinzips des Tiefseebodenregimes – des gemeinsamen Menschheitserbes – führen könnte.

Vorsorgliche Pause

Seit Herbst 2022 wirbt die deutsche Regierung für eine »vorsorgliche Pause«: Es sollen keine Anträge auf Lizenzerteilung gestellt werden, »bis die Tiefseeökosysteme und möglichen Risiken des Tiefseebergbaus ausreichend erforscht sind und strenge Abbauregularien vorliegen, die ernsthafte Umweltschäden ausschließen«.[56] Dazu gehören verpflichtende regionale Umweltmanagementpläne sowie die Festlegung von Schadensgrenzen, die nicht überschritten werden dürfen.

Wie viele andere Befürworter eines Moratoriums hält die deutsche Regierung die Risiken aktuell für zu groß und den Kenntnisstand über die Ökosysteme des Meeresbodens und die Auswirkungen des Tiefseebergbaus für zu gering. Die Befürchtungen, dass Tiefseebergbau schädliche Auswirkungen weit über den Meeresgrund hinaus haben könnte, sind berechtigt. Meeresforscherinnen warnen eindringlich vor Störungen interdependenter Ökosysteme und Nahrungsketten, den Verlust von Biodiversität und von Klimaregulierungsfunktionen des Ozeans. Nicht nur die Entnahme der Mineralien droht irreversible Schäden zu verursachen, sondern auch die mit der Förderung einhergehenden Lärm-, Licht- und sonstigen Verschmutzungen, Sedimentwolken und radioaktive Partikel, die beim maschinellen Aufsaugen der Manganknollen vom Meeresboden freigesetzt werden könnten.[57] Außerdem bereitet Sorge, dass die Meeresbodenbe-

56 BMUV, »Schutz der Meere. Deutschland unterstützt bis auf Weiteres keinen Tiefseebergbau«, https://www.bmuv.de/pressemitteilung/schutz-der-meere-deutschland-unterstuetzt-bis-auf-weiteres-keinen-tiefseebergbau [28.10.2024].

57 Levin/Amon/Lily, »Challenges to the Sustainability of Deep-Seabed Mining«; Crane u.a., »Deep-Sea Mining Poses an Unjustifiable Environmental Risk«.

hörde mangels institutioneller Kapazitäten nicht in der Lage ist, die Vertragsnehmer effektiv zu überwachen.

Diese Variante der Moratoriumsforderung lässt die Möglichkeit offen, dass zu einem späteren Zeitpunkt der Tiefseebergbau mit dem völkerrechtlichen Vorsorgeprinzip für vereinbar befunden wird. Sie stellt die Verwertungslogik nicht grundsätzlich infrage. Die Regierungen, die diese Position vertreten, beteiligen sich weiterhin an den Verhandlungen über ein internationales Bergbaurecht für den Tiefseeboden. Deutschland und Frankreich, die sich heute sowohl um robuste Regulierung als auch ein Moratorium des Tiefseebergbaus bemühen, sind im Rat als Mitglieder der Gruppe B vertreten, also Teil der Staaten, die unmittelbar oder durch ihre Staatsangehörigen die umfangreichsten Investitionen zur Vorbereitung und Durchführung von Bergbauaktivitäten getätigt haben.[58]

Ihre Position zum Tiefseebergbau hat ihnen den Vorwurf der Heuchelei und Bevormundung eingebracht. Mark Brown, Premierminister der Cookinseln – die wie Nauru ein befürwortender Staat für den Tiefseebergbau im Gebiet jenseits staatlicher Jurisdiktion sind –, formulierte diesen Vorwurf 2022 beim Klimagipfel in Glasgow: Staaten, die ihre Entwicklung auf Kosten des Planeten vorangetrieben hätten und ihren Verpflichtungen zum Klimaschutz nicht nachkämen, wagten es nun, ein Moratorium zu fordern.[59]

Mit der Forderung einer »vorsorglichen Pause« geht ein bestimmter Blick auf den Tiefseeboden und eine bestimmte Beziehungsweise einher: Befürworter eines Moratoriums, die den Schutz des Tiefseebodens und seiner Biodiversität als zentrales Anliegen formulieren, betonen häufig seine »Unerforschtheit«. Zu-

58 Durchführungsabkommen zum SRÜ, Annex, Abschnitt 3, Paragraph 15.

59 Regierung der Cookinseln, Ministerium für Äußeres und Immigration, »National Statement by Prime Minister Hon. Mark Brown at the UNFCC COP 27«, https://mfai.gov.ck/news-updates/national-statement-prime-minister-hon-mark-brown-unfcc-cop-27?fbclid=IwAR0auHA9S5FEi14tOBoQUGlWtnUEOGFkoXNDS_IHZ3LM1YKGsQJ0XVmc9jo [28.10.2024].

weilen zeichnen sie ein Bild von einem vor menschlicher Einflussnahme zu bewahrenden Stück unberührter Natur. In »bergbaufreien Zonen« soll diese erhalten bleiben. Um den Tiefseeboden von Bergbauaktivitäten zu verschonen, sprechen sich manche auch dafür aus, den Mineralienabbau ins Weltall zu verlagern.[60] Ganz anders nehmen sich dagegen die Interventionen von Pazifikbewohnerinnen gegen den Tiefseebergbau aus.

Gegenrecht der Verbundenheit

> Warum bin ich verpflichtet, mich für das Recht einzusetzen und das auch deutlich nach außen zu tragen? Ich tue das, weil die Wesen des Rechts dazu verpflichtet sind – sie müssen das Lied des Rechts singen. Die Verpflichtung, das Recht zu leben, ist belastend. Besonders jetzt, da das Recht häufig und auf so vielen verschiedenen Ebenen von denen verletzt wird, die so ignorant und dominant sind, dass sie überhaupt nicht wahrnehmen, dass eine Rechtsverletzung stattgefunden hat. *Irene Watson*[61]

Pazifikbewohnerinnen, die ein Verbot des Tiefseebergbaus fordern, blicken anders auf den Grund des Ozeans: »Für uns pazifische Völker ist der Ozean zentral für das Leben und Wohlergehen. Aus dem Ozean beziehen wir unsere Identität, bestätigen wir unsere Existenz und Spiritualität, kultivieren und erhalten wir unsere Beziehungen. In ihm finden wir unseren Platz in der Ökologie. Die Sorge für den Ozean ist eine Verpflichtung, die uns erhält.«[62] Noch deutlicher als in der Erklärung der Allianz Pazifischer Parlamentarier, der dieses Zitat entstammt, kommt die existenzielle Verbundenheit mit dem Ozean in der Petition Pacific Blue Line

60 Keim, »To Save the Deep Ocean, We Should Mine the Moon«.

61 Watson, *Aboriginal Peoples, Colonialism and International Law*, S. 30 (eigene Übersetzung).

62 Pacific Parliamentarians' Alliance on Seabed Mining, »A Call To Protect Our Pacific Ocean«, https://www.pacificblueline.org/_files/ugd/7935c2_277ce99b48224d1caf0ae3021d51918d.pdf [25.10.2024] (eigene Übersetzung).

zum Ausdruck: »Wir sind der Ozean. In seiner Erhaltung werden wir erhalten.«[63]

Die Unterzeichnerinnen dieser Stellungnahmen verstehen sich als Teil eines Commons im Sinne eines sozialökologischen Systems, das die Menschen, den Ozean und seine nichtmenschlichen Bewohnerinnen umfasst. Sie fordern nicht den Schutz des Ozeans als ein ihnen äußerliches Naturreservat, sondern als Ort, mit dem Menschen seit jeher in enger Beziehung stehen. Er ist zugleich »ein heiliger Ort der Schöpfung, ein Versorger, die Vorfahren und die Verbindung mit Orten und Menschen jenseits des Ozeans«.[64] Während John Mero den Ozean mit einem Warenlager verglich, aus dem sich Menschen bedienen können, und andere den Tiefseeboden als Naturpark beschreiben, wird hier der Ozean als »our country«, als Wohnung und Verwandtschaft gedacht.

Der Tiefseeboden ist weder getrennt vom Habitat der Menschen noch ist er unberührt. Seit dem 19. Jahrhundert werden auf dem Grunde des Ozeans Seekabel für die transkontinentale Kommunikation verlegt. Den Bewohnerinnen des Pazifiks sind die lange Geschichte der (kolonialen) Nutzungen des Ozeans – für den Sklavenhandel, als Mülldeponie und als nukleares Testgebiet – und die Spuren, die sie auf dem Meeresboden hinterlassen haben, schmerzlich bewusst. In ihren Stellungnahmen gegen den Tiefseebergbau klagen sie die wiederholten Erfahrungen kolonialer Ausbeutung an. Oft schon wurden ihnen Versprechen wirtschaftlicher Entwicklung gemacht, die nicht in Wohlstand, sondern in Zerstörung und Vertreibung mündeten. Heute, so mahnen sie, erlaube die neokoloniale rechtliche Infrastruktur

63 The Pacific Blue Line, »Deep Sea Mining is Not Needed, Not Wanted, Not Consented!«, https://www.pacificblueline.org/pacific-blue-line-statement [25.10.2024] (eigene Übersetzung).

64 Blue Climate Initiative, »Indigenous Voices for a Ban on Deep Sea Mining«, https://www.blueclimateinitiative.org/say-no-to-deep-sea-mining [28.10.2024].

des Tiefseebodenregimes wieder einen Ozean- und Rohstoffraub mittels der Fiktion, er käme Entwicklungsländern zugute.[65]

Die Beschreibung der Beziehungsweise zum Ozean in den Erklärungen der Pazifikbewohnerinnen gleicht den Beschreibungen vieler Indigener Gemeinschaften von ihrem Verhältnis zum Land, das sie auch als Rechtsverhältnis verstehen. Irene Watson, Rechtswissenschaftlerin in Australien und Angehörige der Indigenen Völker Tanganekald und Meintangk, beschreibt die Unmöglichkeit aus Indigener Perspektive, Land getrennt von Beziehungen sowohl zu (nicht nur menschlichen) Vorfahren als auch zu Nachkommen zu betrachten.[66] Land ist Beziehung. So wie die zitierten Stellungnahmen die Zugehörigkeit zum Ozean und die Identität von Ozean und Ozeanbewohnerinnen zum Ausdruck bringen, so heißt es in anderen Indigenen Selbstverständnissen: Wir gehören zum Land, das Land gehört nicht uns. Watson beschreibt Verpflichtungen zu Respekt, Schutz und Pflege und das Verbot, Verantwortung für das Land abzugeben und Entwicklungen zuzulassen, die dem Land und den Beziehungen schaden. Deshalb sei dem Indigenen Recht auch der Begriff des Grundeigentums und die damit einhergehende Verfügungsbefugnis fremd. Die Kolonisation und die moderne Staatlichkeit haben diesem Recht den Status als Recht abgesprochen und es zu bloßem Mythos, zu Überlieferung oder Brauchtum degradiert.[67] Angehörige Indigener Gemeinschaften sehen sich heute verpflichtet, dieses Recht zu behaupten, um Land, Ozean und Himmel vor Verletzungen zu schützen. Das Indigene Recht, so Watson, lebt in allen Dingen und es wird gelebt, gegessen und gesungen. Es existiert in der Praxis und wird durch die Praxis gewusst.[68]

65 Pacific Parliamentarians' Alliance, »Statement by The Pacific Parliamentarians' Alliance on Deep Sea Mining at the United Nations Oceans Conference, 27th June – 1st July, 2022«, https://www.pacificblueline.org/_files/ugd/7935c2_b1f753fad4214118851cc5d20ceb4411.pdf [28.10.2024].

66 Watson, *Aboriginal Peoples, Colonialism and International Law.*

67 Ebd., S. 30.

68 Ebd., S. 29 ff.

Die Stellungnahmen zum Tiefseebergbau der Ozeanbewohnerinnen sprechen von diesem Recht, diesen Beziehungen und Pflichten. Dieses Recht ist nicht nur Wort, sondern auch Lied. Seit Kurzem tragen Indigene Aktivisten ihr Recht auch in die Meeresbodenbehörde und singen es dort. Im März 2023 nehmen erstmals in der Geschichte der Meeresbodenbehörde Indigene Aktivisten aus dem Pazifik als Teil der Beobachterdelegation von Greenpeace an der Sitzung des Rats teil. Die Te Ipukarea Society, eine Organisation der Cookinseln zur Pflege ihres Erbes (Ipukarea), bekommt bei dieser Sitzung Beobachterstatus verliehen. Teil der Delegation, die mit dem Greenpeace-Schiff Arctic Sunrise nach Kingston reiste, ist Solomon Pili Kaho'ohalahala, genannt Uncle Sol, aus Hawaii.[69] Er eröffnet die Sitzung des Rats mit einem Oli, einem hawaiianischen Gesang und Ritual.[70] Damit ruft er die Vorfahren in den Raum. In seinen Stellungnahmen bezieht er sich auf den 2102 Verse langen Schöpfungsgesang Kumulipo, den die letzte hawaiianische Königin 1895, drei Jahre vor der Annexion Hawaiis durch die USA, während ihrer Gefangenschaft ins Englische übersetzte.[71] Kumulipo beschreibt, wie das Leben in der Tiefsee mit dem Korallenpolyp Ko'a als dem ältesten Vorfahren der Menschen entstand.[72] Es geht in dem Gesang nicht nur um die Verbindungen zwischen Ozean, Land, Himmel, Erde und Erdenbewohnern, sondern auch um Wissensbestände und Denkprozesse; es ist das gesungene Recht, das auch Irene Watson beschreibt. Wie sie spricht Uncle Sol von der Verpflichtung, das Recht zu behaupten und dafür einzustehen, die er angesichts der Bedro-

69 Lewis, »As deep-sea mining decisions still hangs in the balance, young Jamaican activists continue to campaign. They were prepared, focused and well informed«, https://globalvoices.org/2023/04/11/as-deep-sea-mining-decision-still-hangs-in-the-balance-young-jamaican-activists-continue-to-campaign/ [27.10.2024].

70 Kalama, »This Hawaiian Storytelling Chant Is Great Literature Without the Written Word«; Young, *Rethinking the Native Hawaiian Past.*

71 Zur Kolonisation Hawaiis: Coffman, *Nation Within.*

72 Ing, »Hanau Kanaka o Mehelau«.

hung des Ozeans durch den Tiefseebergbau verspürt und deretwegen er seine Heimat auf der Insel Lāna'i verlässt, um nach Kingston zu reisen und an den Verhandlungen teilzunehmen.

Die Ozeanbewohnerinnen und Indigenen Gegner des Tiefseebergbaus machen ihr Recht geltend. Sie formulieren einen eigenen Rechtsanspruch auf den Ozean, der sich daraus ableitet, dass der Ozean ihre Wohnstatt ist und war – lange bevor die europäischen Kolonisierer ihre Inseln besetzten. Schon in den 1970er Jahren gab es eine globale Bewegung Indigener, die die Vereinten Nationen aufforderten, sich ihrer Situation anzunehmen.[73] Das Völkerrecht erkennt inzwischen viele Rechte Indigener Gemeinschaften auf Selbstbestimmung und Beteiligung an.[74] Auch diese Rechte machen die Indigenen Aktivisten nun in der Meeresbodenbehörde geltend. Zugleich fordern sie die Transformation des Tiefseebodenregimes, dessen Recht der Verwertung das Recht des Ozeans verletzt. Wie in den Stadtbodenkämpfen sehen wir hier die Gleichzeitigkeit radikaler Formulierungen eines Gegenrechts und die Arbeit mit und am bestehenden Recht– trotz der zahlreichen Enttäuschungen und uneingelösten Versprechen von Unabhängigkeit, Gleichheit und Wohlstand durch das Völkerrecht und seine Institutionen.

Die Forderungen nach Transformation und Neuausrichtung des Tiefseebodenregimes können an die Debatten der 1960er und 1970er Jahre über eine neue Weltwirtschaftsordnung und das Prinzip des gemeinsamen Menschheitserbes und seine institutionelle Ausgestaltung anknüpfen. Während der UN-Ozeankonferenz vom 27. Juni bis zum 1. Juli 2022 wies die Allianz Pazifischer Parlamentarier darauf hin, dass das Prinzip des gemeinsamen Menschheitserbes unvollendet sei: Es müsse zur Überwindung andauernder Ungleichheit und imperialer Ausbeutung in einer

73 Manuel/Posluns, *The Fourth World*.

74 Von besonderer Bedeutung ist die 2007 verabschiedete UN-Erklärung über die Rechte Indigener Völker, G. A. Res. 61/295 (2007).

Weise weiterentwickelt werden, die internationalistisch und intergenerationell und weniger anthropozentrisch sei.[75]

In Kooperation mit zivilgesellschaftlichen Organisationen, Wissenschaftlerinnen und Regierungsdelegationen entwickeln Ozeanbewohner ganz konkrete Vorschläge, wie der Ozean als Gemeinsames erhalten werden kann. Diese Arbeit findet aktuell in einer Arbeitsgruppe statt, die sich dem Schutz des kulturellen Erbes unter Wasser widmet und von der Delegation der Föderierten Staaten von Mikronesien ermöglicht wird.[76] Dort wird nicht nur über den Schutz materieller Kulturgüter auf dem Meeresboden wie menschliche Überreste, sondern auch den Schutz immaterieller Kulturgüter beraten. Repräsentanten Indigener Gemeinschaften haben in Zusammenarbeit mit Greenpeace, der Te Ipukarea Gesellschaft, der Blue Climate Initiative und der Ocean Foundation ein Papier erarbeitet und das Konzept der »spirituellen Ökologie« in die Beratungen eingebracht. Damit soll die Verknüpfung immaterieller kultureller Praktiken wie des Kumulipo mit materiellen ökologischen Elementen erfasst werden.[77] Außerdem setzen sie sich dafür ein, dass im Falle der Beantragung von Abbaulizenzen das Recht der Indigenen Ozeanbewohnerinnen auf »freie, vorherige und informierte Zustimmung« anerkannt wird, sofern der geplante Mineralienabbau ihr kulturelles Erbe berührt. Dieses Prinzip findet sich in der UN-Erklärung über die

75 Pacific Parliamentarians' Alliance, »Statement by The Pacific Parliamentarians' Alliance on Deep Sea Mining at the United Nations Oceans Conference, 27th June – 1st July, 2022«, https://www.pacificblueline.org/_files/ugd/7935c2_b1f753fad4214118851cc5d20ceb4411.pdf [28.10.2024].

76 Delegation der Föderierten Staaten von Mikronesien, »Briefing Note for Thematic Discussion on ›Intangible Cultural Heritage definition‹«, https://www.isa.org.jm/wp-content/uploads/2024/03/Briefing-Note-for-Thematic-Discussion-on-Intangible-Cultural-Heritage-definition.pdf [28.10.2024].

77 Bericht über drei Treffen der Arbeitsgruppe (24.8., 5.9., 13.9.2023), https://www.isa.org.jm/wp-content/uploads/2023/10/UCH.pdf [28.10.2024]; Kaho'ohalahala u.a., *Submission to the Intersessional Working Group on Intangible Underwater Cultural Heritage*; Lixinski, »Integrating Culture, Heritage, and Identity«.

Rechte der Indigenen Völker und seine Relevanz für Bergbauprojekte, die die Rechte Indigener Gemeinschaften und ihre Territorien betreffen, ist heute weithin anerkannt.[78]

Die Teilnahme Indigener an den Verhandlungen zu einem internationalen Bergbaurecht und die konkrete Arbeit mit dem bestehenden Recht in transformativer Absicht verläuft nicht ohne Schwierigkeiten. Es droht die Gefahr, dass ihre Anliegen in die bestehenden institutionellen und rechtlichen Strukturen integriert werden und dadurch ihre transformative Kraft verlieren.[79] Wieder zeigen sich Parallelen zu den Stadtbodenbewegungen. In beiden Kämpfen könnten die Zielsetzungen selbstbestimmten Bewohnens und einer Praxis, die Beziehungen und Bewohnbarkeit bewahrt, in ein Bedürfnis nach Schutz umgedeutet werden.

Dass die Integration Indigener Rechtsanliegen in das dominante Recht verheerend sein kann, zeigt sich an der Anerkennung von Landrechten Indigener in Nordamerika und Australien. Wird der Indigene Rechtsanspruch auf das Land in Eigentumstitel »übersetzt«, dann wird Land verfügbar: Landrechte im Sinne von Grundeigentum können veräußert werden. Sie können auch entzogen und der Verlust kann durch Geld kompensiert werden. Diese Landtitel haben nichts mehr mit dem Indigenen Landrecht zu tun, das auf Beziehungswahrung (nicht nur in der Gegenwart, sondern auch in die Vergangenheit und die Zukunft), Nutzung (statt Verwertung), Erhaltung und Pflege ausgerichtet ist und die Verfügung verbietet.[80]

Uncle Sol und andere Indigene Aktivisten machen immer wieder deutlich, ihre Teilhabe an den Prozessen der Meeresboden-

78 Guapizaca Jiménez, »An Old Dilemma in Deep Seabed Mining«; Schilling-Vacaflor, »Norm Contestation and (Non-)Compliance«.

79 Ranganathan, »The Participatory Scope of the Common Heritage Principle«; für das Argument, dass Befreiung nie durch Inklusion oder Integration in dominante Institutionen erreicht werden kann: Loick, *Die Überlegenheit der Unterlegenen*.

80 Watson, *Aboriginal Peoples, Colonialism and International Law*; D'Souza, »Land, People and Places«.

behörde erfordere auch, dass sie sich nach eigenen Maßgaben, nach ihrem eigenen zeitlichen Rhythmus und mit der eigenen Praxis beteiligen können; dass also beispielsweise das Singen des Oli in den diplomatischen Verfahren als Teil Indigener *Rechts*praxis anerkannt und nicht als bloße Folklore zugelassen wird.

Angesichts der beschriebenen diplomatischen Gepflogenheiten scheint es nicht unmöglich, dass sich die Behörde für die Vertreter Indigener Gemeinschaften in einer Weise öffnet, die den Eigenheiten ihres Verfahrensrechts Rechnung trägt. Rituale und Erinnerungsmomente der diplomatischen Praxis, mit denen vorangegangener Freiheitskämpfe und prägender Ereignisse gedacht wird, haben schließlich gewisse Ähnlichkeit mit der Anrufung der Vorfahren durch das Oli. Und auch die Entscheidungsverfahren internationaler Organisationen sind auf beziehungswahrende Konfliktbearbeitung ausgelegt. Dies gilt etwa für die Praxis der Entscheidungsfindung im Konsens. Auch wenn die internationale Diplomatie häufig dem Erhalt von Macht und Hierarchien dient[81] und die Meeresbodenbehörde zu Recht dafür kritisiert wird, dass richtungsweisende Entscheidungen auf intransparente Weise getroffen werden und Partizipationsmöglichkeiten begrenzt sind,[82] gibt es hier Anschlussstellen für transformative Praxis und Verfahren.

Eine Behörde für planetare Politik

Im Februar 2024 veranstaltete ich mit Kollegen an einem Hamburger Forschungsinstitut einen Workshop zur Meeresbodenbehörde. Mit Wissenschaftlerinnen, Regierungsvertretern, Künstlern und Aktivistinnen wollten wir der Frage nachgehen, ob und wie es möglich sein könnte, die Meeresbodenbehörde in eine Institution planetarer Politik zu transformieren.

81 Johns, »Rehoming Diplomacy«; O'Hara, »Consensus Decision-making«.
82 Morgera/Lily, »Public Participation at the International Seabed Authority«; Johnson u.a., *Periodic Review of the International Seabed Authority*; Adron u.a., »Incorporating Transparency in the Governance of Deep-Seabed Mining«.

Zwei Meeresbiologinnen, die regelmäßig an Expeditionen mit deutschen Forschungsschiffen zu den Lizenzgebieten der Bundesanstalt für Geowissenschaften und Rohstoffe in der Clarion-Clipperton-Bruchzone teilnehmen, berichteten über die Vielfalt noch unerforschter Spezies, die auf und an den Manganknollen leben. Sie betonten die Bedeutung der Benennung, ohne die die neu »entdeckten« Spezies in der Welt der Forschung nicht existieren. Häufig nutzen Forscher diese Benennung, um Mentoren zu ehren, Verwandten und Kolleginnen eine Freude zu machen oder Sponsoren zu danken. Kürzlich benannte ein Forscher eine von ihm entdeckte »wurmartige Krebsart« nach seiner Lieblingsband Metallica »Macrostylis metallicola«.[83]

Auch Uncle Sol war nach Hamburg gekommen. Seine Anwesenheit und seine Interventionen änderten unseren Blick auf die in bunte Felder unterteilte Karte der Clarion-Clipperton-Bruchzone und sensibilisierten uns für die wiederkehrenden Abfolgen und Konstellationen von Erforschung, Entdeckung, Kartierung, Benennung, Aneignung und Verwertung im Zusammenspiel von Staaten, Unternehmen und Wissenschaftlern. Uncle Sols Geschichte ist eine der Wiederaneignung. Sie reicht zurück in die Zeit der hawaiianischen Renaissance der 1960er und 70er Jahre, in der die Indigenen Bewohnerinnen Hawaiis anfingen, die historische Erzählung einer friedlichen Übergabe Hawaiis an die USA zu hinterfragen. Eine Zeit, in der sie begannen, von Annexion und schließlich von einer illegalen Besatzung Hawaiis durch die USA zu sprechen und hawaiianische Kultur, Wissensbestände und Recht wiederzubeleben.[84]

83 Senckenberg Gesellschaft für Naturforschung, »Tiefseekrebs nach Metallica benannt«, Pressemitteilung vom 27. 2. 2022, https://www.senckenberg.de/de/pressemeldungen/tiefseekrebs-nach-metallica-benannt/ [19. 12. 2024]; Riehl/De Smet, »Macrostylis Metallicola«.

84 Tom Coffman sprach in der ersten Auflage seines Buchs von Annexion, benutzt heute aber den Begriff der Besatzung, da sich die Indigene Bevölkerung geschlossen gegen die Annexion ausgesprochen habe: Coffman, *Nation Within*.

Seit mehreren Jahrzehnten ist Uncle Sol Teil der Besatzung des Hōkūle'a, eines polynesischen Doppelhüllenreisekanus. 1976 navigierte Mau Piailug aus Satawal, einer kleinen Insel Mikronesiens, es zum ersten Mal gegen die Strömung von Hawaii nach Tahiti. Das Projekt Hōkūle'a bestätigte, dass Polynesien von Menschen besiedelt wurde, die Kanus über mehrere Wochen gegen Wind und Strömung über den Ozean navigieren konnten. Und widerlegte, wie es zuvor schon archäologische Forschungen getan hatten, die These, die polynesischen Inseln seien von Menschen aus Südamerika besiedelt worden, die sich auf Flößen mit dem Wind hatten treiben lassen.[85] Hōkūle'a ist Teil eines größeren Projekts der Wiederentdeckung und Wiederaneignung Indigenen Wissens und kultureller Praktiken – darunter das Wissen über den Schiffsbau und darüber, wie der Ozean ohne technische Hilfsmittel wie Karten und Sextanten und nur unter Beobachtung des Himmels, der Sterne, des Windes und der Wellenformationen navigiert werden kann.

Durch die rituellen Gesänge und die Ausführungen Uncle Sols zur Bedeutung des Kumulipo gewannen wir den Eindruck, dass beides richtig ist: Dass der Meeresboden, wie Meeresforscher immer wieder betonen, weitgehend unerforscht ist *und* dass ein anderes als das meeresbiologische Wissen vom Ozean existiert, dass es andere Zugänge und Wahrnehmungen des Ozeans, des Lebens auf seinem Grund und unserer Verbindungen dazu gibt. Zugänge, die nicht erfordern, dass Geräte versenkt, Proben genommen und Spezies bestimmt werden, und die nicht Aneignung und Verwertung vorbereiten, sondern Beziehungen stärken und wahren.[86] Zahlreiche Projekte von Künstlerinnen und Wissenschaftlerinnen wollen aktuell Menschen Wahrnehmungen von Boden, Ozean und ihren nichtmenschlichen Bewohnerinnen eröffnen, etwa durch das Hörbarmachen der Geräusche

85 Low, *Hawaiki Rising*.
86 Vgl. Salami, *Sinnliches Wissen*.

des Bodens und der Tiefsee, um andere als Verwertungsbeziehungen zu kultivieren.[87]

Eine zunehmende Sensibilisierung für koloniale Kontinuitäten zwischen wissenschaftlicher Erforschung, Ausbeutung und Verwertung, auch infolge immer nachdrücklicher vorgebrachter Forderungen, Indigenes Wissen nicht nur zur Kenntnis zu nehmen, sondern auch in politischen Programmen und Entscheidungen umzusetzen, steigert die Gesprächsbereitschaft der etablierten Wissenschaft. Bei unserem Hamburger Workshop gab es einen Moment, in dem nicht nur die Bereitschaft, zuzuhören und zu lernen, gegeben war, sondern auch ein Gespräch zu gelingen schien: als eine Meeresbiologin und Uncle Sol sich darüber austauschten, wie ein Verfahren der Tiefseebodenspeziesbenennung sowohl den Anforderungen der naturwissenschaftlichen Nomenklatur als auch kulturellen Beziehungssystemen Rechnung tragen könnte.[88]

Was bedeutet all das für eine Neuorientierung und Transformation der Meeresbodenbehörde? Sollten wir überhaupt über ihre Transformation nachdenken? Oder besser über ihre Abwicklung? Die Mehrheit der Hamburger Workshopteilnehmer schien ein schnelles Ende des Projekts Meeresbodenbehörde zu befürworten. Ich selbst halte es für produktiv, über eine Neuausrichtung nachzudenken. Zum einen, weil die Meeresbodenbehörde ein Ort ist, an dem nie allein der Tiefseebodenbergbau verhandelt wird, sondern immer implizit auch Krieg, ökologische Katastrophen, koloniales Unrecht und die Möglichkeit, den Planeten weiter zu bewohnen. Zum anderen ist das Tiefseebodenregime nicht allein durch die beschriebenen Strukturen extraktiver und trennender Verwertung gekennzeichnet. Wenn es heute auf profitorientierte und wettbewerbliche Verwertung ausgerichtet ist,

87 So die Arbeiten des kolumbianischen Künstlers Juan Pablo Pacheco Bejarano und das Schweizer Projekt »Sounding Soil«.

88 Für epistemologische Unterschiede in »westlicher« und Indigener hawaiianischer Kartographie: Louis, »Indigenous Hawaiian Cartographer«.

so haben die Vorstellungen von einem Recht der Solidarität und des Gemeinsamen in dem Regime auch ihre Spuren hinterlassen. Der Rechtswissenschaftler Joseph Weiler verglich das Völkerrecht einmal mit einer geologischen Formation, die wie der Boden unterschiedliche Sedimentschichten erkennen lässt, die mal stärker, mal weniger stark zur Geltung kommen.[89] Besonders im Seerechtsübereinkommen und in dessen Teil zum Tiefseeboden gibt es normative Ablagerungen, die auf Ideen einer neuen Weltwirtschaftsordnung zurückverweisen, auf Konzepte von Gemeinwirtschaft und von internationalen Institutionen, die auf Solidarität, Selbstbestimmung und Teilhabe ausgerichtet sind. Wenn es kein Außen gibt, keinen Neuanfang, der nicht verstrickt wäre in die Strukturen der Verwertung, dann bleibt uns nichts übrig als, wie es Donna Haraway und Anna Tsing formuliert haben, »unruhig« zu bleiben und in den »Ruinen« des Bestehenden nach Möglichkeiten zu suchen, die Regeln des Spiels zu dehnen und zu ändern.[90] Die Meeresbodenbehörde ist dafür wegen der Geologie ihres Rechts nicht der schlechteste Ort.

Dass die Möglichkeit einer Neuorientierung nicht bloße Träumerei ist und auch in Kingston Protest und Moratorium einen konstitutionellen Moment bewirken könnten, in dem das gemeinsame Menschheitserbe als Verfassungsprinzip des Tiefseebodenregimes mit neuer Bedeutung gefüllt wird, dafür gibt es verschiedene Anzeichen: Die Türen der Meeresbodenbehörde öffnen sich für die Interventionen von Vertretern Indigener Gemeinschaften. Sie können im Rat der Behörde ihre Forderungen vorbringen, ihr eigenes Recht artikulieren. Und es ist nicht ausgeschlossen, dass ihre Klagen verstanden werden. Mehr noch: Heute kommt es auch in der Meeresbodenbehörde und in den informellen Arbeitsgruppen zu produktiven Begegnungen zwischen einer Wissenschaft, die zunehmend die kritische Zone der Bewohnbarkeit als dynamisches Beziehungssystem in den Blick nimmt, und In-

89 Weiler, »The Geology of International Law«.

90 Haraway, *Unruhig bleiben*; Lowenhaupt Tsing, *Der Pilz am Ende der Welt.*

digenen Wissens- und Rechtsbeständen, die planetares Denken und planetare Politik für Bewohnbarkeit befördern können.[91]

Mit den Beobachterdelegationen bekommen schon heute Seekabel, Hydrothermalquellen, Wale, Manganknollen und die sie besiedelnden Kleinstorganismen eine Stimme in der Meeresbodenbehörde. Es ist rechtliche und institutionelle Imaginationskraft gefragt, um die Meeresbodenbehörde und ihre Verfahren so zu transformieren, dass hier künftig ein Recht planetarer Bewohnbarkeit verhandelt werden kann. Ein Moratorium böte einen günstigen Moment für eine Neuausrichtung.

Transformationsrecht der Bewohnbarkeit

Sowohl den Stadtbewohnerinnen, die sich in Berlin organisieren, als auch den Ozeanbewohnerinnen, die vor und in der Meeresbodenbehörde in Kingston demonstrieren, geht es um Bewohnbarkeit. Ihre Wohnungen und ihr Habitat sollen nicht als Kapitalanlagen verwertet werden. Nicht allein die Befriedigung materieller Bedürfnisse und Schutz vor den negativen Auswirkungen der Bodenverwertung für sie selbst, ihre Mitbewohnerinnen, Bodenbewohnerinnen und künftige Generationen bilden den Kern ihrer Anliegen. Es geht um mehr: um die Wohnung, den eigenen Platz in der Welt und das Recht, die Art und Weise des Bewohnens mitzugestalten.

Ihr Protest ist zugleich revolutionär und konservativ. Revolutionär, weil er die Beziehungsweise des Werts grundlegend infrage stellt. Und konservativ, weil es um Bleiberechte geht, um den Erhalt des Gemeinsamen und kooperativer, generativer Beziehungen.[92] Ihre Praxis zeigt, wie die politische, die demokratische und dekoloniale Praxis der Zukunft aussehen könnte. Teil dieser Praxis ist eine intensive Befassung mit dem Recht, seine Aneignung, Mobilisierung und Demokratisierung. Auch die Mobilisierung des Rechts erfolgt hier nicht nur zum Schutz vor den ver-

91 Hanusch u.a., *Planetar denken*; Burke u.a., »Planet Politics«.
92 Redecker, *Bleibefreiheit*.

drängenden Effekten der Verwertung, sondern in transformativer Absicht. Drei Dimensionen transformativen Rechts werden erkennbar, die nicht immer scharf voneinander zu trennen sind und die ich in den folgenden Kapiteln genauer behandeln werde.

Erstens machen die hier beschriebenen Bewegungen ein Gegenrecht geltend. Es ist das Recht der Kolonisierten, das Recht der Indigenen, die eigene Ansprüche auf den Ozean artikulieren. Die Rechtsordnung, die Verwertung ermöglicht und forciert, kann aber auch ihre eigenen Gegenrechte enthalten wie das deutsche Recht mit dem Recht auf Vergesellschaftung in Artikel 15 GG. Es kann genutzt werden, um die Infrastrukturen der Verwertung abzubauen.

Die zweite Dimension eines Transformationsrechts der Bewohnbarkeit ist die transformative Interpretation. Jede Rechtsanwendung geht mit Auslegungen einher, die Recht konkretisieren. Viele Rechtsanwendungen und -auslegungen konsolidieren Machtverhältnisse und Hierarchien. Wenn sich jedoch Protestbewegungen das Recht aneignen und es mit dem Ziel der Bewohnbarkeit, Beziehungswahrung und Teilhabe interpretieren, dann kann auch das zur Überwindung von Herrschaft und Verwertung beitragen.

Die dritte Dimension ist schließlich ein Organisationsrecht des Gemeinsamen. Es erfasst das »Innenrecht« von Commons, also die Regeln der Praxis. Ferner gehören dazu auch die rechtlichen Formen, die Commons annehmen, um von der staatlichen Rechtsordnung anerkannt zu werden, um eigene Rechte und Freiheiten geltend zu machen und um mit anderen Organisationen rechtliche Beziehungen einzugehen.

8 | Gegenrechte und transformative Interpretation

> Dennoch gibt es Momente, in denen es eher destituierenden denn konstituierenden Handelns bedarf, in denen die dringlichste Aufgabe lautet, etablierte Herrschaftsinstitutionen niederzureißen, um den Weg für neue, andere Institutionen frei zu machen. Kurz und gut, manchmal müssen wir einen anderen Kurs einschlagen: Sprengt den Damm!
>
> *Michael Hardt und Antonio Negri*[1]

Die bestehenden Infrastrukturen gesellschaftlicher Praktiken bestimmen auch die Spielräume für ihre Veränderung.[2] Das Recht des Privateigentums an Boden und darauf aufbauender Kapitalanlagen schränkt die Möglichkeitsräume für eine gesellschaftliche Neuausrichtung erheblich ein. Hier trifft zu, was Hardt und Negri zum Ausdruck bringen: Es bedarf eines destituierenden Handelns. Das der Aneignung, Herrschaft und Verwertung dienende Recht des Privateigentums muss niedergerissen werden, um Ozean und Stadt als Gemeinsames und Bewohnbarkeit zu erhalten. Die deutsche Verfassung enthält mit Artikel 15 Grundgesetz ein Recht, das ich als Gegenrecht bezeichne und das diese destituierende Wirkung entfalten kann. Es sprengt nicht Pipelines oder Dämme, sondern die auf Privateigentum gründenden Infrastrukturen der Verwertung.

Nicht immer können sich Bewohnerinnen und soziale Bewegungen auf destituierende Gegenrechte berufen, die sich wie Artikel 15 Grundgesetz in derselben Rechtsordnung befinden wie das Recht der Verwertung und die eine legale Revolution der Beziehungsweise des Werts ermöglichen. Steht kein Gegenrecht zur Verfügung, auf das sich Protest berufen kann, werden Forderungen nach der Überwindung der zerstörerischen und trennenden Verwertung zuweilen in Begrifflichkeiten der Moral oder der Gerechtigkeit gefasst: Moral wird Recht, Legitimität wird Legalität gegenübergestellt. Von den Frankfurter Hausbesetzern wird ge-

1 Hardt/Negri, *Assembly*, S. 98.
2 Vgl. Papadopoulos, *Experimental Practice*, S. 162.

sagt, sie hätten zwar nicht das Recht, aber die Moral auf ihrer Seite gehabt.[3]

Doch auch die Forderungen und Praktiken der Haus- und Instandbesetzer wie auch die der Ozeanbewohnerinnen können als Ausdruck eines Gegenrechts der Bewohnbarkeit verstanden werden. Die australische Völkerrechtswissenschaftlerin Sundhya Pahuja versteht solche Konstellationen als Jurisdiktionskonflikte.[4] Die Stadtbewohnerinnen und Ozeanbewohnerinnen artikulieren und singen ihr Recht – ihr Recht auf die Stadt und auf den Ozean – gegen das staatliche und internationale Recht der Verwertung. Hier steht nicht Moral gegen Recht, sondern Recht gegen Recht.

Sehr deutlich tritt ein solcher Konflikt zwischen Jurisdiktionen beim Blick auf die koloniale Konstellation zutage. Hier traf das Recht der Kolonisierer auf das Recht der Bewohnerinnen. Den deutschen Kolonisierern war sehr wohl bewusst, dass ihr Recht nicht dem Recht der Bewohnerinnen entsprach, mit denen sie Verträge über die Abtretung von Land und Hoheitsrechten abschlossen. Die Kolonisierer und ihre Apologeten in der Rechts- und Staatswissenschaft erdachten nicht nur dogmatische Spitzfindigkeiten, die den Rechtskonflikt verdecken sollten. Sie griffen auch auf die Argumentationsreserve des »Zivilisationsvorsprungs« zurück und rechtfertigten die gewaltsame Durchsetzung *ihres* Rechts gegen das Recht der Bewohnerinnen damit, dass ihr »höherwertiges« Recht letztlich auch den Bewohnerinnen und deren »Entwicklung« zugutekomme.[5]

Die Bewohnerinnen, deren Recht – wie sie selbst – als minderwertig qualifiziert und mit Gewalt verdrängt wurde, verfolgten zwei Strategien des Widerstands – *mit Recht* – gegen Aneignung, Beherrschung, Verdrängung und Vernichtung. Die eine war die Berufung auf das Recht der Kolonisierer. Die Bewohnerinnen

3 Sichtermann/Sichtermann, *Das ist unser Haus*, S. 14.
4 Pahuja, »Laws of Encounter: A Jurisdictional Account of International Law«.
5 Bernstorff, »Koloniale Herrschaft durch Ambivalenz«.

formulierten Klagen auf Grundlage des deutschen Rechts, um die Kolonisierer an ihrem eigenen Recht festzuhalten.[6] So machte etwa Rudolf Douala Manga Bell, König der Douala, die Rechtswidrigkeit von Enteignungen der Douala in Kamerun nach deutschem Recht vor dem Reichstag in Berlin geltend. Oft war diese Strategie erfolglos. So auch im Falle Manga Bells. Er wurde von den Deutschen des Hochverrats angeklagt, zum Tode verurteilt und erhängt.[7]

Die Bewohnerinnen des Pazifiks, die den Mitgliedstaaten der Meeresbodenbehörde eine neokoloniale Aneignung und Ausbeutung des Tiefseebodens vorwerfen, verfolgen heute eine ähnliche Strategie, wenn sie nach Kingston reisen und ihre Anliegen in den Begrifflichkeiten des Völkerrechts, darunter die des völkerrechtlichen Kulturgüterschutzes, vorbringen. Sie laufen dabei Gefahr, dass ihre Begehren im Zuge der Übersetzung in die Sprache des Völkerrechts deradikalisiert werden und ihre transformative Zielsetzung verfehlen. Die Pazifikbewohnerinnen könnten dann zwar Schutz und Berücksichtigung erreichen, nicht jedoch die Anerkennung ihres Anspruchs auf den Ozean als gemeinsames Zuhause.[8]

Die andere Strategie liegt in der Behauptung des eigenen Rechts gegen das Recht der Kolonisierer. In den deutschen Kolonien wurde der Widerstand der Bewohnerinnen, die auf ihrem eigenen Recht beharrten, mit genozidaler Gewalt niedergeschlagen. Doch ein Konflikt zwischen Rechten unterschiedlicher Jurisdiktionen wird nicht zwangsläufig mit Gewalt gelöst. Treffen zwei Rechtsordnungen aufeinander, können auch Kollisionsnormen zur Anwendung kommen, die regeln, unter welchen Umständen eine Rechtsordnung die Rechstakte einer anderen Rechts-

6 Habermas, *Skandal in Togo*; Goldmann, »The Amgiguity of Colonial International Law«.

7 Bommarius, *Der gute Deutsche*.

8 Zur Gefahr der Deradikalisierung durch Integration: Ranganathan, »The Participatory Scope of the Common Heritage Principle«.

ordnung anerkennt.[9] Es ist auch möglich, dass sich eine Rechtsordnung für Rechte aus einer anderen Jurisdiktion öffnet – so etwa, wenn staatliches Recht und Völkerrecht die Autonomie und das Selbstbestimmungsrecht Indigener Gemeinschaften anerkennen. Denkbar sind auch Verhandlungslösungen: In Frankfurt setzte die Polizei das Recht der Hauseigentümer nicht immer mit Gewalt gegen die Hausbesetzerinnen durch. Hausbesetzerinnen, Eigentümerinnen und Stadtverwaltung haben auch verhandelt und den nach der deutschen Rechtsordnung illegalen Zustand der Besetzung durch Kompromisse und Verträge in einen rechtmäßigen Zustand überführt. Schließlich können Gegenrechte eine Veränderung der Rechtsordnung anstoßen, mit der sie in Konflikt stehen.

Die Forderung nach einem Moratorium, die von Pazifikbewohnerinnen und anderen zivilgesellschaftlichen Akteuren gegen den Tiefseebergbau vorgebracht wird, kann als Ausdruck der zweiten Strategie – der Behauptung des eigenen Rechts als Gegenrecht – interpretiert werden. Es ist nur ein Aspekt des Protests, dass sich Aktivistinnen dem Tiefseebergbau physisch in den Weg stellen, indem sie beispielsweise wie Greenpeace Pilot-Mining-Tests im Pazifik behindern.[10] Ein anderer besteht darin, dem Recht der Verwertung das Recht der Bewohnbarkeit und der Commons entgegenzusetzen.

Im Folgenden führe ich zunächst aus, wie Stadtbewohnerinnen mit Artikel 15 Grundgesetz eine legale Revolution anstreben können, die die bestehenden Verwertungsstrukturen und Beziehungsweisen transformiert. Der Rest des Kapitels ist der Bedeutung transformativer Interpretation des Eigentumsrechts als Recht zum Schutz von Commons gewidmet.

9 Joerges, *Zum Funktionswandel des Kollisionsrechts*.

10 Greenpeace, »Raus aus der Tiefsee. 11 Tage Greenpeace-Protest gegen den Tiefseebergbau im Pazifik«, https://www.greenpeace.de/biodiversitaet/meere/meeresschutz/greenpeace-international-protestiert-elf-tage-tiefseebergbau [30.10.2024]; Rechtbank Amsterdam, Urteil vom 30.11.2023 – C/13/742765 / KG ZA 23-1028.

Vergesellschaftung als Gegenrecht: Blow up law!

> Grund und Boden, Naturschätze und Produktionsmittel können zum Zwecke der Vergesellschaftung durch ein Gesetz, das Art und Ausmaß der Entschädigung regelt, in Gemeineigentum oder in andere Formen der Gemeinwirtschaft überführt werden.
>
> *Artikel 15 Grundgesetz*

> Wir dürfen dabei nicht vergessen, dass es im stets unaufhaltbaren dialektischen Spiel zwischen Norm und Wirklichkeit von großer politisch-sozialer Bedeutung sein kann, wenn eine auch nur teilweise oder möglicherweise zeitweise gar nicht realisierte Norm wenigstens in der formellen juristischen Geltung bewahrt werden kann.
>
> *Wolfgang Abendroth*[11]

Bei der Tagung der Deutschen Staatsrechtslehrer, die am 18. und 19. Oktober 1951 in Göttingen stattfand, hielt der 32-jährige Helmut Ridder ein Referat zu Artikel 15 GG, das noch heute zu den wichtigsten Texten zum Verständnis dieser Grundgesetznorm gehört.[12] Darin erwähnte er auch die Möglichkeit eines »Selbstverzehrs« der Vergesellschaftungsermächtigung. Bei Nichtbenutzung könne sie »obsolet« werden.[13] Bevor die Initiative »Deutsche Wohnen & Co. enteignen« ihre Kampagne für einen Volksentscheid über die Vergesellschaftung von Grund- und Wohnungseigentum großer Unternehmen startete, konnte man tatsächlich meinen, der Selbstverzehr habe stattgefunden. Nach dem Zweiten Weltkrieg hatte es in Hessen und in Hamburg konkrete Vergesellschaftungsvorhaben gegeben. In Hessen sollten Grundstoffindustrien und Infrastrukturbetriebe in Gemeineigentum überführt werden. Dabei war neben der Demokratisierung die Friedenssicherung ein wesentliches Ziel.[14] Während einige vor dem Grundgesetz verabschiedete Landesverfassungen wie

11 Abendroth, »Das Grundgesetz – antifaschistischer und sozialer Auftrag«, S. 17.

12 Zu Ridders Position in der Staatsrechtslehre der Bundesrepublik und seiner Katholizität siehe Kemmerer, »Der katholische Helmut Ridder«.

13 Ridder, »Enteignung und Sozialisierung«, S. 124.

14 Winter, »Sozialisierung und Mitbestimmung in Hessen 1946–1955«, S. 76 ff.

die Hessische die Vergesellschaftung verbindlich vorschrieben, sah das Grundgesetz mit Artikel 15 – auch infolge des Einflusses der westlichen Alliierten – nur noch die *Möglichkeit* der Vergesellschaftung vor.[15] Genutzt wurde diese Möglichkeit zur Überführung von Privateigentum an Produktionsmitteln, Boden oder Bodenschätzen in Gemeineigentum noch nie. Als es während der Krisen der letzten Jahre zu »Verstaatlichungen« kam – von Banken während der Eurokrise und vom Gasunternehmen Securing Energy for Europe GmbH im Zuge des russischen Angriffs auf die Ukraine –, erfolgten sie nicht auf Grundlage von Artikel 15 und nicht mit dem Ziel, die Unternehmen in »Gemeineigentum oder in andere Formen der Gemeinwirtschaft« zu überführen.[16] Eine öffentliche Debatte über Vergesellschaftung auf Grundlage von Artikel 15 hatte zuletzt in den 1980er Jahren stattgefunden, als die IG Metall die Vergesellschaftung der Stahlindustrie forderte.[17]

Eine weitere Möglichkeit, Artikel 15 wirksam werden zu lassen, hätte darin bestanden, die Vorschrift, wie von Helmut Ridder vorgeschlagen, als Privatisierungs*sperre* auszulegen.[18] Eine solche Interpretation hätte die großen Privatisierungen von Boden, Post, Bahn und anderen Strukturen der sogenannten Daseinsvorsorge verhindern oder zumindest erschweren können. Auch in dieser Funktion kam die Vorschrift nie zum Einsatz. In der juristischen Ausbildung kam Artikel 15 so gut wie überhaupt nicht vor. Versuche, den Verfassungsartikel zu streichen, die wiederholt von der Freien Demokratischen Partei unternommen wurden, sind jedoch alle gescheitert.[19] Und so befindet sich Artikel 15 weiterhin unverändert im Grundgesetz.

15 Däubler, »Eigentum und Recht in der BRD«, S. 147 ff.; zur Geschichte von Artikel 15 und Vergesellschaftung: Timo Laven, »Vergesellschaftung als Selbstzweck?«; Berfelde/Blumenfeld, »Von der Vergesellschaftung zur Planung und wieder zurück«.

16 Götz, *Die Verstaatlichung von Banken.*

17 Hoffrogge, »›Stahlwerk jetzt!‹«.

18 Ridder, *Die soziale Ordnung des Grundgesetzes*, S. 102.

19 Bryde, »Artikel 15«, Rn. 27.

Seit dem erfolgreichen Vergesellschaftungsvolksentscheid in Berlin im September 2021 wird über Vergesellschaftung wieder gesprochen und gestritten, ist Artikel 15 Gegenstand von Auseinandersetzungen in Politik und Rechtswissenschaft. In Berlin hat der Begriff der Vergesellschaftung Eingang in den am 26. April 2023 von Berliner CDU und Berliner SPD unterzeichneten Koalitionsvertrag gefunden, der die Verabschiedung eines Vergesellschaftungsrahmengesetzes vorsieht; 2022 wurde in Berlin eine Klausur im juristischen Staatsexamen zum Thema Vergesellschaftung gestellt. Die einschlägige rechtswissenschaftliche Literatur und die Zahl der juristischen Doktorarbeiten, die sich mit Artikel 15 auseinandersetzen, wachsen stetig.[20] Wie erwähnt, gibt es neben »Deutsche Wohnen & Co. enteignen« heute zahlreiche Initiativen, die sich dem Potenzial von Vergesellschaftungen – von sozialen Infrastrukturen wie auch landwirtschaftlichen Böden – für sozialökologische Transformation widmen.[21] Durch diese neue soziale Bewegung könnte es zu dem konstitutionellen Moment kommen, der Artikel 15 als kollektives Gegen- und Grundrecht reaktiviert.[22] Dazu muss sich die Interpretation als Gegenrecht gegen widerstreitende Interpretationen durchsetzen, die Artikel 15 auf eine staatliche Befugnis reduzieren, Privateigentum zu beschränken, und ihm so die revolutionäre und transformative Kraft nehmen.

Die Interpretation als Grund- und Gegenrecht versteht Artikel 15 als ein kollektives Recht auf Abschaffung des Privateigentums an den in der Vorschrift genannten Gegenständen – Produktionsmittel, Boden und Naturschätze – und als ein Freiheitsrecht, das durch die Überführung von Privat- in Gemeineigentum Möglichkeiten demokratischer Selbstbestimmung schafft. Zur

20 Georg Freiß, Timo Laven, Sophie Oerke, Viktor Tóth u.a. arbeiten an Dissertationen und Monografien zur Vergesellschaftung.

21 Pfaff (Hg.), *Vergesellschaftung und die sozialökologische Frage*; Communia, »Mit Vergesellschaftung gegen die Ohnmacht«; Communia/BUNDjugend (Hg.), Öffentlicher Luxus; Drau/Klick, *Alles für alle*.

22 Feichtner, »Helmut Ridder«, S. 31.

Zeit der Entstehung des Grundgesetzes und unter dem Eindruck des nationalsozialistischen Faschismus war die Interpretation als Freiheitsrecht geläufiger als heute. Mittlerweile bezeichnen manche Artikel 15, so flapsig wie geschichtsvergessen, als »DDR-Norm«, deren Ziel ein freiheitsbeschränkender Staatssozialismus sei. Sie verkennen dabei, dass er sich nicht nur gegen private Macht und Verwertung, sondern ebenso gegen staatliche Herrschaft richtet; dass Artikel 15 die Überführung von Privateigentum in Gemeineigentum und Gemeinwirtschaft und gerade *nicht* Verstaatlichung will und damit auf Demokratisierung als Ermöglichung von Freiheit zielt.[23] Die Mütter und Väter des Grundgesetzes reagierten mit Artikel 15 nicht nur auf die existentiellen Nöte der Nachkriegsjahre, sondern verarbeiteten bewusst Erfahrungen totalitärer Herrschaft. Anstatt das von ihnen angelegte transformative Potenzial voll zur Geltung zu bringen und damit auch heutigen Tendenzen eines libertären Autoritarismus beherzt entgegenzutreten, werden in der aktuellen Debatte eine Reihe von Interpretationen vorgebracht, die das Recht zur Vergesellschaftung mal mehr, mal weniger stark beschränken. Diese Interpretationen haben auch den Bericht der Expertenkommission zur Vergesellschaftung beeinflusst.

Kollektives Grund- und Gegenrecht

Nach der hier vorgestellten Lesart von Artikel 15 üben die Berlinerinnen, wenn sie in einem künftigen Volksentscheid für ein Vergesellschaftungsgesetz stimmen, ein Grundrecht aus: Sie nehmen eine vom Grundgesetz garantierte kollektive Freiheit wahr, Boden zu entprivatisieren.[24] Stimmt also die erforderliche Mehr-

23 Es ist daher irreführend, wenn in der englischen Übersetzung von Artikel 15 »Vergesellschaftung« mit »nationalisation« übersetzt wird; allerdings wurde historisch auch zwischen Nationalisierung und Verstaatlichung unterschieden: Katzarov, *Théorie de la Nationalisation*.

24 Stimmberechtigt sind alle Berlinerinnen, die seit mindestens drei Monaten mit alleiniger Wohnung oder Hauptwohnsitz in Berlin gemeldet sind, mindestens 18 Jahre alt sind und die deutsche Staatsangehörigkeit besitzen.

heit für die Vergesellschaftung, dann ist der resultierende Eigentumsentzug das Ergebnis der Ausübung eines kollektiven Grundrechts.

Dass es sich bei Artikel 15 um ein eigenständiges Grundrecht handelt, kommt formal darin zum Ausdruck, dass die Vergesellschaftung in einem eigenen Artikel des Grundrechtskatalogs geregelt wurde und nicht wie die Enteignung in einem Absatz von Artikel 14, der in seinem Absatz 1 das Eigentum gewährleistet. Der Parlamentarische Rat, der von September 1948 bis Mai 1949 über das Grundgesetz beriet, behandelte Artikel 15 als ein soziales Grundrecht.[25] Und als 1951 die deutschen Staatsrechtslehrer über Enteignung und Sozialisierung debattierten, waren sich die beiden vortragenden Professoren – Helmut Ridder und Hans Peter Ipsen – ebenfalls einig, dass Artikel 15 ein Grundrecht sei.[26] Eine entscheidende Konsequenz der Qualifikation als Grundrecht ist, dass die Vergesellschaftungsfreiheit nicht restriktiv auszulegen ist und nicht den Anforderungen unterfällt, die das Bundesverfassungsgericht für Grundrechtseingriffe und insbesondere Beschränkungen der Eigentumsfreiheit entwickelt hat. Die Vergesellschaftung ist nicht von einer »Institutsgarantie« begrenzt, muss also vom Privateigentum an den in Artikel 15 aufgeführten Gegenständen nichts »übrig lassen«. Votierten die Berlinerinnen bei einem Gesetzesvolksentscheid für ein Gesetz, das das gesamte in Berlin belegene Grundeigentum von großen Wohnungsunternehmen in Gemeineigentum überführen würde, dann wäre auch dies von der Vergesellschaftungsfreiheit gedeckt. Kein Gericht sollte dann die Frage bearbeiten, ob »noch genug vom Grundeigentum übrig ist«. Auch der Anforderung der Verhältnismäßigkeit unterfällt die Vergesellschaftung nicht. Das heißt, es ist nicht

25 Dopatka, »Darstellung und Kritik der herrschenden Auslegung von Art. 15 Grundgesetz«, S. 198; Otto, *Das Staatsverständnis des Parlamentarischen Rates*, S. 86.

26 Ipsen, »Enteignung und Sozialisierung«, S. 105; Ridder, *Die soziale Ordnung des Grundgesetzes*, S. 103.

zu prüfen, ob alternative Maßnahmen zur Wahl stehen, die das Privateigentum weniger stark beschneiden würden, und ob der Eigentumsverlust außer Verhältnis steht zu einem mit der Vergesellschaftung angestrebten Gemeinwohlnutzen. Nach der Auslegung als Grundrecht müssen allein die in Artikel 15 explizit genannten Voraussetzungen erfüllt sein. Damit ist die gerichtliche Überprüfbarkeit der Verfassungsmäßigkeit von Vergesellschaftungen deutlich reduziert. Das macht die Vergesellschaftung nicht voraussetzungslos, bedeutet aber, dass sich »auf der politischen Bühne«, also in der demokratischen Auseinandersetzung, und nicht vor Gericht entscheiden sollte, ob und wie die Vergesellschaftungsfreiheit ausgeübt wird.[27]

Das Grundgesetz kennt einerseits den Eigentumsentzug durch die Enteignung, die einen rechtfertigungsbedürftigen staatlichen Eingriff in die in Artikel 14 geschützte Eigentumsfreiheit darstellt und in Artikel 14 Absatz 3 geregelt ist. Andererseits erlaubt es mit Artikel 15 den Eigentumsentzug zum Zwecke der Vergesellschaftung, der keinen Eingriff in die Eigentumsfreiheit darstellt, sondern die Ausübung eines kollektiven Freiheitsgrundrechts ist. Es ist daher notwendig, Enteignung und Vergesellschaftung klar voneinander zu unterscheiden.

Die Unterscheidung kann anhand der divergierenden Zielsetzungen von Enteignung und Vergesellschaftung erfolgen.[28] Der Staat bedient sich der Enteignung, um sich die Güter zu beschaffen, die er zur Verwirklichung eines Verwaltungsvorhabens benötigt.[29] Beschließt der Bund beispielsweise, eine neue Autobahn zu bauen und die Streckenführung erfasst auch Grundstücke in Privateigentum, dann werden diese für die Realisierung des Projekts benötigt. Zunächst werden die zuständigen Behörden ver-

27 Ridder, »Enteignung und Sozialisierung«.

28 Ebd., S. 138 ff.

29 In seiner Entscheidung zum Atomausstieg hat das Bundesverfassungsgericht klargestellt, dass die »Güterbeschaffung« eine notwendige Voraussetzung der Enteignung ist, BVerfGE 143 – Atomausstieg (2016).

suchen, die betroffenen Grundstücke zu kaufen. Sind die Eigentümerinnen nicht zum Verkauf bereit, kommt als *ultima ratio* das Instrument der Enteignung zur Anwendung. Weitere Beispiele sind Enteignungen, um Projekte der Stadtsanierung zu verwirklichen oder Naturschutzgebiete einzurichten. Kommt es in diesen Fällen zur Enteignung, dann *nicht*, weil das Grundeigentum als privatnütziges Vermögensrecht grundsätzlich infrage gestellt wird. Im Gegenteil: Die Enteignung bestätigt die besondere Bedeutung des Eigentums in seiner ökonomischen Funktion und ändert nichts an der wirtschaftlichen Struktur, für die das Privateigentum unabdingbar ist. In den genannten Fällen geht sie regelmäßig mit einer Entschädigung des Verkehrswerts einher, die bezweckt, dass sich die Eigentümerin ein Ersatzgrundstück beschaffen kann. Der Staat nimmt das Eigentum bei der Enteignung, so hat es Helmut Ridder treffend formuliert, »mit dem Ausdruck des Bedauerns« für die betroffene Privateigentümerin.[30]

Wenn dagegen »Deutsche Wohnen & Co. enteignen« einen Volksentscheid initiiert und wenn daraufhin eine Mehrheit der Berlinerinnen für die Überführung von Grund- und Wohnungseigentum in Gemeineigentum stimmt, dann bezwecken sie, dass die Privatnützigkeit einer ganzen Kategorie von Eigentum aufgehoben wird, nämlich Eigentum an Boden und Wohnungen oder noch genauer: Eigentum an Boden und Wohnungen, das durch die beschriebene Assetisierung privatnützig verwertet wird. Im Vordergrund steht der Wunsch, künftig die Verwaltung dieser Wohnungen und damit das Wohnen in der Stadt selbstbestimmt, frei von der sozialen Macht der großen Wohnungsunternehmen und ihrer Verwertungsstrukturen, gestalten zu können. Ridder spricht in Anlehnung an Lorenz von Stein von »Sozialentwährung« und Entprivatisierung,[31] andere gebrauchen den Begriff der Strukturumwandlung. Anders als bei der Enteignung wird bei der Vergesellschaftung das Privateigentum nicht »mit Be-

30 Ridder, »Enteignung und Sozialisierung«, S. 140.
31 Ebd., S. 138.

dauern« genommen. Bei der Vergesellschaftung wird das Privateigentum in Bezug auf die Vergesellschaftungsobjekte zu einem »Unrechtszustand«.[32] Bestätigt die Enteignung die Institution des Privateigentums, so hebt die Vergesellschaftung sie auf. Artikel 15 erlaubt für die in der Vorschrift genannten Güter – Grund und Boden, Naturschätze und Produktionsmittel – eine demokratische Entscheidung darüber, ob oder inwieweit an ihnen überhaupt Privateigentum bestehen soll. Das Recht auf Vergesellschaftung ermöglicht damit zugleich eine Entscheidung darüber, wo die Grenzen des Marktes verlaufen sollen, und darüber, bestimmte Sektoren und soziale Infrastrukturen wie die Gesundheitsversorgung, Bildung oder das Wohnen dem Markt zu entziehen.[33]

Artikel 15 hält also die Möglichkeit offen, durch Vergesellschaftung Produktions- und Versorgungsweisen grundlegend umzugestalten. Das Bundesverfassungsgericht hat in seiner Rechtsprechung rechtswissenschaftlichen Versuchen, in das Grundgesetz eine »Wirtschaftsverfassung« hineinzulesen, die die Marktwirtschaft verfassungsrechtlich gegen politische Veränderung absichert, mehrfach eine Absage erteilt. Das Grundgesetz enthalte »keine unmittelbare Feststellung und Gewährleistung einer bestimmten Wirtschaftsordnung«.[34] Das Recht auf Vergesellschaftung in Artikel 15 ist eine wesentliche Garantie dieser »wirtschaftspolitischen Neutralität« und damit der Möglichkeit eines grundlegenden Strukturwandels im Rahmen der Verfassung – einer legalen Revolution.[35]

32 Ebd., S. 141.

33 Helmut Ridder qualifiziert Artikel 15 daher als Grenznorm: Ridder, *Soziale Ordnung des Grundgesetzes*, S. 104; Vergesellschaftung kann auch Dienstleistungsinfrastrukturen erfassen, wenn der Begriff der Produktionsmittel entsprechend weit ausgelegt wird, dazu Kempny, »Artikel 15«, Rn. 33 m. w. N.

34 BVerfGE 50, 290 (337) – Mitbestimmung (1979); BVerfGE 4, 7 (17 f.) – Investitionshilfe (1954).

35 Bryde, »Artikel 15«, Rn. 12.

Vergesellschaftung: Demokratisierung und Revolution der Beziehungsweisen

Das Recht auf Vergesellschaftung ist ein Gegenrecht, weil es das Privateigentum aufhebt und damit den Strukturen der Verwertung buchstäblich den Boden entzieht. Wird den Tochtergesellschaften Vonovias, die im Grundbuch als Eigentümerinnen von Grundstücken und Wohnimmobilien eingetragen sind, das Grundeigentum und damit auch das Eigentum an den darauf gebauten Immobilien entzogen, verliert das Unternehmen seine Assets und kann durch die Vermietung keine Rendite mehr erwirtschaften. Zugleich können die Grundstücke und Wohnimmobilien in Gemeineigentum überführt und kann ihre Verwaltung demokratisiert werden. Negativ befreit Vergesellschaftung *von* der durch Privateigentum ermöglichten Herrschaft und Verwertung und positiv befreit sie *zur* Konstituierung neuer rechtlicher Infrastrukturen des Gemeinsamen und der Commons.

Zunächst zur Befreiung: Vergesellschaftung reagiert auf die Konsequenzen der mit Privateigentum einhergehenden sozialen Macht und der durch Assetisierung ermöglichten Verwertungsprozesse. Die auf Grundeigentum gründenden Machtverhältnisse und Verwertungsprozesse gestalten Gesellschaft. Um hierfür nicht ebenfalls den Begriff der Vergesellschaftung zu verwenden, benutzte Ridder in seinem Staatsrechtslehrervortrag die Wortschöpfung »Sozialifikation«.[36] Es ist dieser Prozess der Gesellschaftsbildung, den Graeber mit der Aussage »value brings universes into being«[37] erfasst. Durch die Entprivatisierung von Grund und Boden werden die zur Miete Wohnenden von der Herrschaft und dem Verwertungsdruck des Grundeigentums, das als Kapital fungiert, freigestellt.[38]

Nun zur Freiheit durch Selbstbestimmung: Ist die Sozialifikation eine unbewusste Vergesellschaftung, die durch die trennen-

36 Ridder, »Enteignung und Sozialisierung«, S. 132 f.

37 Graeber, »It Is Value That Brings Universes into Being«.

38 Korsch, *Was ist Sozialisierung?*.

den Prozesse der Verwertung erfolgt,[39] macht die Aufhebung von Privateigentum eine *bewusste* Vergesellschaftung im Sinne selbstbestimmter Gestaltung von Sozialität, ihrer Ausrichtung auf das Gemeinsame und dadurch Freiheit möglich. Dieses Freiheitsverständnis unterscheidet sich wesentlich von der Auffassung, nach der Menschen allein in einer Marktwirtschaft frei sein können und die im Privateigentum deshalb einen unverzichtbaren Garanten der Freiheit sieht. Letztere versteht Freiheit primär als Recht, frei von Beeinträchtigungen durch staatliche (und private) Macht agieren zu können. Ridder nennt diese Vorstellung von Freiheit eine »a-soziale«, ein »interplanetarisches Hirngespinst«.[40]

Feministische (Rechts-)Theorien betonen schon lange, wie unplausibel ein Freiheitsverständnis ist, das Freiheit vor allem negativ bestimmt. Wir alle stehen in vielfältigen Beziehungen – zu anderen Menschen und zur nichtmenschlichen Welt –, ohne die wir nicht überleben könnten und ohne die wir daher auch nicht frei sein können. Freiheit muss also Beziehung und Bezogenheit mitdenken, muss relational verstanden werden.[41] Ebenso kann Freiheit nicht vor- oder außerrechtlich gedacht werden. Das Indigene Rechtsverständnis bringt das ganz deutlich zum Ausdruck, wenn es Recht als Struktur sozialer Praxis beschreibt.[42] Die rechtlichen Infrastrukturen der Praxis bestimmen, wer wir sein und wie wir frei sein können, welche Lebensformen möglich sind. Ob wir frei sind und wie wir frei sein können, hängt also nicht allein davon ab, dass die Macht, die der Staat über uns hat, beschränkt ist; und auch nicht lediglich davon, dass die Macht begrenzt wird, die private Akteure, insbesondere vermittelt durch Privateigentum und Kapital, über uns haben. Freiheit und Selbstbestimmung erfordern neben der Freiheit von Beherrschung

39 Kempter, »Robert Kurz, die ›Wertkritik‹ und die radikale Gesellschaftstheorie«.

40 Ridder, *Die soziale Ordnung des Grundgesetzes*, S. 60.

41 Baer/Sacksofsky (Hg.), *Autonomie im Recht.*

42 Watson, *Aboriginal Peoples, Colonialism and International Law.*

eine gesellschaftliche und damit auch rechtliche Struktur, in der gleichberechtigte, befreiende Beziehungsweisen entstehen und erhalten werden können.

Grundrechte wie die Kommunikationsfreiheiten, die Versammlungsfreiheit, die Freiheit, sich zu Vereinigungen zusammenzuschließen, die Wissenschaftsfreiheit und eben auch die Freiheit zur Vergesellschaftung können eine wichtige Rolle in der Herstellung dieser Struktur spielen, indem sie eine Kollektivierung unterstützen, durch die befreiende Beziehungsweisen möglich werden. Sie ermöglichen die demokratische Verfassung der Gesellschaft: einer Gesellschaft, in der nicht nur die politischen Institutionen demokratisch sind, sondern auch Gesellschaftsbereiche wie die Wirtschaft und die Wissenschaft demokratisch organisiert sind und Freiheit durch Selbstbestimmung erlauben. Helmut Ridder nennt diese (grund)rechtliche Infrastruktur, die ermöglicht, dass Demokratie nicht auf die institutionalisierte Politik beschränkt bleibt, sondern zur Lebensform wird, demokratische Gesamtverfassung. Commons, wie ich sie im folgenden Kapitel vorstelle, zeigen, wie eine demokratische gesellschaftliche Praxis aussehen kann; wie der gesellschaftliche Bereich zwischen individueller Privatheit und Staat auch anders als marktwirtschaftlich in einer Weise organisiert sein kann, die frei von Zwang gleichberechtigte Mitgestaltung und Teilhabe erlaubt.

Eine demokratisch verfasste Gesellschaft wäre, so Ridder, Kennzeichen des sozialen Staates, den das Grundgesetz anstrebt, wenn es in Artikel 20 postuliert: Die Bundesrepublik Deutschland ist ein demokratischer und sozialer Bundesstaat. Dieser soziale Staat ist ein anderer als der »von außen intervenierende« Sozialstaat, der durch Besteuerung die finanziellen Mittel erlangt, die er dann zur Minderung sozialer Härten an »Bedürftige« verteilt. Der soziale Staat mit einer demokratisch verfassten Gesellschaft verwirklicht soziale Gerechtigkeit und Sicherheit nicht allein durch staatlichen Schutz und durch Sozialhilfe, sondern primär durch den Abbau von Herrschaft und Machtungleichheiten sowie die Ermöglichung selbstorganisierter Versorgungsstrukturen. So verstanden ist die Vergesellschaftung nach Artikel 15 das wichtigste Instrument zur Verwirklichung des sozialen und demokratischen Staats des Grundgesetzes.[43]

In seiner *Kritik der Rechte* hat der Philosoph Christoph Menke nicht nur gezeigt, wie das liberale (Abwehr-)Recht durch Verweis auf einen außergesellschaftlichen und vorrechtlichen Freiheitsraum depolitisierend wirkt. Er hat auch auf die normalisierenden Effekte des sozialen Rechts hingewiesen, das die Härten des liberalen Rechts ausgleichen soll. Er schlägt daraufhin ein Recht der Gegenrechte vor, das der Depolitisierung und der Normalisierung entgegenwirkt. Zugleich soll es Menschen nicht totalisierend zur Teilnahme verpflichten, sondern ihnen die Möglichkeit lassen, sich bewusst für Passivität zu entscheiden.[44] Gunther Teubner hat diese Idee aufgenommen und sie mit Ridders Verständnis der Grundrechte und ihrer Funktion der Strukturierung und Ermöglichung gesellschaftlicher Freiheit weitergedacht: Kollektive Gegenrechte, so Teubner, könnten sozialen Bewegungen die »soziale Kommunikation von vorbegrifflichen Affekten« ermöglichen und so »Freiräume für kollektive Willensbildung in der Gesellschaft« aufrechterhalten und erweitern.[45]

Weder Menke noch Teubner nehmen explizit auf Artikel 15 Bezug, dabei kann er als kollektives Gegen- und Grundrecht genau diese Rolle spielen. Die Vergesellschaftungsfreiheit erlaubt, vorkonzeptionelle Affekte gegen die Verwertung auf Grundlage von Privateigentum zu artikulieren. Vorkonzeptionell bedeutet, dass diejenigen, die das Gegenrecht geltend machen, kein ausgearbeitetes politisches Programm vorlegen müssen. Während klar ist, wovon die Vergesellschaftung befreien soll (von Herrschaft

43 Ridder, *Die Soziale Ordnung des Grundgesetzes*, S. 44 ff.; Abendroth, »Das Grundgesetz – antifaschistischer und sozialer Auftrag«; zu Auseinandersetzungen über den Sozialstaat in der Staatsrechtslehre: Thurn, *Welcher Sozialstaat?*.

44 Menke, *Kritik der Rechte*, S. 381 ff.

45 Teubner, »Zum transsubjektiven Potential subjektiver Rechte«, S. 370 f.

und Verwertung), ist die angestrebte gesellschaftliche Freiheit eine »erst entstehende Erscheinungsform« – etwas, was noch zu finden ist.[46] Zwar braucht es eine Vorstellung von den institutionellen Strukturen der Teilhabe, die an die Stelle der Strukturen der Verwertung treten sollen. In Berlin sollen diese in dem schon genannten Trägergesetz bestimmt werden, das eine Anstalt öffentlichen Rechts zur Verwaltung der vergesellschafteten Wohnungen gründet. Es lässt aber viele Spielräume, um den Prozess der bewussten Vergesellschaftung weiter auszugestalten.[47] Dies ist sinnvoll, da sich mit der Vergesellschaftung die gesellschaftlichen Strukturen und die Regeln der Praxis und damit auch die Bewohnerinnen selbst und ihre Begehren und Bedürfnisse verändern. Es wäre daher verfehlt, schon zum Zeitpunkt der Ausübung des Gegenrechts von den Bewohnerinnen die genaue Artikulation ihrer Bedürfnisse zu fordern.

Artikel 15: Garantie einer Möglichkeit

Die Interpretation von Artikel 15 als Gegenrecht und kollektives Grundrecht auf Demokratisierung findet ihre Rechtfertigung sowohl in der Verfassungsgeschichte als auch den normativen Zielsetzungen des Grundgesetzes. Ein kollektives Gegenrecht gegen die Macht des Privateigentums ist auch in einer Demokratie notwendig. Das demonstrieren die Tendenzen in Rechtswissenschaft und Rechtsprechung, den verfassungsrechtlichen Schutz des Privateigentums auszuweiten und gegen demokratische Gestaltung in Stellung zu bringen.[48]

Vor diesem Hintergrund wird die Bedeutung von Artikel 15 Grundgesetz als »Garantie einer Möglichkeit« verständlich, wie der Politik- und Rechtswissenschaftler Wolfgang Abendroth das

46 Korsch, *Was ist Sozialisierung?*.

47 Wihl, »Vergesellschaftung als juristische Kategorie«.

48 Wahsner, »Bemerkungen zu Artikel 15 GG«, S. 145; zur Ausdehnung des Eigentumsschutzes unter der Weimarer Reichsverfassung: Kirchheimer, *Die Grenzen der Enteignung*.

Vergesellschaftungsrecht in Artikel 15 bezeichnete:[49] Artikel 15 garantiert die Möglichkeit, der Marktwirtschaft Grenzen zu ziehen, beispielsweise indem Privateigentum an Boden und damit auch der Bodenmarkt aufgehoben wird. Sah die Weimarer Verfassung noch unterschiedliche Möglichkeiten vor, »das Wirtschaftsleben« zu gestalten, so hat das Grundgesetz von diesem Instrumentarium nur die Vergesellschaftungsermächtigung beibehalten, mit ihr aber, in den Worten Helmut Ridders, das »schärfste und ›roteste‹« Mittel.[50] Wie die Weimarer Verfassung war auch das Grundgesetz ein Kompromiss zwischen unterschiedlichen Fraktionen. Mit dem Unterschied jedoch, dass die Mütter und Väter des Grundgesetzes sämtlich unter dem Eindruck der nationalsozialistischen Gewaltherrschaft standen und es Teil ihres postfaschistischen Konsenses war, unheilvolle Kollusionen von Politik und Großunternehmertum in Zukunft zu verhindern. Nicht alle Parteien wollten die Vergesellschaftung von Schlüsselindustrien baldmöglichst in die Tat umsetzen, doch nur die rechte Deutsche Partei schloss Sozialisierungen gänzlich aus.[51]

Die Interpretation der Vergesellschaftungsermächtigung als *Grundrecht* wurde kurze Zeit nach Inkrafttreten des Grundgesetzes auch von Juristen geteilt, die keine Sozialisten waren. Noch die 1950 unter einer CDU-Regierung in Kraft getretene Verfassung von Nordrhein-Westfalen sah, darauf hatte die Zentrumspartei gedrängt, Vergesellschaftungen von »Großbetriebe[n] der Grundstoffindustrie und Unternehmen, die wegen ihrer monopolartigen Stellung besondere Bedeutung haben«, vor.[52] Als die Vergesellschaftung als politisches Ziel aus den Parteiprogrammen verschwand, verbreiteten sich restriktive Auslegungen von

49 Abendroth, »Das Grundgesetz – antifaschistischer und sozialer Auftrag«.
50 Ridder, *Die soziale Ordnung des Grundgesetzes*, S. 101.
51 Wihl, »Vergesellschaftung als juristische Kategorie«.
52 Artikel 27 der Verfassung für das Land Nordrhein-Westfalen von 1950; Ridder, *Die soziale Ordnung des Grundgesetzes*, S. 101.

Artikel 15, die Vergesellschaftungen praktisch unmöglich machen würden.

Heute wird Artikel 15 häufig als Befugnis zur Beschränkung von Privateigentum interpretiert und Vergesellschaftung als Eingriff in die von Artikel 14 geschützte Eigentumsfreiheit. Das Vergesellschaftungsvorhaben von »Deutsche Wohnen & Co. enteignen« wird von Vertretern dieser Auslegung zuweilen mit der Aussage kommentiert, es handele sich bei der angestrebten Vergesellschaftung um den »massivsten« Grundrechtseingriff in der Geschichte der Bundesrepublik Deutschlands.[53] Sodann wird argumentiert, dass auch die Vergesellschaftung – wie Inhaltsbestimmungen und Enteignungen – ein oder mehrere Allgemeinwohlziele verfolgen und verhältnismäßig sein müsse.[54]

Wenn die mit Aufnahme von Artikel 15 ins Grundgesetz intendierte Möglichkeit einer strukturellen Änderung der Eigentums- und Wirtschaftsordnung nicht verschlossen werden soll, darf Artikel 15 indessen nicht als weitere »Eigentumsschranke« interpretiert werden. Nur wenn die Vergesellschaftungsbefugnis als kollektives Gegen- und Grundrecht verstanden wird, kann diese Möglichkeit erhalten bleiben. Die zuweilen kritisierte Vagheit der Vergesellschaftungsfreiheit in Artikel 15 ist dem Umstand geschuldet, dass die Umsetzung des Demokratisierungsziels dem politischen Prozess überlassen bleiben soll. In Berlin werden aktuell Vergesellschaftungsgesetze von einer demokratisch organisierten Initiative erarbeitet, um sie in einem Volksentscheid zur Abstimmung zu stellen. In einer Zeit, in der viele zu Recht die Sorge um das Fortbestehen der Demokratie umtreibt, birgt dieser Prozess eine besondere Chance für eine »demokratische Um-

53 Entsprechende Äußerungen lassen sich in den Protokollen der Berliner Expertenkommission finden: https://www.berlin.de/kommission-vergesellschaftung/downloads/ [20.12.2024].

54 Zu den vorgeschlagenen Modifikationen der Verhältnismäßigkeitsprüfung bei der Vergesellschaftung siehe Expertenkommission zum Volksentscheid Vergesellschaftung großer Wohnungsunternehmen, *Abschlussbericht*, S. 38 ff.

gründung unter antirevolutionären Bedingungen«, die Artikel 15 Grundgesetz als Gegen- und Grundrecht reaktiviert.[55]

Voraussetzungen der Vergesellschaftung

Aus der Konzeption von Artikel 15 als Gegen- und Grundrecht ergeben sich praktische Konsequenzen für die Anwendung der Vergesellschaftungsermächtigung. Auf einige habe ich schon hingewiesen.[56]

Erstens ist neben dem Ziel der Vergesellschaftung, verstanden als Entprivatisierung und Demokratisierung, kein weiteres Gemeinwohlziel erforderlich. Die Bewohnerinnen Berlins, die mit einem Vergesellschaftungsreferendum ihr Recht auf Vergesellschaftung ausüben, müssen also nicht im Detail darlegen, dass und wie mit einer Vergesellschaftung »adäquater Wohnraum« geschaffen werden soll, auch wenn dies ein maßgebliches Motiv für die Vergesellschaftung ist. Zweitens muss die Überführung von Privat- in Gemeineigentum nicht verhältnismäßig sein. Es kommt also nicht darauf an, dass »kein milderes Mittel« als Überführung in Gemeineigentum dem Staat zur Verfügung steht. Dies zu fordern, wäre auch widersinnig, ist doch die Entprivatisierung immer eine notwendige Voraussetzung von Vergesellschaftung im Sinne einer Demokratisierung der Gesellschaft. Drittens muss die Entschädigung derjenigen, die ihr Privateigentum verlieren, nicht nach den gleichen Maßstäben erfolgen, die für die Enteignungsentschädigung gelten. Denn, während die Enteignung das Privateigentum als Institution bestätigt, schafft die Vergesellschaftung das Privateigentum für bestimmte Kategorien von Gegenständen ab. Es kann daher nicht der Zweck der

55 Der Begriff der »demokratischen Umgründung unter antirevolutionären Bedingungen« stammt von Helmut Ridder: Fülberth, »Interview mit Helmut Ridder«.

56 In der Expertenkommission wurden zu diesen Punkten unterschiedliche Auffassungen vertreten, die im Abschlussbericht und in Sondervoten wiedergegeben sind: Expertenkommission zum Volksentscheid Vergesellschaftung großer Wohnungsunternehmen, *Abschlussbericht*.

Entschädigung sein, dass sich das Eigentumsrecht in einem Wertersatz fortsetzt. Zum Maßstab der Entschädigung bei einer Vergesellschaftung komme ich gleich.

Die positiven Voraussetzungen, die eine Vergesellschaftung erfüllen muss, sind klar im Wortlaut von Artikel 15 formuliert: Die Vergesellschaftung muss durch ein Gesetz erfolgen, das auch Art und Weise der Entschädigung regelt, das ergibt sich aus dem Verweis in Artikel 15 auf Artikel 14 Absatz 3. Die Überführung von Privat- in Gemeineigentum muss also eine der in Artikel 15 genannten Kategorien betreffen: Produktionsmittel, Grund und Boden oder Naturschätze. Die Vergesellschaftungsinitiative von »Deutsche Wohnen & Co. enteignen« ist auf das Privateigentum an »Grund und Boden« gerichtet, das auch die darauf stehenden Immobilien erfasst. Es sollen nicht alle, sondern nur die Grundstücke und Wohnimmobilien gewinnorientierter Wohnungsunternehmen erfasst werden, die mehr als 3000 Wohnungen in Berlin in ihren Portfolios halten.[57] Diese Einschränkung des Vergesellschaftungsgegenstands ist zwei Einwänden ausgesetzt: erstens, dass die Unterscheidung zwischen großen Wohnungsunternehmen mit mehr als 3000 Wohnungen in Berlin, die durch den Eigentumsentzug ihre Wohnimmobilien verlieren, und kleineren, die ihre Wohnungen behalten würden, eine Ungleichbehandlung darstelle und mit dem Gleichbehandlungsgrundsatz (Artikel 3 GG) unvereinbar sei. Die Expertenkommission hat sich mit diesem Einwand eingehend auseinandergesetzt und ist zu dem Schluss gekommen, dass eine Differenzierung nach Unternehmensgröße und -art zulässig ist.[58] Ich halte eine Differenzie-

57 Die Beschlussvorlage des Volksentscheids schloss die Wohnungen von landeseigenen Wohnungsunternehmen, Genossenschaften und kirchlichen sowie anderen gemeinnützigen Trägern von der Vergesellschaftung aus, https://www.berlin.de/wahlen/abstimmungen/deutsche-wohnen-und-co-enteignen/artikel.1040424.php#stimmzettelmuster [20.12.2024].

58 Expertenkommission zum Volksentscheid Vergesellschaftung großer Wohnungsunternehmen, *Abschlussbericht*, S. 84 ff.

rung dann für besonders überzeugend, wenn sie an das Ziel des Eigentumsentzugs anknüpft, Infrastrukturen der Verwertung abzubauen. Werden Grundstücke und Wohnimmobilien in Gemeineigentum überführt, die kapitalmarktorientierten Unternehmen zugerechnet werden können, dann wird genau der Wohnungsbestand erfasst, der gegenwärtig Objekt der in Kapitel 5 beschriebenen trennenden Verwertung ist.[59]

Der zweite Einwand knüpft an dieses Auswahlkriterium an und fragt, ob es hier wirklich um Vergesellschaftung von Boden geht oder vielmehr um das Verbot eines bestimmten Geschäftsmodells, wofür Artikel 15 nicht die richtige Rechtsgrundlage sei. Auch dieser Einwand überzeugt nicht: Mit der in Berlin angestrebten Vergesellschaftung soll die gemeinwirtschaftliche Verwaltung von Boden und Wohnraum als Gemeingut ermöglicht werden. Es geht also um den Gebrauchswert des Bodens und der Häuser. Die Anknüpfung an bestimmte Unternehmensformen dient der Auswahl des von der Vergesellschaftung erfassten Immobilienbestands und der Verwirklichung des Vergesellschaftungszwecks, nämlich Grund und Boden der Assetisierung zu entziehen und als Gemeingut zu rekonstituieren. Dieses Ziel könnte mit dem bloßen Verbot bestimmter Vermietungspraktiken oder bestimmter Vermieter nicht erreicht werden.[60]

Was die gemeinwirtschaftliche Verwaltung betrifft, die Artikel 15 verlangt, hat sich die Expertenkommission auf die Feststellung beschränkt, dass die Bewirtschaftung gemeinnützig und an öffentlichen Zwecken ausgerichtet sein muss. Außerdem müsse der Gemeinwohlbezug der künftigen Wohnungsbewirtschaftung

59 Ebd., S. 89 ff.; zur Frage der Zurechnung von Wohnungen zu Unternehmen, die nicht selbst als Eigentümer im Grundbuch eingetragen sind: Feichtner/Heeg/Wihl, *Juristische Zurechnung von Wohnungsbeständen*.

60 Für einen Vorschlag, den Marktzugang für kapitalmarktorientierte Wohnungsunternehmen zu beschränken: Klinski, »Wohnungsmarkt ohne Börsendruck«.

dauerhaft gesichert sein.[61] Mit der Verwaltung und Bewirtschaftung als Commons befasse ich mich im nächsten Kapitel.

Zu den umstrittensten Fragen gehört die nach dem Maßstab der Entschädigung.[62] Würde eine Entschädigung des Verkehrswerts verlangt, so führte das dazu, dass Vergesellschaftungen in den meisten Fällen praktisch nicht realisierbar wären, da sie die finanziellen Kapazitäten der vergesellschaftenden Körperschaft übersteigen würden.[63] Ein Verkehrswertersatz liefe auch dem Vergesellschaftungsanliegen zuwider, das darin liegt, Privateigentum als Vermögensrecht aufzuheben.

Artikel 14 Absatz 3, auf den Artikel 15 verweist, fordert eine gerechte Abwägung der Interessen der Allgemeinheit und der Beteiligten, also der Eigentümerinnen, die ihr Privateigentum verlieren. Was gerecht ist, stellt sich im Falle der Vergesellschaftung jedoch anders dar als bei einer Enteignung. Bei der Eigentumsübertragung nach Artikel 15 wird das Privateigentum an den Vergesellschaftungsobjekten – also beispielsweise den Wohnungsbeständen der großen Wohnungsunternehmen – zu einem Unrechtszustand. Es soll grundsätzlich an dieser Art von Gegenständen kein Privateigentum mehr bestehen, während im Fall der Enteignung das Privateigentum nur deshalb entzogen wird, weil der betroffene Gegenstand für die Verwirklichung eines konkreten Vorhabens benötigt wird. Helmut Ridder vertrat daher die Auffassung, dass bei der Vergesellschaftung eine reine Billigkeitsentschädigung (0 plus x) gerecht wäre.[64] Der Bericht

61 Expertenkommission zum Volksentscheid Vergesellschaftung großer Wohnungsunternehmen, *Abschlussbericht*, S. 33 f.

62 Eine separate Frage, die ich hier nicht behandele, betrifft die Art der Entschädigung: ebd., S. 62.

63 Es gibt die Ansicht, mit dem Verweis auf die Enteignungsentschädigung seien die Sozialdemokraten im Parlamentarischen Rat bewusst »ausgetrickst« worden: Forsthoff u.a., »Wieviel Sozialismus steckt im Deutschen Grundgesetz?«.

64 Ridder, »Enteignung und Sozialisierung«; das »x« soll dem Umstand Rechnung tragen, dass der Unrechtszustand erst mit Vergesellschaftung eintritt; siehe auch Wihl, »Vergesellschaftung als juristische Kategorie«.

der Expertenkommission zeigt unterschiedliche Ansätze zur Bestimmung der Entschädigung auf – die Ableitung der Entschädigung aus der »fiskalischen Leistbarkeit«, die Bestimmung eines »hypothetischen Verkehrswerts« und eine Orientierung an den künftigen Mieterträgen aus einer gemeinnützigen Bewirtschaftung.[65]

Letzteres hatte die Initiative »Deutsche Wohnen & Co. enteignen« mit ihrem »Faire-Mieten-Modell« vorgeschlagen.[66] Ausgangspunkt dieses Modells ist das Ziel, mit der Eigentumsübertragung einen Wohnungsbestand zu schaffen, der zu fairen und für die Berlinerinnen leistbaren Mieten vermietet wird. Die Entschädigung ergibt sich nach diesem Modell aus den jährlichen Ertragsüberschüssen (den Mieteinnahmen abzüglich einer Bewirtschaftungspauschale), die die künftige Vermieterin, die Anstalt öffentlichen Rechts, über 40 Jahre erwirtschaftet. Das Modell wendet also ein eigenes Ertragswertverfahren an, nur ist es nicht wie das Ertragswertverfahren der deutschen ImmoWertVO am gegenwärtigen Immobilienmarkt oder wie das DCF-Verfahren an den Gewinnprognosen der Unternehmen, sondern an gerechten Mieten orientiert.

Auch die völkerrechtlichen Debatten über Entschädigungen für Nationalisierungen und Sozialisierungen im Zuge der Dekolonisierung können die Bestimmung der Vergesellschaftungsentschädigung informieren.[67] Hier wurde der Eigentumsentzug als Teil struktureller wirtschaftlicher Reformen von anderen Enteignungen unterschieden. Wirtschaftliche Strukturmaßnahmen sollten keine Entschädigung des Verkehrswerts erfordern.[68] Der Völkerrechtler Wolfgang Friedmann wendete außerdem das allgemeine Rechtsprinzip der ungerechtfertigten Bereicherung, das

65 Expertenkommission zum Volksentscheid Vergesellschaftung großer Wohnungsunternehmen, *Abschlussbericht*, S. 64 ff.

66 Hoffrogge, »Das Faire-Mieten-Modell«.

67 Sornarajah, *The International Law on Foreign Investment*, S. 412 ff.

68 Lauterpacht (Hg.), *Oppenheim's International Law*, S. 352.

von Schiedsrichtern zur Begründung einer Pflicht zur Entschädigung des vollen Marktwerts herangezogen wurde, gegen die Unternehmen und ihre europäischen und nordamerikanischen Heimatstaaten, die sich während der Kolonialzeit insbesondere an den Rohstoffvorkommen der Kolonien bereichert hatten.[69] Als in Chile unter Präsident Salvador Allende die Kupferindustrie nationalisiert wurde, kam das Prinzip mit dieser Stoßrichtung zur Anwendung. Chile bestimmte die Entschädigung für die betroffenen ausländischen Unternehmen, indem es die Buchwerte ihrer Kapitalanlagen zum Ausgangspunkt nahm, davon aber sogenannte Übergewinne abzog, die der Präsident festsetzte.[70] Dies führte beispielsweise für das Unternehmen SMETSA mit einem Buchwert von 319 Millionen Dollar bei einer Übergewinnabgabe von 410 Millionen Dollar und weiteren Abzügen zu einem Passivsaldo von 310 Millionen Dollar.[71]

Der Gedanke der ungerechtfertigten Bereicherung kann auch für die Vergesellschaftungsentschädigung fruchtbar gemacht werden. Dann wäre zum einen zu fragen, um welchen Wert die Berliner Stadtgesellschaft durch die Vergesellschaftung bereichert ist. Da Boden und Wohnimmobilien nach der Vergesellschaftung nicht mehr als Kapitalanlagen verwertet, sondern als Gemeingüter verwaltet werden, kann das nicht der Wert der Kapitalanlagen, sondern allenfalls der Sozialwert der Commons sein. Zum anderen könnte die Frage gestellt werden, ob ein Teil der Rendite der Wohnungsunternehmen als ungerechtfertigt zu qualifizieren ist, weil er auf eine Aneignung des Gemeinsamen zurückgeht, mit der Konsequenz, dass dieser Teil nicht in die Entschädigungsbemessung einfließt oder zu einem Abzug führt.

69 Friedmann, »The Uses of ›General Principles‹«, S. 295 ff.
70 Fleming, »The Nationalization of Chile's Large Copper Companies«.
71 Wehser, »Völkerrechtswidrige Verstaatlichung der Kupferminen in Chile?«.

Transformative Rechtsinterpretation: Staying with the trouble!

Die meisten Rechtsvorschriften sind unbestimmt, flexibel und anpassungsfähig. Das geschriebene Recht determiniert nicht selbst, wie es auszulegen und anzuwenden ist.[72] Rechtsordnungen und Rechtsinstrumente, seien es staatliche Verfassungen oder völkerrechtliche Verträge, sind von Widersprüchen, Brüchen und Lücken gekennzeichnet. Diese resultieren daraus, dass es sich bei Recht um das Ergebnis von Kompromissen handelt. Völkerrechtliche Verträge werden manchmal als verschriftlichte Missverständnisse bezeichnet, weil sich die Verhandelnden zwar auf einen Text – häufig in mehreren Sprachen – geeinigt haben, sich dabei aber im Klaren sind, dass das noch keine abschließende Einigung über die Bedeutung beinhaltet. Die Präzisierung wird bewusst den späteren Interpreten überlassen.

In der Praxis tragen Rechtsauslegungen und -anwendungen häufig dazu bei, Machtverhältnisse zu konsolidieren, trennende Verwertung zu befördern und politische Gestaltungsspielräume zu beschränken. Viele Beispiele habe ich schon genannt: die Ausweitung des Eigentumsschutzes über das Eigentum an Gegenständen, zu denen die Eigentümerin eine persönliche (Sorge-)Beziehung pflegt und die für ihre Persönlichkeitsentwicklung von Bedeutung sind, auf alle vermögenswerten Individualechte; die Beschränkungen politischer Inhaltsbestimmungen des Eigentums insbesondere durch das Erfordernis der Verhältnismäßigkeit; die Auslegung des Investitionsschutzrechts, wonach ein Eigentumsentzug durch Ersatz des Verkehrswerts zu kompensieren ist, der nach dem DCF-Verfahren bestimmt werden kann. Die Liste ließe sich fortsetzen. Eine kürzlich entstandene Dissertation beispielsweise hat das Seerecht so ausgelegt, dass es ebenfalls ein ungeschriebenes Verhältnismäßigkeitsprinzip enthalte,

72 Grundlegend zur Undeterminiertheit des Völkerrechts: Koskenniemi, *From Apology to Utopia*.

das der Rücknahme von Lizenzen für den Tiefseebergbau Grenzen setze.[73]

Solche Interpretationen führen dazu, dass emanzipatorische Elemente des Rechts, wie der normative Überschuss von Verfassungen, der auf soziale Gerechtigkeit, Demokratie und Teilhabe und damit auf gesellschaftliche Transformation zielt, verloren gehen. Stattdessen verfestigen sie soziale Ungleichheit, perpetuieren Unfreiheit und gleichen – so hat Helmut Ridder es ausgedrückt – die Verfassung an die Verfassungswirklichkeit an.[74] Ein Grund für diese den Status quo stabilisierenden Interpretationen liegt in einer Methode der Rechtsauslegung, die unter Juristinnen verbreitet ist. Sie gehen mit der Vagheit und den Inkonsistenzen des Rechts häufig so um, dass sie das Rechtsmaterial systematisierend in eine Ordnung bringen und dabei Lücken füllen und Widersprüche auflösen, indem sie postulieren, dass einer Rechtsordnung eine konsistente Werteordnung, ein widerspruchsloser normativer Zusammenhang, zugrunde liege.[75] Damit schaffen sie ein Recht, das konsistenter ist als der historische politische Kompromiss, der seiner Entstehung zugrunde liegt. So haben Juristen den Grundrechtskatalog des Grundgesetzes als Teil eines normativen Zusammenhangs verstanden, der um der Freiheit willen die Marktwirtschaft schütze. Auch das internationale Investitionsschutzrecht wird, obwohl es sich aus mehreren tausend zumeist bilateralen Investitionsschutzverträgen speist, von Rechtswissenschaftlern, die nicht selten auch als Schiedsrichter tätig sind, als ein »multilaterales System« rekonstruiert, das zum Schutz von Kapitalanlagen und Investoren ungeschriebene Anforderungen wie beispielsweise die Verhältnis-

73 Pecoraro, *Deep Seabed Mining in the Area.*

74 Ridder, *Die soziale Ordnung des Grundgesetzes*, S. 13 ff.

75 Sowohl Helmut Ridder als auch Roberto Unger haben sich kritisch mit der systematisierenden Auslegung auseinandergesetzt: Ridder, *Die soziale Ordnung des Grundgesetzes*; Unger, *What Should Legal Analysis Become?*

mäßigkeit als Ausdruck eines allgemeinen Prinzips von Rechtsstaatlichkeit enthalte.[76]

Schließlich sei noch das EU-Recht erwähnt. Hier hat die Rechtsprechung des Europäischen Gerichtshofs grundlegende ungeschriebene Prinzipien wie den Vorrang des EU-Rechts vor dem Recht der Mitgliedstaaten und seine direkte Anwendbarkeit mit der Begründung etabliert, dass sie für die Autonomie und die Effektivität des EU-Rechts erforderlich seien. Wie stark die systematisierende Auslegung den Raum des Möglichen mit Blick auf transformativen Strukturwandel verengt, wird besonders deutlich mit Blick auf die klare Aussage des EU-Rechts in Artikel 345 des Vertrags über die Arbeitsweise der Europäischen Union (AEUV): »Die Verträge lassen die Eigentumsordnung in den verschiedenen Mitgliedstaaten unberührt.« Sie sollte dem Umstand Rechnung tragen, dass die Eigentumsordnungen der Mitgliedstaaten signifikante Unterschiede aufweisen, die durch die europäische Integration nicht aufgehoben werden sollten. Noch heute wird diese Vorschrift als Beleg dafür herangezogen, dass das EU-Recht wie das Grundgesetz keine Entscheidung für eine bestimmte Wirtschaftsordnung treffe und auch grundlegenden Veränderungen der Eigentumsordnungen der Mitgliedstaaten nicht im Wege stehe. Dabei wird jedoch übersehen, dass der Gerichtshof der Europäischen Union in seiner Rechtsprechung eine Auslegung der wirtschaftlichen Grundfreiheiten entwickelt hat, die jedwede potenzielle Beschränkung einer Grundfreiheit durch eine staatliche Maßnahme rechtfertigungsbedürftig macht und die Artikel 345 AEUV als Rechtfertigung für den Eigentumsentzug beispielsweise im Rahmen von Vergesellschaftungen bedeutungslos werden lässt. Das heißt: Auch Maßnahmen wie die in Berlin anvisierte Übertragung von Privat- in Gemeineigentum, die eindeutig die Eigentumsordnung im Sinne von Artikel 345 AEUV betreffen, müssen sich am Maßstab der europarechtlichen

76 Schill, *The Multilateralization of International Investment Law.*

Grundfreiheiten messen lassen.[77] Es reicht also nicht aus, zum Nachweis ihrer europarechtlichen Unbedenklichkeit auf Artikel 345 AEUV zu verweisen.

Gegen diese systematisierenden und konstitutionalisierenden Auslegungen, die politische Gestaltungsspielräume verengen und Demokratisierung behindern, müssen sich transformative Rechtsinterpretationen behaupten. Transformative Interpretationen können an die emanzipatorischen Elemente und utopischen Überschüsse anknüpfen, die sich in der Geologie des Rechts, mal an der Oberfläche, mal in tieferen Schichten, aufspüren lassen. Die Wahrscheinlichkeit, dass sie sich durchsetzen und effektiv die Rechtsanwendung durch Verwaltungen und Gerichte beeinflussen, erhöht sich, je überzeugender sie an bestehende Rechtskonzepte anschließen können und je größer die gesellschaftliche Bereitschaft ist, transformative Interpretationen zu akzeptieren.[78] Rechtswissenschaft kann zum Erfolg transformativer Rechtsinterpretation beitragen, wenn sie, anknüpfend sowohl an die (Rechts-)Praxis sozialer Bewegungen als auch an Rechtstheorie und -dogmatik, Angebote für transformative Interpretationen macht.

77 So auch der Bericht der Expertenkommission, der aber davon ausgeht, dass das Berliner Vergesellschaftungsvorhaben auch eine Überprüfung auf Vereinbarkeit mit den europarechtlichen Grundfreiheiten bestehen würde: Expertenkommission zum Volksentscheid Vergesellschaftung großer Wohnungsunternehmen, *Abschlussbericht*, S. 98 ff.

78 Gunter Teubner spricht im Anschluss an Philip Selznik von der konzeptionellen Bereitschaft des Rechts, auf gesellschaftliche Möglichkeitsstrukturen zu reagieren: Teubner, »My Numerous Detours«, S. 216.

Transformative Eigentumsinterpretation zur Stärkung von Commons

> Ich versuche zu zeigen, dass es keinen Widerspruch zwischen Privatrecht und den Commons gibt, weder in der liberalen Tradition des Privatrechts noch im geltenden Privatrecht.
>
> *Maria Rosaria Marella*[79]

> In diesem Sinne sind Commons ein Rechtsinstrument außerhalb des institutionellen Rahmens der westlichen Rechtstradition der Moderne: Commons funktionieren nach einer anderen Logik als der strengen und binären Logik des Marktes, individualistischen Privateigentums und staatlicher Souveränität.
>
> *Ugo Mattei, Rocco Alessio Albanese und Ryan Fisher*[80]

In Italien haben in den letzten Jahren soziale Bewegungen und Initiativen mit ihrem Widerstand gegen die Privatisierung öffentlicher Infrastrukturen, darunter die Wasserversorgung, und ihrer Wiederaneignung des Gemeinsamen, darunter der städtische Raum und leerstehende Gebäude, zur Stärkung von Commons beigetragen. Sie sind mit ihren Protesten, Besetzungen und Rechtspraktiken zu einer konstitutiven Kraft geworden.[81] Rechtswissenschaftlerinnen arbeiten mit Aktivistinnen zusammen. Sie unterstützen den Kampf um die Wiederaneignung des Gemeinsamen, indem sie die Rechtsforderungen und Gegenrechte der sozialen Bewegungen so rekonstruieren, dass sie für Debatten in Rechtsdogmatik und Rechtstheorie anschlussfähig werden und von Rechtsanwendern wie Gerichten aufgegriffen werden können. Die italienische Rechtswissenschaftlerin Maria Rosaria Marella und der italienische Rechtswissenschaftler Ugo Mattei haben in beeindruckender Weise gezeigt, wie das mit Blick auf eine transformative Interpretation des Privateigentums aussehen kann. In ihrer Arbeit wird deutlich, wie Juristinnen einen eigenständigen Beitrag in der Unterstützung sozialer Bewegungen leisten können.

79 Marella, »The Commons as a Legal Concept«, S. 74 (eigene Übersetzung).
80 Mattei u.a., »Commons as Possessions«, S. 246 (eigene Übersetzung).
81 Bailey/Mattei, »Social Movements as Constituent Power«.

Mattei und Marella haben Vorschläge unterbreitet, wie aus Commons kollektive Nutzungsrechte abgeleitet und wie Commons als eigene Eigentumskategorie anerkannt werden können. Dabei wird ihre Arbeit sowohl stark von der Praxis der sozialen Bewegung als auch vom Recht des Eigentums und der Rechtsprechung von Gerichten informiert.[82] Ihr Ansatz ist auch für den deutschen verfassungsrechtlichen und den transnationalen menschenrechtlichen Schutz des Privateigentums relevant. Ferner finden sich hier wichtige Hinweise darauf, wie sich das Tiefseebodenrecht für die Anliegen und das Recht der Indigenen Ozeanbewohnerinnen öffnen könnte.

Marella argumentiert, das bestehende italienische Recht lasse eine Interpretation des Eigentumsrechts zu, welche kollektive Nutzungsrechte eines Commons schütze und das Recht der Eigentümer beschränke, die Nutzung zu verbieten. Sie stützt ihre Auslegung einerseits auf die im ersten Kapitel erwähnte Eigentumskonzeption, die Eigentum als ein Bündel einzelner Rechte und Berechtigungen versteht, die auf verschiedene Einzelpersonen und Kollektive verteilt sein können, andererseits auf die durch das Recht anerkannte Sozialpflichtigkeit des Eigentums. Weder die Bündelkonzeption noch die Sozialpflichtigkeit des Eigentums sind dem deutschen Recht fremd. Deshalb ist die italienische Diskussion über den Schutz kollektiver Rechte an Commons auch für die transformative Interpretation des deutschen Rechts und insbesondere Artikel 14 GG interessant.

Commons versteht Marella im Anschluss an das Commons-Verständnis sozialer Bewegungen nicht naturalistisch, sondern als soziale Systeme, die um gemeinsam geschaffene, genutzte, verwaltete und gepflegte Dinge oder Ressourcen entstehen. Dabei besteht eine Wechselbeziehung zwischen der Gemeinschaft der Nutzenden und dem genutzten Gut: Die Gemeinschaft wird

82 Mattei u.a., »Commons as Possession«; Marella, »The Commons as a Legal Concept«; Marella, »The Law of the Urban Common(s)«; vgl. auch Vanuxem, *La Propriété de la Terre.*

durch die gemeinsame Nutzung und das Gut durch die Gemeinschaft, die es hervorbringt, pflegt oder verwaltet, als Gemeingut konstituiert.[83] Nach dieser Auffassung sind also nicht bestimmte Güter Commons, etwa die in der Wirtschaftswissenschaft wegen ihrer freien Zugänglichkeit und gleichzeitigen Nutzbarkeit als Gemeingüter qualifizierten Güter. Vielmehr können alle möglichen Dinge zu einem Teil von Commons werden, darunter Naturgüter, soziale Infrastrukturen und Gebäude, wenn sie Gegenstand einer kollektiven Nutzung sind. Commons überschreiten die Trennung von öffentlich und privat, denn auch Dinge, die sich im Eigentum von Staat und Kommunen oder von Privatpersonen befinden, können durch die Nutzung einer Gemeinschaft von Nutzenden zu Commons werden.[84]

Die Nutzenden eines Commons sollen, so Marella, dann ein kollektives Nutzungsrecht auch gegen den Willen der Eigentümer der genutzten Sache haben, also beispielsweise eines leerstehenden und von den Nutzenden besetzten Hauses, wenn die Nutzung von Bedeutung für ihre Grundrechtsausübung ist.[85] Dient die Nutzung der Verwirklichung fundamentaler Rechte, dann sollen die Eigentümerinnen die Nutzung dulden müssen. Den Nutzenden steht dann ein kollektives Nutzungsrecht zu. Mit der Metapher der Bündeltheorie gesprochen: Der Eigentümerin fehlt nun aus dem Bündel die Berechtigung, andere von ihrem Eigentum auszuschließen und die Nutzung zu untersagen. Erkennen Gerichte ein solches Nutzungsrecht an, dann geht damit zugleich die Anerkennung einher, dass die Sozialpflichtigkeit des Eigentums in dieser Konstellation nicht vom Staat durch gesetzliche Beschränkung der Eigentumsrechte durchgesetzt wird, sondern durch die Gemeinschaft der Nutzenden.[86]

83 Marella, »The Commons as a Legal Concept«, S. 68.

84 So kann dann auch ein Kaufhaus zu einem Commons werden. Siehe Blomley, »Enclosure«.

85 Marella, »The Commons as a Legal Concept«.

86 Marella sieht vor allem den Staat in der Verantwortung für das Zurückdrängen von Kollektivrechten und die Effektivierung der Trennung zwischen

Diese Interpretation des Eigentumsrechts steht in der Tradition von Ansätzen, die im frühen 20. Jahrhundert das individualistische Eigentumsverständnis überwinden und Eigentum als soziale Funktion verstehen wollten.[87] Außerdem knüpft Marella hier an die nach dem italienischen Juristen Stefano Rodotà benannte, 2007 vom italienischen Justizminister eingesetzte Rodotà-Kommission an. Diese sah in ihrem Bericht zu einer Reform des italienischen *codice civile* die Aufnahme einer neuen Eigentumskategorie der *beni communi* vor. Auch dies sollten Güter sein, denen eine besondere Bedeutung für die Verwirklichung von Grundrechten zukommt. Der Entwurf führte zwar nicht zu einer Gesetzesänderung, hinterließ aber, so Marella, Spuren in der Rechtsprechung der italienischen Gerichte.[88]

Ähnlich wie Marella argumentieren Ugo Mattei und seine Koautoren für eine Neuinterpretation des Eigentumsrechts. Während Marella sich auf die Auslegung des italienischen Rechts und die Spruchpraxis italienischer Gerichte konzentriert, verdeutlichen Mattei et al. die Möglichkeiten einer transformativen Interpretation des Eigentumsrechts der Europäischen Menschenrechtskonvention mit dem Ziel des Schutzes von Commons.[89] Wie Marella verstehen sie Commons als Beziehungssysteme, die sich weder mit der Unterscheidung zwischen privat und öffentlich noch mit der Unterscheidung zwischen Subjekt und Objekt erfassen lassen. Stärker als Marella, für die sich Rechte an Commons mit dem Eigentumsschutz des liberalen Rechts vereinbaren lassen, kontrastieren Mattei et al. das Recht der Commons

privat und öffentlich: Marella, »The Commons as a Legal Concept«, S. 76.

87 Duguit, *Les transformations générales du droit privé depuis le Code Napoléon.*

88 Marella, »The Commons as a Legal Concept«, S. 67 ff.

89 Mattei u. a., »Commons as Possession«. Wurde im Europarat zunächst von einzelnen Regierungen die Auffassung vertreten, dass allenfalls das der Lebenshaltung dienende Eigentum menschenrechtlich geschützt werden sollte, geht der Eigentumsschutz von Artikel 1, 1. Zusatzprotokoll zur Europäischen Menschenrechtskonvention heute weit darüber hinaus. Neben den vermögenswerten Individualrechten erfasst er auch »legitime Erwartungen«.

mit dem individualistischen Recht des Privateigentums der westlichen Moderne. Letzteres verstehe das Eigentum als von Materialität abstrahiertes Vermögen eines Rechtssubjekts in Bezug auf ein Rechtsobjekt. Commons überwinden jedoch diese Binarität; sie entstehen ja gerade erst durch die zirkulären, horizontalen und generativen Gebrauchs- und Nutzungsbeziehungen zwischen einem Gut und einer Gemeinschaft von Nutzenden, die sich wechselseitig konstituieren. Die Subjektivität der Individuen ergebe sich hier sowohl aus den Beziehungen zum genutzten Gut als auch zu den anderen Mitgliedern der Gemeinschaft, die sich durch die Nutzungs- und Gebrauchsbeziehungen bildet. Während Mattei et al. stärker an Indigene Rechtstraditionen anknüpfen, um ihre Argumentation für eine transformative Interpretation des Eigentumsschutzes zu begründen, machen auch sie den Rechtsschutz eines Commons davon abhängig, dass der kollektive Gebrauch einen fundamentalen Nutzen für die Subjekte und Gemeinschaften hat.[90] Anknüpfungspunkte für die von ihnen vorgeschlagene Interpretation des Eigentumsschutzes der Europäischen Menschenrechtskonvention finden sie in der Rechtsprechung des Europäischen Gerichtshofs für Menschenrechte. Darunter die Fälle, in denen der Gerichtshof den Schutz illegaler Behausungen durch das Recht auf Familie und Privatheit mit der Begründung anerkannt hat, dass die Behausungen durch die Beziehungen der Bewohnerinnen zu einem Zuhause geworden sind.[91]

Die stark von Indigenem Recht inspirierte transformative Rechtsinterpretation zum Schutz von Commons als »zirkuläre und ökologische Rechtskonstruktion«[92] informiert heute auch die Anerkennung von Rechten der Natur in vielen Jurisdiktio-

90 Ebd., S. 246.
91 Ebd., S. 243.
92 Ebd., S. 244

nen.[93] Sie könnte auch einen Weg weisen, das Tiefseebodenrecht für das Recht der Ozeanbewohnerinnen zu öffnen. Wie in Kapitel 7 beschrieben, versucht eine Gruppe Indigener Aktivistinnen zusammen mit Regierungsvertretern und zivilgesellschaftlichen Organisationen aktuell den Kulturgüterschutz im Seerecht auf immaterielle Kulturgüter zu erweitern, um den spirituellen Beziehungen der Indigenen zum Tiefseeboden Rechnung zu tragen. Wird dieses Beziehungssystem zwischen Indigenen Pazifikbewohnerinnen und dem Tiefseeboden als Commons im Sinne eines Rechtsverhältnisses verstanden und anerkannt, dann würde sein Schutz zugleich mit einer Anerkennung des Indigenen Rechts einhergehen. Der internationale Kulturgüterschutz ist selbst schon, worauf Mattei et al. ebenfalls hinweisen, offen für den Schutz von Beziehungssystemen. Das wird sehr deutlich in der 2011 in Kraft getretenen Faro-Konvention des Europarats, der zufolge Kulturerbe auch »Aspekte der Umwelt, die sich aus der Interaktion zwischen Menschen und Orten im Laufe der Zeit ergeben«, erfasst.[94]

Marella und Mattei haben verschiedene Möglichkeiten aufgezeigt, wie die rechtliche Anerkennung von Commons an existierende Rechtskonzepte anknüpfen und durch deren transformative Interpretation bewirkt werden kann. Dass dafür auch eine gesellschaftliche Offenheit besteht, zeigen nicht nur die schon genannten sozialen Bewegungen für die Wiederaneignung des Gemeinsamen, sondern auch die sich verbreitende Anerkennung von Rechten der Natur und die Stärkung Indigenen Rechts. Ein Ausdruck davon und besonders relevant für die Debatten in der Meeresbodenbehörde ist eine Entscheidung des neuseeländischen Obersten Gerichtshofs aus dem Jahr 2021 in einem Rechts-

93 Linzey, »On the Nature Rights Movement«, https://humanize.today/podcast/thomas-linzey-on-the-nature-rights-movement/ [30. 9. 2024]. Für einen anderen Ansatz, der Rechte der Natur nicht aus Beziehungssystemen, sondern der Produktivität der Natur ableitet, aus der ihr ein eigenes »Eigentumsrecht« erwachse, siehe Wesche, *Die Rechte der Natur*.

94 Mattei u. a., »Commons as Possession«, S. 246 f.

streit um die Förderung von Eisensand vor der Küste Neuseelands. Das Gericht stellte fest, dass die Behörde, die für die Erteilung der erforderlichen Genehmigung zuständig ist, das Tikanga – das Recht der Maori – als integralen Bestandteil des Common Law in seine Entscheidungen einbeziehen muss. Es bestätigte damit, dass das Indigene Recht als Recht anzuwenden und nicht als bloßes Interesse zu berücksichtigen ist. Das bedeutete in diesem Fall, dass das relationale Rechtsprinzip Kaitiakitanga, das mit Pflegschaft (Guardianship) über Himmel, Meer und Land übersetzt wird, zur Anwendung kommt und dass es auch aus Perspektive des Indigenen Rechts interpretiert werden muss.[95]

So wie sich hier das Recht Neuseelands für das Indigene Recht öffnet, könnte sich das internationale Recht des Tiefseebodens für das Recht der Pazifikbewohnerinnen öffnen. Ansatzpunkt wäre neben dem völkerrechtlichen Kulturgüterschutz und dem Recht Indigener Gemeinschaften auf freie, vorherige und informierte Zustimmung auch das Prinzip des gemeinsamen Menschheitserbes, wenn es so interpretiert wird, dass es die Commons der Ozeanbewohnerinnen umfasst.

95 *Trans-Tasman Resources Limited v The Taranaki-Whanganui Conservation Board* SC 28/2020 NZSC 127, 30 September 2021. Zu dieser Entscheidung: Inns, »Trans-Tasman Resources – the Supreme Court tikanga and Te Tiriti«.

9 | Organisationsrecht der Commons

> Die Bewohnerschaft einer Nachbarschaft entspricht etwa dem demographischen Durchschnitt – so können Tendenzen zur Ghettobildung vermieden werden. Die Bewohnerinnen und Bewohner übernehmen Verantwortung und konkrete Aufgaben in der Gemeinschaft. *Neustart Schweiz*[1]

> Die Freie Privatstadt wird von einer Betreibergesellschaft als gewinnorientiertes Unternehmen geführt. Gegen einen festgelegten finanziellen Beitrag gewährleistet sie den Bewohnern Schutz von Leben, Freiheit und Eigentum. *Titus Gebel*[2]

Staaten führen Kriege um Boden. Regierungen bauen Mauern und Zäune an ihren Grenzen und errichten militärische Schutzschilde über ihren Territorien. Sie lassen Menschen, die aus ihrer Heimat fliehen, vor ihren Küsten ertrinken. Das soll der Sicherheit und dem Wohlstand derjenigen dienen, die hinter den Mauern und Zäunen ihrem Leben nachgehen. Manchen sind die Grenzen noch zu durchlässig. Sie sehen ihre Freiheit nicht nur durch Migrantinnen, sondern durch die Zumutung der Verbindung mit Mitbewohnerinnen gefährdet und sich einer Tyrannei der Regierenden ausgesetzt. Ihre Utopien heißen »freie Städte« und »Seasteads«.[3]

Ein Pilotprojekt ist Próspera auf der Insel Roatán, die zum Staatsgebiet Honduras gehört. Der an dem Projekt beteiligte deutsche Unternehmer und Jurist Titus Gebel hat Anliegen und Funktionsweise der freien Städte im Detail beschrieben. Die freien Städte sollen neu erbaut werden. Bewohnt werden sie durch »Vertragsbürger«, die mit der Betreibergesellschaft einen »Bürgervertrag« geschlossen haben, »der die gegenseitigen Rechte und Pflichten abschließend regelt«.[4] Das Leben in der Privatstadt soll

1 Degen u.a., *Nach Hause kommen*, S. 9.
2 Gebel, *Freie Privatstädte*, S. 158.
3 Kritisch hierzu: Slobodian, *Kapitalismus ohne Demokratie*; Kemper, *Privatstädte*.
4 Gebel, *Freie Privatstädte*, S. 158.

es dem Bewohner ermöglichen, wieder »Souverän seiner Selbst« zu sein. Seine Freiheit besteht darin, über die Palette von Dienstleistungen wie Müllabfuhr, Schutz, Reinigung usw. zu entscheiden, die er in Ausübung seiner Privatautonomie von privaten Anbietern beziehen möchte.

Möglich wird das Experiment der freien Stadt Próspera, weil die Regierung Honduras mit der amerikanischen Betreibergesellschaft Honduras Próspera Inc. einen Vertrag abgeschlossen hat, der es dem Unternehmen erlaubt, auf 23,5 Hektar eine Sonderverwaltungszone zu betreiben. Bekannt sind ähnliche Vereinbarungen über Sonderwirtschaftszonen aus dem internationalen Wirtschaftsrecht: Staaten schränken ihre souveränen Hoheitsbefugnisse – zur Regulierung, Besteuerung, Zollerhebung – für ein bestimmtes Gebiet freiwillig ein, um Investitionen anzuziehen.[5] Der Ökonom Paul Romer erweiterte das Konzept auf Städte: Entwicklungsländer sollen nicht nur in Sonderwirtschaftszonen ihre hoheitlichen Befugnisse beschränken, sondern ausländischen Investoren auch Gründung, Bau und Betrieb von Städten, sogenannte Charter Cities, überlassen.[6] In ihnen ist die Geltung des nationalen Rechts des Gaststaates und auch des internationalen Rechts zurückgenommen; stattdessen gilt das von den Investoren gesetzte Recht. In Deutschland griff die rechtsextreme Partei Alternative für Deutschland (AfD) die Idee auf und regte an, solche Charter Cities zu einem integralen Bestandteil der Entwicklungspolitik zu machen.[7]

Titus Gebel präsentiert freie Städte nicht als Entwicklungsprogramm, sondern als Befreiung wohlhabender »Leistungsträger« von den Zwängen demokratisch regierter Staaten. In Próspera können diese vom Architekturbüro Zaha Hadid ent-

5 Bönnemann, *Rechtsenklaven*.

6 Romer, *Technologies, Rules, and Progress*; aus völkerrechtlicher Perspektive: Rothemann, *Charter Cities*.

7 »AfD setzt sich für Konzept der Charter Cities ein«, https://www.bundestag.de/presse/hib/840102-840102 [18. 11. 2024].

worfene Immobilien erwerben; Mitbestimmungsrechte sind beschränkt und an Unternehmensanteile geknüpft. Die Betreibergesellschaft einer freien Stadt wählt aus, wer einen »Bürgervertrag« abschließen darf, und behält sich das Recht vor, »jeden, der kriminell wird oder z. B. den Vorrang religiöser Dogmen vor den Regeln der Stadt propagiert, ohne viel Federlesens wieder hinaus[zu]werfen«.[8] Die an die Betreibergesellschaft abzuführenden Steuern und Gebühren sind gering, denn sie stellt um der Freiheit ihrer Vertragsbürger willen nur ein Minimum an Infrastruktur zur Verfügung. Die niedrigen Steuern, minimale Regierung und Regulierung sollen freie Städte auch für Unternehmen attraktiv machen.[9]

Eine Unsicherheit resultiert für die freien Städte aus der Hoheitsmacht der Staaten, auf deren Territorium sie sich befinden. Internationales Investitionsschutzrecht soll sie gegen staatliche Interventionen absichern, etwa die einseitige Aufhebung oder Änderung des Abkommens über die Sonderverwaltungszone.[10] Als Betreibergesellschaft für Próspera wurde bewusst ein in den USA inkorporiertes Unternehmen gewählt, da Honduras und die USA Parteien eines bilateralen Investitionsschutzvertrages sind, der die ausländischen Investitionen des einen im jeweils anderen Staat gegen »politische Risiken« absichert.[11] Sich noch weiter von lästigen Regierungen und Nachbarn zu befreien, ist das Ziel eines verwandten Projekts namens »Seasteading«. Seine Anhänger möchten ihre freien Gemeinschaften auf künstlichen Inseln

8 Gebel, *Freie Privatstädte*, S. 171.

9 Shaxson, *Treasure Islands*.

10 Im September 2024 erklärte der Oberste Gerichtshof von Honduras das Gesetz, das die Einrichtung von Sonderverwaltungszonen erlaubt, für verfassungswidrig: Dreißig, »Honduras: Oberster Gerichtshof erklärt ›Privatstädte‹ für verfassungswidrig«.

11 2022 verklagte Próspera Inc. den Staat Honduras vor einem internationalen Schiedsgericht auf Zahlung von knapp 10,77 Milliarden US-Dollar: Blume, »Privatstadt Próspera verklagt Honduras«.

im Ozean errichten.[12] Prominente Figuren und Sponsoren hinter diesen »Realutopien«[13] sind libertäre Aktivisten wie Peter Thiel und Patri Friedman. Mit den Wahlsiegen von Politikern, die das Programm verfolgen, öffentliche Infrastrukturen abzubauen, eröffnen sich ihnen neue Möglichkeiten, ihre Vorstellungen von Charter Cities, schwimmenden Freistaaten, und der Kolonisierung des Weltalls zu verwirklichen.

Aber nicht nur deshalb sind sie ernst zu nehmen. Vielleicht zeigen Seasteads und freie Städte überdeutlich die Gefahren, die mit Transformationsprojekten einhergehen, die sich auf Boden und Bodenbeziehungen konzentrieren. Während libertäre Millionäre sich in Honduras »freie Städte« bauen, erwerben Reichsbürger in Deutschland Ländereien und Immobilien für den Aufbau eines »Gemeinwohlstaates Königreich Deutschland«.[14] Wenn ich mit Freundinnen über unsere Ängste angesichts von ökologischen Katastrophen und Wahlsiegen autoritärer Parteien und Politiker spreche, endet unser Gespräch nicht selten damit, dass auch wir den Wunsch nach einem Stück Land äußern. Nicht weil wir uns (wie noch unsere Eltern) wünschen, im Einfamilienhaus mit Garten ein glückliches Leben zu führen, sondern weil wir hoffen, es könnte unser Überleben in der Katastrophe sichern. Eine Insel sein, auf die wir uns mit Freundinnen und Kindern

12 Quirk/Friedman, *Seasteading*. Auch hier gibt es Pilotprojekte, darunter eines, das durch ein Abkommen mit Französisch-Polynesien über den Betrieb eines Seasteads in der ausschließlichen Wirtschaftszone des Landes ermöglicht wird: The Seasteading Institute, »Reimagining Civilization with Floating Communities«, https://www.seasteading.org/ [18. 11. 2024]. Der Begriff »Seastead« geht auf das Konzept der »Homesteads« zurück, das ein Bestandteil republikanischer Politik in den USA im 19. und 20. Jahrhundert war: Foner, *Free Soil, Free Labor, Free Men*.

13 Die wenig mit den Realutopien des sozialistischen Soziologen Olin Wright zu tun haben: Wright, *Envisioning Real Utopias*.

14 Bundesamt für Verfassungsschutz, »Das ›Königreich Deutschland‹ – Staatssimulation von ›Reichsbürgern‹ und ›Selbstverwaltern‹«, https://www.verfassungsschutz.de/SharedDocs/hintergruende/DE/reichsbuerger-und-selbstverwalter/reichsbuerger-staatssimulation.html [13. 12. 2024].

retten können, wenn die Stürme zunehmen, die Elektrizität ausfällt, die Supermärkte geplündert werden.

Die Commons, um die es mir in diesem Buch geht, verfolgen eine andere Freiheit und andere Sicherheit – eine Freiheit, die nicht davon abhängt, sie sich erkaufen zu können; eine Sicherheit, die nicht durch die Bereitschaft bedingt ist, sie mit Waffen zu verteidigen. Sie sind weder auf die Abschaffung von Politik noch die Krönung autoritärer Führer gerichtet, sondern auf die Demokratisierung sozialer und wirtschaftlicher Praxis. Es geht darum, Kooperation zu fördern. An die Stelle von trennender Verwertung und Ausschluss des Fremden sollen verbindende und Leben erhaltende Beziehungsweisen treten.[15]

Freie Städte und autoritäre Königreiche sollen hier als Irritation der Commons-Utopien dienen, denn auch Commons sind vor Schließungs- und Trennungstendenzen nicht gefeit. Wann drohen sie zu Inseln Gleichgesinnter zu werden, die die Verbindung zur Außenwelt verlieren? Wie können sie »in den Poren« der bestehenden Strukturen wachsen und diese inkrementell revolutionieren?[16] Können staatliches und internationales Recht dazu beitragen, Allgemeinheit aufrechtzuerhalten und zu verhindern, dass das Leben auf einem zunehmend unbewohnbaren Planeten von Zwang und Zäunen bestimmt wird?

Das Konzept der »Nachbarschaften als Commons« des Schweizer Vereins Neustart kann als Gegenentwurf zu freien Städten, Seasteads und Königreichen gelesen werden und verdeutlicht, wie Boden-Commons auf ein Gemeinsames verweisen können.[17] Es visiert nicht einen Neuanfang »auf der grünen Wiese« an, sondern eine an Prinzipien wie Subsidiarität, Suffizienz und Kreislaufwirtschaft ausgerichtete globale sozialökologische Transformation. Zentrale Einheiten – multifunktional sowie sozial und

15 Vgl. Habermann, *Overcoming Exploitation.*

16 Massumi, *99 Theses on the Ravaluation of Value;* Redecker, *Revolution für das Leben.*

17 Degen u.a., *Nach Hause kommen.*

politisch integriert – sind städtische Nachbarschaften mit 350 bis 800 Bewohnerinnen. Um möglichst viele Kreisläufe lokal zu schließen, Transportwege kurz und Ressourcenverbrauch sowie Treibhausgasemissionen niedrig zu halten, setzt das Konzept auf radikale Relokalisierung. Die Entfernungen zwischen Wohnung, Arbeitsplatz und Produktionsstätten sollen verkürzt und möglichst viele Bedürfnisse in der eigenen Nachbarschaft oder umliegenden Quartieren befriedigt werden. Die Nachbarschaften betreiben zu diesem Zweck sogenannte Mikrozentren. Dort werden Lebensmittel gelagert, befinden sich Bäckereien, Werkstätten, Tauschlager, Handwerksbetriebe wie auch eine Gaststätte, Bibliothek, Bar und weitere Gemeinschaftsräume.

Zur Versorgung mit einem Großteil der benötigten Lebensmittel gehen die Nachbarschaften Vertragsbeziehungen mit landwirtschaftlichen Betrieben ein, die nicht weiter als 50 Kilometer von der Nachbarschaft entfernt sein sollen. Wie heute schon in Betrieben der solidarischen Landwirtschaft üblich, teilen sich die Abnehmer und Betriebe das Produktionsrisiko.[18] Durch diesen Modus der Direktversorgung werden kleine Betriebe mit bodenschonenden Anbaumethoden, die heute Schwierigkeiten haben, mit industriellen Großbetrieben zu konkurrieren, wirtschaftlich tragfähig. In den Nachbarschaften werden die Lebensmittel gelagert, verteilt und in gastronomischen Betrieben und Bäckereien verarbeitet. Das führt nicht nur zu einer Reduktion von Lebensmittelabfällen, sondern verbindet auch die Bewohnerinnen.

Leistungen, die nicht in jeder Nachbarschaft angeboten werden können, werden auf der nächsthöheren Organisationsebene, den Quartieren, erbracht. Die nächsten übergeordneten Einheiten sind Großstädte und Regionen und schließlich Subkontinente. Globalen Handel und touristische Reisen soll es weiterhin ge-

18 Degens/Lapschieß, »Kooperationen in der Solidarischen Landwirtschaft«.

ben, wenn auch stark eingeschränkt, um individuelle und kollektive Ökobudgets nicht zu überschreiten.[19]

Das Konzept strebt eine modulare »Haushaltsordnung« an, die demokratisch und demiurgisch ist. Das bedeutet, die Bewohnerinnen sind als Angehörige eines Gesamthaushalts zugleich Produzierende und Konsumierende, Angestellte und Unternehmerinnen. Dieses demiurgische Prinzip charakterisiert nicht nur solidarische Landwirtschaften, sondern viele weitere Commons-Projekte. Prominente Beispiele sind der 2022 mit dem Alternativen Nobelpreis ausgezeichnete Genossenschaftsverbund Cecosesola mit circa 1.400 Mitarbeitenden in Venezuela und die New Yorker Einkaufsgenossenschaft Park Slope Food Coop mit über 17.000 Mitgliedern.[20]

Mit dem Zurückdrängen der an Wettbewerb und Wachstum ausgerichteten Marktwirtschaft nimmt die Bedeutung von Kooperation und Planung zu. Die Bewohnerinnen sind durch Mitarbeit in den Nachbarschaften direkt an der Befriedigung ihrer Bedürfnisse beteiligt. Es gibt keine zentrale Autorität, die plant, sondern eine iterative, demokratische und kontinuierliche Planung.[21] Hier trifft sich also die Praxistheorie der Commons mit neuerer Forschung zu den Möglichkeiten und Bedingungen dezentraler, durch digitale Technologien gestützter und demokratischer Planung.[22] Wie andere zu sozialökologischer Transformation durch Commons veröffentlichte Arbeiten betont das Nachbarschaftsmodell den Luxus und die Lebensfreude, die entstehen

19 Neustart Schweiz schlägt eine Orientierung an Pro-Kopf-Ökobudgets vor, die nach einer vom Ökobilanzexperten Gabor Doka entwickelten Methode aus den planetaren Belastungsgrenzen abgeleitet werden: Degen u.a., *Nach Hause kommen*, S. 76 f.

20 Zu beiden Beispielen: Helfrich/Bollier, *Frei, Fair und Lebendig*, S. 126, 224 ff.

21 Degen u.a., *Nach Hause kommen*, S. 65, 70.

22 Morozov, »Digital Socialism?«; Saros, *Information Technology and Socialist Construction*; siehe auch das neu gegründete International Network for Democratic Economic Planning (INDEP), »About INDEP«, https://www.indep.network/about/ [22.12.2024]; Blumenfeld/Berfelde, »Von der Vergesellschaftung zur Planung und wieder zurück«.

können, wenn Menschen ihr Leben nach der Frage ausrichten, »Was brauchen wir zusammen?«.[23] Wenn Nachbarinnen Dinge teilen und gemeinsam nutzen, anstatt alles selbst zu besitzen, wird, so die Annahme, ein höherer Lebensstandard für alle möglich.[24] Manche der Ideen der »Nachbarschaften als Commons« werden schon in Genossenschaften wie der Züricher Kalkbreite verwirklicht und sind Inspiration für weitere Projekte, in Deutschland etwa für die Genossenschaft »Neustart Tübingen«.[25]

Die Genossenschaft ist nicht die einzige rechtliche Organisationsform für Commons. Im Folgenden widme ich mich dem Organisationsrecht für Commons anhand von drei Fragen. Erstens: Wie können bestehende rechtliche Infrastrukturen genutzt werden, um Grund- und Immobilieneigentum dauerhaft zu entprivatisieren, sodass Herrschafts- und Verwertungsbeziehungen, die auf Grundeigentum basieren, abgebaut werden und Boden nicht mehr als Ware gehandelt und als Kapitalanlage verwertet wird? Zweitens: Wie kann Recht demokratische Selbstverwaltung stärken, Schließung verhindern und stattdessen die Ausweitung von Commons unterstützen, um Bewohnbarkeit zu sichern? Drittens: Können Staat, Kommunen und internationale Institutionen diese Ziele fördern und dazu beitragen, dass der Bezug auf das Gemeinsame gewahrt wird?

23 Degen u.a., *Nach Hause kommen*, S. 138.
24 Vgl. auch Ross, *Communal Luxury*; Communia/ BUNDjugend (Hg.), *Öffentlicher Luxus*.
25 Degen u.a., *Nach Hause kommen*, S. 85 ff.

Organisationsformen: Hacking the law!

> Dies Haus ist mein und doch nicht mein. Dem's vor mir war,
> War's auch nicht sein. Den dritten trägt man auch hinaus.
> Nun frag' ich, wem gehört dies Haus? *Hausspruch*[26]

> Es klingt ja eigentlich unspektakulär: Seit 50 Jahren wird ein innerstädtisches Mietshaus alltäglich selbstverwaltet. Da die gesellschaftlichen und wirtschaftlichen Rahmenbedingungen dies aber nicht als Regelfall vorsehen, sind komplizierte rechtliche Konstruktionen erforderlich, um dieses Zusammenleben abzusichern.
>
> *Eva Kocher und Bernd Vetter*[27]

Auch wenn Privateigentum an Boden fortbesteht, Boden also nicht flächendeckend in Gemeineigentum überführt wird, können die Infrastrukturen des Rechts genutzt werden, um privatnützige Verwertung auszuschließen. Durch privatrechtliche Gestaltung kann das »Rechtebündel« des Boden- und Immobilieneigentums so zwischen verschiedenen Akteuren verteilt werden, dass nicht nur die Verwertung als Kapitalanlage unmöglich wird, sondern darüber hinaus Partizipation und Solidarität strukturell gefördert werden.[28] Dafür spielt die privatrechtliche Gründung von Organisationen eine wichtige Rolle.

Das Grundgesetz enthält in Artikel 9 das Recht, Vereine und Gesellschaften zu bilden. Es schützt damit die Möglichkeit, Kollektive und Assoziationen aufzubauen, die gemeinsame Zwecke verfolgen. Das Privatrecht hält hierfür verschiedene Organisationstypen bereit. Dazu gehören unter anderen der Verein, die Genossenschaft und die schon mehrfach erwähnten Kapitalgesellschaften wie Aktiengesellschaft und Gesellschaft mit beschränkter Haftung. Der Zivilrechtler Otto Gierke hat Ende des 19. Jahrhunderts die Funktion des Privatrechts der Gesellschaften als eine beschrieben, die es den Einzelnen erlaubt, Trennung

26 Zitiert in Helfrich/Bollier, *Frei, Fair und Lebendig*, S. 140.
27 Kocher/Vetter, »Haynstraße bleibt und lebt – seit 50 Jahren«, S. 441.
28 Kennedy, »Neither the Market nor the State«; Marella, »The Law of the Urban Common(s)«.

zu überwinden, sich zu organisieren und ihr Einzelvermögen durch kollektives Vermögen zu ergänzen: »Was also das Privatrecht in diesem mehrfach abgestuften Aufstieg von dem für sich stehenden Einzelnen zur organisierten Gemeinschaft leistet, indem es die Trennung der Menschen durch ihre Vereinigung überwindet und zugleich das System der Individualvermögen durch manichfach abgetönte Formen des kollektiven und genossenschaftlichen Gesamtvermögens ergänzt und berichtigt, dient unmittelbar der sozialen Idee.«[29]

Beispiele alltäglicher Kollektivierung gibt es viele. In der Pandemie haben sich Menschen in Städten zusammengefunden, um sich gegenseitig und andere zu unterstützen.[30] In Kapitel 7 habe ich die Nachbarschaftsorganisierung in Kreuzberg beschrieben, die Hausbesetzungen und Mieterstreiks in Frankfurt. Das sogenannte Community Organizing unterstützt mit Methoden und darin ausgebildeten Personen aktiv die Kollektivierung von Bewohnerinnen, um sie handlungs- und durchsetzungsfähig zu machen. Es versteht sich selbst als »aktivierende Beziehungsarbeit« und Beitrag zur Demokratisierung der Gesellschaft.[31] Die Homogenität einer Gruppe ist keine Voraussetzung für Kollektivierung. Die Verbindung kann durch ein geteiltes Anliegen, zusammen genutzte Dinge und Räume, ein gemeinsam bewohntes Haus oder einen gemeinsam bewirtschafteten Garten entstehen und durch gemeinsame Praxis gestärkt werden. Commons, so betonen Commons-Forscherinnen immer wieder, entstehen durch die Praxis des »Commoning«. Die auf einen Gegenstand bezogene Praxis bringt erst die Gemeinschaft hervor, die neben dem geteilten Gegenstand und gemeinsamen Regeln als ein Ele-

29 Gierke, *Die soziale Aufgabe des Privatrechts*, S. 44.

30 »Solidarisch trotz Corona«, https://corona-soli-ffm.org/de/ [6.12.2024].

31 Foco, »Was ist Community Organizing?«, https://www.fo-co.info/organizing/was-ist-community-organizing/ [6.12.2024]; Robert Maruschke unterscheidet zwischen herrschaftssicherndem und transformativem Community Organizing und sieht die Initiative Kotti & Co. als Beispiel für Letzteres: Maruschke, *Community Organizing*.

ment von Commons als sozialen Beziehungssystemen angesehen wird.[32]

Nicht immer, wenn Menschen Kollektive bilden, wählen sie eine der privatrechtlichen Organisationsformen.[33] Die Gründung einer privatrechtlichen Gesellschaft kann aber sinnvoll sein, weil dann das Recht das »kollektive Gesamtvermögen« als ein solches anerkennt und daran Folgen knüpft, beispielsweise die eigenständige rechtliche Handlungsfähigkeit der Organisation als Rechtsperson, die dann selbst Eigentümerin werden und Verträge abschließen kann, die beschränkte Haftung der Mitglieder oder steuerliche Vorteile.

Das deutsche Gesellschaftsrecht regelt die zur Wahl stehenden Organisationsformen abschließend, das ist der sogenannte Typenzwang. Es schreibt für diese Typen jeweils einige Regeln und Strukturen zwingend vor. So muss ein Verein, um ins Vereinsregister eingetragen zu werden, mindestens zwei Organe – einen Vorstand und eine Mitgliederversammlung – haben. Außerhalb der zwingenden Regelungen bestehen Gestaltungsspielräume. Juristinnen, die sich mit der rechtlichen Ausgestaltung von Commons befassen, sprechen von »legal hacks«, wenn sie diese Gestaltungsspielräume kreativ nutzen, um Ziele zu erreichen, für die die jeweilige Rechtsform ursprünglich nicht geschaffen wurde.[34] Ein bekanntes Beispiel sind Creative-Commons-Lizenzen, die eine freie Nutzung von Inhalten erlauben und zugleich die privatnützige Aneignung verhindern. Sie verwen-

32 Caffentzis/Federici, »Commons against and beyond Capitalism«; Micciarelli, *Path for New Institutions and Urban Commons*; Assmann/Assmann, *Gemeinsinn*.

33 Auch wenn sie sich nicht bewusst als Gesellschaft konstituieren, kann es sein, dass sie eine Gesellschaft bürgerlichen Rechts im Sinne von § 705 BGB bilden.

34 Micciarelli, »Hacking the Legal«; Orsi, »Three Legal Principles for Organizations Rebuilding the Commons«; Bollier, »The Art of the Legal Hack, as pioneered by Janelle Orsi«.

den Rechtsinstrumente, die zum Schutz geistigen Eigentums gedacht waren, um Wissen zu teilen und zugänglich zu machen.[35]

Eine Pionierin der »legal hacks« ist die amerikanische Anwältin und Cartoonistin Janelle Orsi. Das von ihr gegründete Sustainable Economies Law Centre berät Projekte unter anderem zu der Frage, wie sie Recht nutzen können, um Boden und Unternehmen der Verwertung dauerhaft zu entziehen und polyzentrische Strukturen mit verteilten Macht- und Verantwortungszentren aufzubauen. Orsi versteht ihre Arbeit auch als Beitrag zur Transformation des Rechts selbst in ein Commons. Um Recht für seine Nutzerinnen zugänglicher zu machen und Beteiligung an der Rechtsgestaltung zu erleichtern, ist Orsi beispielsweise dazu übergegangen, Organisationsstatute in Form von Comics zu verfassen.[36]

Im Jahr 1975 gelang Bernd Vetter in Hamburg ein »legal hack«, der sich als sehr effektiv herausstellen sollte. Der damalige Jurastudent an der Universität Hamburg und spätere Rechtsanwalt tüftelte eine Rechts- und Vertragskonstruktion aus, die es einer Hausgemeinschaft ermöglicht, nun schon in dritter Generation ein 1912 erbautes Haus in Hamburg-Eppendorf mit 22 separaten Wohnungen selbstverwaltet zu bewohnen. Die Mitglieder der Hausgemeinschaft entscheiden gemeinsam, wer einzieht, wenn eine Wohnung frei wird, und ob und wie sie Umbauten im Haus vornehmen möchten. Außerdem sind ihre Mieten niedrig geblieben: Sie zahlen 3,25 Euro Miete pro Quadratmeter in einem Stadtteil, in dem heute Mieten zwischen 15 und 22 Euro pro Quadratmeter verlangt werden können.[37]

Die »komplizierten rechtlichen Konstruktionen«, auf die das Eingangszitat Bezug nimmt, umfassen die ungewöhnliche Konstellation eines »Gesamtmietvertrags«. Vertragspartei auf Ver-

35 Liang, *Guide to Open Content Licenses.*

36 Orsi, »Three Legal Principles for Organizations Rebuilding the Commons«, S. 134 f.

37 Kocher/Vetter, »Haynstraße bleibt und lebt – seit 50 Jahren«, S. 432.

mieterseite sind seit der 1980 erfolgten Teilung die Eigentümerinnen der einzelnen Wohnungen. Auf der anderen Seite, und das ist das Ungewöhnliche, steht als Vertragspartei die Gesamtheit der Bewohnerinnen. Die Mieter hatten sich vor Abschluss des Vertrags als »Mietergruppe« organisiert, die rechtlich als eine Gesellschaft bürgerlichen Rechts gilt: eine Personengemeinschaft, die einen gemeinsamen Zweck verfolgt und deren Mitglieder gesamtschuldnerisch haften.[38]

Dank dieser Vertragsgestaltung und weiterer Vertragsklauseln, darunter die Bestimmung, dass »Wertverbesserungen« nur mit Einwilligung der Bewohnerinnen vorgenommen werden dürfen, gelang es, die Rechte der Eigentümer zur privatnützigen Verwertung über das gesetzlich verankerte soziale Mietrecht hinaus erheblich einzuschränken. Da die Gesamtheit der Bewohnerinnen Vertragspartei ist, müsste beispielsweise bei einer Eigenbedarfskündigung der Eigenbedarf nicht lediglich für eine einzelne Wohnung, sondern das gesamte Haus nachgewiesen werden. Im Vertrag ist auch geregelt, dass die Gruppe Hausmeisterarbeiten selbst übernimmt. Einmal im Monat treffen sich die Bewohnerinnen zur Hausversammlung; die Rolle eines geschäftsführenden Ausschusses nimmt die sogenannte Zentrale wahr. Die Rolle der Zentrale rotiert monatlich von Wohnung zu Wohnung und beinhaltet auch die Vertretung der Bewohnerinnen gegenüber den Vermietern.

Die Hausgemeinschaft hat sich nicht nur einen privaten Rückzugsort inmitten eines mittlerweile gentrifizierten Stadtteils geschaffen. Ihr soziales und vor allem mietenpolitisches Engagement reicht in den Stadtteil hinein und darüber hinaus. So hat sie die Volksinitiative »Keine Profite mit Boden und Miete!«, die zur Änderung der Hamburger Verfassung führte, mitinitiiert.[39] Dass und wie sich die Bewohnerinnen gesellschaftlich engagieren, wird vom Recht weder determiniert noch garantiert.

38 § 705 BGB.

39 Kocher/Vetter, »Haynstraße bleibt und lebt – seit 50 Jahren«, S. 440.

Doch die rechtliche Ausgestaltung des Wohnverhältnisses eröffnet Freiräume für räumliche Gestaltung und praktische Experimente, die in einem »normalen« Mietshaus nicht möglich sind, weil die Wohnungen einzeln vermietet werden und die Mieterinnen kein Recht haben, ihr Zusammenleben und die Gestaltung des Hauses kollektiv zu bestimmen.

Die Bewohnerinnen agieren hier im Schatten des Privateigentums. Manche der Wohnungseigentümerinnen würden die Bewohnerinnen gern loswerden, um ihr Eigentum privatnützig zu verwerten, die Eigentumswohnungen teurer zu vermieten oder gewinnbringend zu verkaufen. Es brauchte nicht nur juristische Kreativität, sondern auch eine für die Rechtskonstruktion des Gesamtmietvertrags und die Interessen der Bewohnerinnen aufgeschlossene Justiz, damit die Hausgemeinschaft bis heute bestehen konnte. Bisher konnte sie alle Kündigungen und Räumungsklagen abwehren. Die mit den Prozessen einhergehenden finanziellen Risiken konnten die Bewohner tragen, weil sie solidarisch organisiert sind und in einen Fonds einzahlen. Heute ermöglichen die Rücklagen der Hausgemeinschaft die Vergabe von Darlehen und die Stundung von Mietzahlungen.

Ein rechtlich weniger prekärer Weg, Boden und Wohnimmobilien der privatnützigen Verwertung zu entziehen und in selbstverwaltete Strukturen zu überführen, führt über den Erwerb von Privateigentum. Da Boden immer teurer und knapper wird, ist das jedoch kein einfacher Weg. Und auch diese »Vergesellschaftung von unten« bedarf rechtlicher und institutioneller Kreativität, um eine Reprivatisierung und abgeschottete Gemeinschaften zu verhindern.

Vergesellschaftung durch Privatrecht: Entprivatisierung und Selbstverwaltung

Zwei typische rechtliche Charakteristika einer Entprivatisierung durch Privatrecht sind erstens die Übertragung des Eigentums an Boden und Immobilien auf eine juristische Person und zweitens die Etablierung von Kontroll- oder Vetorechten, um eine Reprivatisierung zu verhindern. Ich spreche hier von Entprivatisierung zum einen, weil Boden der privatnützigen Verwertung entzogen wird, zum anderen, weil Strukturen der kollektiven Selbstverwaltung geschaffen werden.[40]

Die Stiftung und die Genossenschaft sind zwei gesellschaftsrechtliche Formen, die sich besonders gut für den Zweck eignen, Boden der privatnützigen Verwertung zu entziehen. Die Gründung einer Stiftung erlaubt es, Vermögenswerte dauerhaft auf eine juristische Person, die Stiftung, zu übertragen. Sie werden damit »rechtlich verselbständigt« und ihre Nutzung auf den in der Stiftungssatzung bestimmten Zweck festgelegt.[41] In Deutschland existiert eine Reihe von Stiftungen mit dem Zweck, Boden dem Markt zu entziehen. Ein Beispiel ist die Stiftung trias. Sie erwirbt Grundstücke durch Kauf, Vererbung oder Schenkung, um sie dann mittels Erbbaurecht einer sozialen, ökologischen und gemeinwohlorientierten Nutzung zuzuführen. Der Erbbaurechtsvertrag gewährt den Vertragspartnern Nutzungsrechte, in der Regel für 99 Jahre, und dient außerdem der Sicherung der sozialökologischen Zielsetzungen. Da der zu entrichtende Erbbauzins von der Bodenpreisentwicklung abgekoppelt ist, bleibt die Nutzung langfristig bezahlbar.

Anders als die Stiftung ist die Genossenschaft mitgliedschaftlich und demokratisch organisiert. Genossenschaften sind ursprünglich Organisationen der kollektiven Selbsthilfe und unterstützen die eigenen Mitglieder. Nach dem deutschen Genossenschaftsgesetz haben sie den Zweck, »den Erwerb oder die Wirtschaft ihrer Mitglieder oder deren soziale oder kulturelle Belange durch gemeinschaftlichen Geschäftsbetrieb zu fördern«.[42]

40 Für eine ausführliche Untersuchung zur gesellschaftsrechtlichen Ausgestaltung von Wohn-Commons: Neitzel, *Wohnraum denen, die drin wohnen?*; Horlitz, »Strategien der Dekommodifizierung«.

41 § 80 Absatz 1 Satz 1, § 81 Absatz 1 Nummer 1 Buchstabe a BGB.

42 § 1 Absatz 1 Genossenschaftsgesetz.

Wohnungsgenossenschaften, Ende des 19. Jahrhunderts als Instrument zur Bekämpfung städtischer Wohnungsnot entstanden, sollen die (Haus-)Wirtschaft ihrer Mitglieder fördern, indem sie sie mit günstigem Wohnraum versorgen. Wohnungsgenossenschaften, daneben gibt es Produktions-, Konsum- und Kulturgenossenschaften, erwerben oder bauen Häuser. Die Genossenschaft wird Eigentümerin oder Erbbauberechtigte und vermietet die Wohnungen an ihre Mitglieder. Eine Verwertung der Wohnungen als Kapitalanlagen soll strukturell dadurch ausgeschlossen sein, dass die Mitglieder zugleich die Mieterinnen sind und daher ein Interesse an niedrigen (und lediglich die Kosten deckenden) Mieten haben. Scheidet ein Mitglied aus der Genossenschaft aus, bekommt es nur seine Einzahlungen auf den Genossenschaftsanteil zurück. Es hat keinen Anspruch auf einen Anteil am Vermögen. Mitgliedschaft in einer Wohnungsgenossenschaft ist also grundsätzlich keine Kapitalanlage.

Die Organe, durch die die Genossenschaft handelt, sind (wie beim Verein) die Versammlung der Mitglieder, Generalversammlung genannt, und der Vorstand. Daneben haben Genossenschaften mit mehr als 20 Mitgliedern einen Aufsichtsrat. Alle Mitglieder einer Genossenschaft bilden die Generalversammlung, in der grundsätzlich jedes Mitglied eine Stimme hat, unabhängig davon, wie viele Geschäftsanteile es gezeichnet hat.[43] Die Generalversammlung verabschiedet als »Parlament« der Genossenschaft deren Satzung als die Verfassung der Körperschaft. Der Vorstand leitet die Geschäfte.

Die Organisationsform der Genossenschaft ist auf demokratische Mitbestimmung ihrer Mitglieder und deren Versorgung mit Naturalleistungen ausgelegt. Dennoch, das hat Noah Neitzel in seiner Studie zur privatrechtlichen Ausgestaltung von Wohn-Commons herausgearbeitet, werden Mitgestaltungsrechte und die Dekommodifizierung sowohl durch gesetzliche Vorgaben als

43 Voraussetzung für die Mitgliedschaft ist die Zahlung eines Eintrittsgelds und die Zeichnung von Geschäftsanteilen.

auch Ausgestaltungen in der Praxis beschränkt.[44] Manche der großen Wohnungsgenossenschaften, die viele Immobilien bewirtschaften, werden heute oft mit gewinnorientierten Wohnungsunternehmen verglichen. In Berlin sprachen sie sich teilweise sowohl gegen den Mietendeckel als auch die Vergesellschaftung aus.[45]

Die Selbstverwaltungsmöglichkeiten der Mitglieder sind in Genossenschaften dadurch eingeschränkt, dass der Vorstand gesetzlich zu einer eigenverantwortlichen Leitung der Genossenschaft befugt ist. Nur in kleinen Genossenschaften (bis 20 Mitglieder) kann in der Satzung eine Weisungsbefugnis der Generalversammlung verankert werden kann. Außerdem können große Genossenschaften von der gesetzlich vorgesehenen Möglichkeit Gebrauch machen, Vertreterversammlungen einzurichten. Die Mitglieder wählen dann Vertreter, die eine Versammlung bilden, die die Aufgaben der Generalversammlung ausübt. Der Ausschluss der privatnützigen Verwertung wird relativiert, wenn die Satzung einer Wohnungsgenossenschaft investierende Mitglieder zulässt, die allein zur Finanzierung beitragen, nicht aber selbst Mieterinnen sind. Durch die Zulassung investierender Mitglieder, die auch den Vorstand bilden können, werden Anreize geschaffen, Gewinne zu erwirtschaften. Außerdem kann die Vermietung von Genossenschaftswohnungen an Nichtmitglieder dazu führen, dass Mieten über der zur Kostendeckung erforderlichen Höhe liegen. Schließlich kann es zur Reprivatisierung durch den Verkauf von Grundstücken und Wohnungen kommen. Solange Verkäufe dem im Genossenschaftsstatut niedergelegten Förderzweck dienen, sind sie nicht verboten. Zeitweilig wurden in Deutschland Verkäufe von Genossenschaftswohnungen an Mitglieder sogar staatlich subventioniert.

44 Neitzel, *Wohnraum denen, die drin wohnen?*.

45 Prey/Steinfeld, »Wohnungspolitische Alternativen«. Der Berliner Vergesellschaftungsvolksentscheid nahm Genossenschaften explizit von der Vergesellschaftung aus.

Die gesetzlichen Regelungen des Genossenschaftsrechts erlauben es den Mitgliedern, den Genossenschaftszweck und ihre Rechte und Pflichten in der Satzung zu spezifizieren. So können der Verkauf von Wohnungen oder die Aufnahme investierender Mitglieder ausgeschlossen werden. Noah Neitzel schlägt vor, eine neue Gesellschaftsform, die »Genossenschaft mit gebundenem Vermögen«, gesetzlich zu verankern. So würde eine Rechtsform zur Verfügung stehen, die eine Reprivatisierung und Beschränkung von Mitentscheidungsrechten gesetzlich ausschließt.[46]

Auch wenn viele selbstverwaltete Hausprojekte »von der Idee her genossenschaftliche Projekte« sind, ist die Genossenschaft nicht die einzig mögliche Organisationsform. Das Mietshäuser Syndikat, ein 1992 in Freiburg gegründeter Verbund von heute über 190 Hausprojekten, nutzt die Organisationsformen des Vereins und der GmbH, um Hausprojekte zu unterstützen, zu vernetzen und sicherzustellen, dass Boden und Häuser dauerhaft dem Markt entzogen bleiben.[47]

Auch in der Organisationsstruktur des Mietshäuser Syndikats kommt wieder ein »legal hack« zum Einsatz.[48] In die Struktur ist ein De-facto-Veto eingebaut, sodass Grundstücke und Immobilien nicht veräußert werden können. Das funktioniert so: Die Hausgemeinschaften organisieren sich als Verein. Weder die Mitglieder des Hausvereins noch der Hausverein sind Grund- und Wohnungseigentümer. Das Haus wird das Gesellschaftsvermögen einer GmbH, die eigens für den Zweck des »Erwerbs der Immobilie [...] zur sozialgebundenen Vermietung und Verwaltung in Selbstorganisation« gegründet wird.[49] Sie ist Eigentümerin und vermietet das Haus oder die Wohnungen an die Bewohnerinnen. Diese Haus-GmbH hat zwei Gesellschafter. Der eine

46 Neitzel, *Wohnraum denen, die drin wohnen?*.

47 Möller u.a., *Keine Profite mit der Miete*, S. 11.

48 Er geht zurück auf Matthias Neuling: Neuling, *Auf fremden Pfaden*; Barthel, »Legal hacking«.

49 Möller u.a., *Keine Profite mit der Miete*, S. 10.

ist der Hausverein. Der andere ist das ebenfalls als GmbH organisierte Mietshäuser Syndikat. Gesellschafter der Mietshäuser Syndikat GmbH ist der Mietshäuser Syndikat Verein, in dem die Hausvereine Mitglied sind. Für einen Verkauf des Hauses müssten beide Gesellschafter ihre Zustimmung erteilen. Dass diese Zustimmung erfolgt, ist praktisch ausgeschlossen. Denn eine Hausgemeinschaft mag sich einigen, »ihr« Haus verkaufen zu wollen, beispielsweise um einen Verkaufsgewinn zu realisieren. Die Mietshäuser Syndikat GmbH wird dem Verkauf jedoch nicht zustimmen, da sie sonst gegen ihren eigenen Gesellschaftszweck verstieße. Andere Entscheidungen als solche über die Änderung der Satzung der Haus-GmbH, über Veräußerung und Privatisierung bedürfen nicht der Zustimmung der Mietshäuser Syndikat GmbH. So kann der Hausverein autonom über die Gestaltung des Zusammenlebens, die Miethöhe sowie Aus- und Umbauten entscheiden.

Das Syndikatsmodell hat den Vorteil, dass die Gründung von GmbHs einfach ist, einfacher als die Gründung von Genossenschaften, die der obligatorischen Kontrolle durch den genossenschaftlichen Prüfverband unterliegt. Außerdem ermöglicht es eine flexible Verknüpfung der einzelnen Hausprojekte und belässt ihnen gleichzeitig größtmögliche Autonomie.[50] Inzwischen gibt es weitere Organisationen, die wie das Mietshäuser Syndikat die Ausweitung der Entprivatisierung von Boden, seine soziale und ökologische Nutzung und den Aufbau von Netzwerkstrukturen bezwecken. Dazu gehören das Ackersyndikat und die Kulturland Genossenschaft, die sich auf Agrarland konzentrieren.[51]

Die hier behandelten Strukturen erweitern und vervielfältigen die Freiheitsräume der Kollektivierung. Die Hausprojekte im Mietshäuser Syndikat können sehr unterschiedlich sein. Manche Hausgemeinschaften finden sich bewusst so zusammen, dass die Mitglieder Einstellungen und Traditionen teilen. In einer Frank-

50 Ebd., S. 10 f.

51 Zur rechtlichen Struktur der Kulturland Genossenschaft siehe Horlitz, »Strategien der Dekommodifizierung«, S. 116 f.

furter Wohninitiative haben sich beispielsweise chinesische Migrantinnen zusammengetan. Da ihnen mit zunehmendem Alter die gemeinsame Sprache und geteilte Traditionen immer wichtiger werden, möchten sie selbstverwaltet ein Haus bewohnen.[52] Selbstverwaltete Häuser ermöglichen ein Zusammenleben in »Wahlverwandtschaften« über die traditionelle Kleinfamilie hinaus.[53]

Zugleich sollen die Strukturen Bewohnbarkeit dadurch sichern, dass nicht mehr die Verwertung des Bodens als Kapitalanlage, sondern sein Gebrauchswert für das Zusammenleben und für die ökologische Bewirtschaftung die Nutzung bestimmt. Neben der dauerhaften Sicherung von Boden und Gebäuden vor der Rückverwandlung in Vermögensanlagen fördern sie einen »Solidarzusammenhang«, der sowohl der gegenseitigen Unterstützung von Projekten dient als auch der Ausweitung der Entprivatisierung von Boden. Im Mietshäuser Syndikat sorgt ein Solidaritätsfonds, in den die Bewohnerinnen der Hausprojekte einzahlen, für einen gewissen finanziellen Ausgleich zwischen Altprojekten, deren finanzielle Belastung mit Abzahlen ihrer Kredite sinkt, und Neuprojekten.[54] In der Kulturland Genossenschaft sollen die Beiträge der Mitglieder den weiteren Erwerb von Agrarland ermöglichen, der dann nach sozialen und ökologischen Bewirtschaftungskriterien vergeben wird.[55]

52 Kurzprofil der Wohninitiative: https://www.caritas-frankfurt.de/cms/contents/caritas-frankfurt.de/medien/dokumente/pflege/kurzprofil-der-chine/kurzprofil-der-wohninitiative-aug2014.pdf [20.1.2025]

53 Das gemeinsame und selbstverwaltete Wohnen in Wahlverwandtschaften kann als Teil des von Donna Harraway geforderten »making kin« (verwandt machen) begriffen werden, Haraway, *Unruhig bleiben*, S. 9. Zu Familie als Ausdruck des Sozialen und dem Zusammenhang zwischen Familie und Familienrecht und Industriegesellschaft und Kolonisierung siehe Halley/Rittich, »Critical Directions in Comparative Family Law«.

54 Möller u.a., *Keine Profite mit der Miete*, S. 9.

55 Die Kulturland Genossenschaft hat finanzierende und nutzende Mitglieder und die Verpachtung an Letztere erfolgt durch Kommanditgesellschaften: Horlitz, »Strategien der Dekommodifizierung«, S. 116 f.

Auch wenn diese Strukturen auf Ausweitung angelegt sind, ist ihre gesamtgesellschaftliche Wirkung noch sehr begrenzt. Viele Einzelprojekte entstehen außerdem aus einer privilegierten weißen Mittelschicht und konkurrieren unter Umständen mit anderen Nutzungen, die größeres Potenzial hätten, Verteilungsgerechtigkeit zu fördern.[56] Ein entsprechendes institutionelles und rechtliches Design kann sowohl Zugang zu selbstverwalteter Bodennutzung erweitern als auch die Bodennutzung planmäßig auf Bewohnbarkeit ausrichten.

Ausrichtung auf Bewohnbarkeit durch institutionelles Design

Eine Reihe von Genossenschaftssiedlungen in der Schweiz illustriert, wie die rechtliche und institutionelle Ausgestaltung dazu beitragen kann, ganze Nachbarschaften und Stadtquartiere sozialökologisch zu transformieren, also auf planetare Bewohnbarkeit auszurichten und dabei auch Nichtmitglieder einzubeziehen.[57] Eine davon ist die Züricher Genossenschaftssiedlung Kalkbreite mit etwa 2600 Mitgliedern. Das Genossenschaftsstatut formuliert als Zweck »den Erwerb von Grundstücken (Liegenschaften, Baurechte) sowie deren Bebauung und Betrieb nach folgenden Grundsätzen: Erstellen und Vermieten von preiswertem Wohn- und Gewerberaum; Verbindung von Wohnen, Arbeiten und Kultur; Förderung sozialer Durchmischung und gemeinschaftlicher Einrichtungen; Förderung einer nachhaltigen Entwicklung gemäß den Zielen der 2000-Watt-Gesellschaft.«[58]

In der Züricher Kalkbreite soll die ökologische Zielsetzung durch den die Nahversorgung gewährleistenden großen Gewerbeanteil, gemeinschaftliche Tiefkühlräume, die Selbstverpflichtung der Bewohnerinnen, keine Autos zu besitzen oder dauerhaft zu

56 Stadt von Unten, »Auskooperiert«.

57 Degen u.a., *Nach Hause kommen*.

58 Genossenschaft Kalkbreite, *Statuten der Genossenschaft Kalkbreite*; zum 2000-Watt-Konzept: Stadt Zürich, »Das 2000-Watt-Konzept«, https://www.stadt-zuerich.ch/gud/de/index/umwelt_energie/2000-watt-gesellschaft/hintergrund/Konzept.html [19.11.2024].

nutzen, und die Begrenzung der Wohnfläche auf etwa 30 Quadratmeter pro Person gefördert werden.[59] Die Vermietungsregeln, die »partizipativ und dialogisch« erarbeitet wurden, legen Belegungskriterien fest, die Diversität und soziale Durchmischung der Bewohnerinnen sichern sollen, und sehen eine Mindestbelegung von Wohnungen vor.[60] Die Architektur ermöglicht diverse Wohnformen von Einzelhaushalten über die Kleinfamilie bis hin zu Groß-WGs. Die begrenzte private Wohnfläche wird durch Gemeinschaftsräume, darunter Malateliers, Sauna, Bibliothek und eine Pension für Gäste ergänzt. Auch die Kalkbreite hat einen Solidaritätsfonds, der sich aus Beiträgen der Mieterinnen und Spenden speist. Er soll den Zweck der sozialen Durchmischung fördern und Mitglieder bei Miete und Erwerb der Pflichtanteile unterstützen.[61]

Die Nachbarinnen der Genossenschaft werden unter anderem durch den »Gemeinrat« in die räumliche Gestaltung einbezogen. Das ist ein monatliches Entscheidungs- und Planungsforum, das auch Externen offensteht. Hier wird über Projekte zur Nutzung und Belebung der nicht privaten Innen- und Außenräume entschieden, die dann durch Arbeitsgemeinschaften durchgeführt werden.[62]

Die Berliner Stadtbodenstiftung, die sich am Modell der in den USA und weltweit verbreiteten Community Land Trusts orientiert, möchte ebenfalls eine Struktur schaffen, die Nachbarinnen und Stadtgesellschaft in Entscheidungen über die Nutzung von Boden und Immobilien einbezieht. Community Land Trusts gehen auf Henry Georges Konzept der »Single Tax Colonies« zu-

59 Zur 30-Quadratmeter-Marke: Zimmermann u.a., »Unterstützung von Suffizienzansätzen im Gebäudebereich«, S. 25.

60 Genossenschaft Kalkbreite, *Vermietungsreglement für Wohnungen der Genossenschaft Kalkbreite.*

61 Genossenschaft Kalkbreite, *Reglement des Solidaritätsfonds der Genossenschaft Kalkbreite.*

62 Genossenschaft Kalkbreite, »Gemeinrat«, https://www.kalkbreite.net/kalkbreite/gemeinrat/# [19. 11. 2024].

rück.[63] Während der Bürgerrechtsbewegung gründeten Schwarze Gemeinschaften in den USA Community Land Trusts, um ihren Mitgliedern Zugang sowohl zu selbstverwaltetem Wohnraum als auch Agrarland zu erleichtern. Städtische Community Land Trusts wollen heute heterogenen Gemeinschaften die kollektive Nutzung und Verwaltung von Boden und Immobilien ermöglichen.[64] Die Berliner Stadtbodenstiftung versteht sich als Teil der internationalen Community-Land-Trust-Bewegung. Projektbeteiligte, Nachbarinnen und Stifter sollen über ein zu diesem Zweck eingerichtetes Organ, das Stiftungskomitee, das mit einer Mitgliederversammlung vergleichbar ist, an der Entscheidung über die Vergabe und Nutzung von Grundstücken und Immobilien der Stiftung beteiligt werden. Das Komitee wählt Nutzerinnen und Nachbarinnen in ein Kuratorium, in das außerdem auch Expertinnen und Vertreterinnen der Stadtgesellschaft berufen werden und das über die Verwendung der Stiftungsmittel und die Vergabe von Erbbaurechten entscheidet. Die Stadtbodenstiftung möchte künftig unter anderem durch Erbschaften und Schenkungen an Grundstücke kommen, zählt bisher aber noch keine Liegenschaften zu ihrem Vermögen.[65]

»Dies Haus ist mein und doch nicht mein. Dem's vor mir war, war's auch nicht sein. Den dritten trägt man auch hinaus. Nun frag' ich, wem gehört dies Haus?« Diese und ähnliche Inschriften finden sich an Häusern im Ahrtal, die dort Jahrhunderte überdauert haben.[66] Den Mitgliedern der Hausvereine des Mietshäuser Syndikats gehören ihre Wohnungen, denn sie bauen und gestalten, pflegen und verschönern sie. Doch kaufen und verkaufen dürfen sie sie nicht. Die Landwirte, die Agrarflächen der Kulturland Genossenschaft pachten, dürfen diese Flächen dauerhaft

63 George, *Social Problems*.

64 Horlitz, »Community Land Trusts in den USA«; Davis, »Origins and Evolution of the Community Land Trust«.

65 Horlitz, »Auch Nachbarn können mitentscheiden«.

66 Schnitker, »Haussprüche aus dem Brohl- und Vinxtbachtal«, https://kreis-ahrweiler.de/kvar/VT/hjb1986/hjb1986.40.htm [16.12.2024].

bewirtschaften. Sie gehören also den Landwirten, die aber vertraglich an eine ökologische und lokal eingebettete Nutzung gebunden sind und die Flächen auch nicht weiterverpachten dürfen.

Während Privat- und Gesellschaftsrecht dazu dienen können, kollektives Bodeneigentum zu schaffen, Veräußerungen zu verbieten und Nutzungen auf ein Gemeinsames auszurichten, vermögen sie nicht die Beziehungsweise zu begründen, die in der Inschrift zum Ausdruck kommt: das Bewohnen und die Nutzung im Bewusstsein der Verbundenheit sowohl mit vorangegangenen als auch nachfolgenden Generationen und die Einbettung in einen größeren Sinnzusammenhang, in dem sich die Bewohnerinnen als Gäste oder Treuhänderinnen verstehen – mit der Aufgabe betraut, die Pflege der Schöpfung von den Vorangegangenen zu übernehmen und sie an die Nachfolgenden weiterzugeben. Einen solchen Sinnzusammenhang kann und will das staatliche Recht nicht stiften. Er kann sich aber aus einer Praxis des Gemeinsamen ergeben, die eigenen Regeln folgt.

Die Praxis des Gemeinsamen

> Die Aktion [1999 in Seattle] beinhaltete Kunst, Tanz, Feier, Gesang, Ritual und Magie. Es war mehr als ein Protest; es war die Erhebung einer Vision wahrer Fülle, eine Feier des Lebens und der Kreativität und der Verbindung, die im Angesicht von Brutalität fröhlich blieb und kreative Kräfte zum Leben erweckte, die sich denen der Ungerechtigkeit und Kontrolle wahrhaft widersetzen können.
>
> *Starhawk*[67]

> Commons werden ohne begleitende kulturelle, soziale, interpersonelle, emotionale und psychologische Transformation nicht erfolgreich sein. [...] Rechtlich zu arbeiten, um Commons zu bauen, bedeutet auch, Kulturarbeit zu leisten, fluide vom einen zum anderen wechseln, wobei die Grenzen zunehmend verschwimmen.
>
> *Janelle Orsi*[68]

Für die Konstituierung von Commons bedarf es mehr als rechtlicher Organisationsformen und kreativer »legal hacks«. Es braucht auch eine Praxis: Praktiken des Commoning. Assoziationen von Menschen, die ein gemeinsames Anliegen, Problem- und Selbstverständnis teilen, entwickeln Strategien und Problemlösungen. Das gilt sowohl für die sozialen Bewegungen, die wie »Deutsche Wohnen & Co. enteignen« für Entprivatisierung und Vergesellschaftung kämpfen, als auch für Gruppen, die Boden schon in selbstverwalteten Strukturen nutzen. Kein Commons ohne Commoning: Erst die Praxis der Teilhabe und Mitgestaltung bringt das Gemeinsame hervor.[69]

In der Praxis sozialer Bewegungen, die auf eine neue Sozialität gerichtet sind, wird die neue Gesellschaft in der alten schon erfahrbar. So sagte der Anarchist und Anthropologe David Graeber über die Global-Justice-Bewegung: »Wir machen unsere Bezie-

67 Starhawk, »20 Years Later: How We Really Shut Down the WTO« (eigene Übersetzung).
68 Orsi, »Three Legal Principles for Organizations Rebuilding the Commons«, S. 122 (eigene Übersetzung).
69 Helfrich/Bollier, *Frei, Fair und Lebendig*; De Angelis, *Omnia Sunt Communia*.

hungen zueinander zu einem Modell der Welt, die wir schaffen wollen.«[70]

Diese Welt ist keine der Verwertung, doch auch hier wird Mehrwert produziert. Berichte aus den Mieterinnenprotesten, Kotti & Co., »Deutsche Wohnen & Co. enteignen«, den Häuserkämpfen in Frankfurt, den Blockaden der Welthandelsorganisation in Seattle, der Besetzung des Gezi-Parks in Istanbul und vieler Occupy-Camps bezeugen, dass die Proteste und direkten Aktionen gegen den Verlust des Gemeinsamen mit Freude, dem Gefühl der Lebendigkeit, Selbstermächtigung und Magie einhergehen.[71] Der Mehrwert, den sie stiften, ist nicht der Mehrwert des Geldes, sondern der Mehrwert gelebter Erfahrung.[72]

In den Hausgemeinschaften, Initiativen und sozialen Bewegungen kommen Praktiken zum Einsatz, die die Bewohnerinnen zum Teil schon in Familien, Glaubensgemeinschaften, Vereinen und anderen sozialen Zusammenhängen, die durch Kooperation und gemeinsames Tun geprägt sind, erlernt haben.[73] James Scott spricht von einer allgegenwärtigen »anarchistischen Gegenseitigkeit«, die in Dörfern wie in Nachbarschaften zu beobachten sei, die auf Grundlage loser Koordinationsnetzwerke funktioniere und Seite an Seite wie auch zum Trotz autoritärer Trends bestehe. Kooperative Praktiken der gegenseitigen Sorge und Versorgung sind ein Erfahrungsmodus des täglichen Lebens.[74]

Die Praxis des Commoning ist eine Alltagspraxis und zugleich politisch. Sie dient der bewussten Vergesellschaftung, der Demokratisierung der Gesellschaft. Die politische Praxis ist demokratisch, führerlos und präfigurativ. Die Beteiligten werden nicht re-

70 Graeber, *Inside Occupy*, S. 123.

71 Kotti & Co, »Merhaba, Salam und schönen guten Tag«; Kusiak, *Radically Legal*; Sichtermann/Sichtermann, *Das ist unser Haus*; Starhawk, »20 Years Later: How We Really Shut Down the WTO«.

72 Massumi, *99 Theses on the Revaluation of Value*; Dardot/Laval, *Common*.

73 Kotti & Co, »Alles muss man selber machen«.

74 Scott, *Two Cheers for Anarchism*, S. xxi.

präsentiert, sondern repräsentieren sich selbst.[75] Soll die Praxis neue Beziehungsweisen auch zur nichtmenschlichen Mitwelt hervorbringen, erfordert das die Wahrnehmung und Sensibilisierung für die Einbettung menschlicher Aktivitäten in ökosoziale Systeme und den lebendigen planetaren Organismus.[76]

Diese Praxis des Commoning steht in einem Spannungsverhältnis zu den hierarchischen und zentralisierten Beziehungsweisen, die das Berufsleben vieler Menschen prägen, und den individualisierten und anonymisierten Beziehungsweisen des Marktes. Je mehr sich Menschen täglich in einem Wettbewerb mit anderen behaupten müssen, je stärker sie sich für die Erfüllung ihrer Bedürfnisse entweder auf staatliche Fürsorge oder marktförmige Transaktionen verlassen (können), desto eher verlernen sie kooperative Beziehungsweisen. Sowohl staatliche Strukturen als auch die Infrastrukturen der Verwertung berauben Menschen ihrer Fähigkeiten, sich zu organisieren und ihre Bedürfnisse in solidarischen und kooperativen Strukturen zu erfüllen. Die notwendigen Fähigkeiten für die politische Praxis der Mitgestaltung sind andere als diejenigen, die derzeit in der Demokratiebildung vermittelt werden. Die Wissenschaftlerin Jenny Stupka weist darauf hin, dass die politische Bildung Menschen heute vor allem dazu befähigen soll, sich in Debatten ein Urteil zu bilden und, darauf aufbauend, informierte Wahlentscheidungen zu treffen. Für die politische Praxis braucht es aber die Befähigung zur Teilnahme und Mitgestaltung.[77]

Der Philosoph Daniel Loick nutzt den Begriff der »Überlegenheit der Unterlegenen«, um zum Ausdruck zu bringen, dass marginalisierte Gruppen wie Migrantinnen, die auf informelle Kooperationsstrukturen angewiesen sind, über Fähigkeiten verfügen, die Menschen, die sich Sicherheit und Versorgung – sei es

75 Hardt/Negri, *Assembly*.

76 Margulis, *Symbiotic Planet*; Weber, *Enlivenment*; Pourian, *Wenn wir wieder wahrnehmen*.

77 Stupka, »Konflikte ohne Ende?«.

mit Wohnraum, Kinderbetreuung oder Rechtsberatung – einkaufen können, nicht haben.[78] In Silke Helfrichs und David Bolliers reicher Sammlung von Commons-Beispielen steht das Geflüchtetenlager Za'atari in Jordanien an der syrischen Grenze mit über 80.000 Bewohnerinnen wegen deren Selbstorganisationskraft an erster Stelle.[79]

Soziale Bewegungen, Initiativen und Projekte haben sich in den letzten Jahren ganz bewusst mit der Frage nach den Bedingungen einer transformativen Praxis des Gemeinsamen auseinandergesetzt.[80] Wie jede Praxis wird auch das Commoning durch soziale Regeln strukturiert und getragen. Methoden, Techniken und Raumgestaltungen können sie unterstützen.[81] Aktivistinnen von »Deutsche Wohnen & Co. enteignen« integrieren in ihre Arbeit Praktiken, Methoden und Regeln, die in der Global-Justice-Bewegung, im Community Organizing und anderen sozialen Bewegungen der letzten Jahre Verbreitung gefunden haben und weiterentwickelt wurden. Darunter sind Techniken der Moderation, Entscheidungsverfahren und Methoden der Konsensfindung, die, wie David Graeber festgestellt hat, manchmal anarchistischen Bewegungen zugeschrieben, aus dem radikalen Feminismus, dem Quäkertum und Indigenen Traditionen stammen.[82]

In einem Interview beschreiben Mitglieder von »Deutsche Wohnen und Co. enteignen«, wie sie mit Blick auf die für den Volksentscheid erforderlichen Unterschriftensammlungen zwei Vorschläge debattierten: die Bildung von »Kiezteams« versus »DWE der Tausend«: 1000 Aktivistinnen sammeln autonom je

78 Loick, *Die Überlegenheit der Unterlegenen.*

79 Helfrich/Bollier, *Frei, Fair und Lebendig,* S. 22 f.; Moscardini, *The Fountains of Za'atari. Inhabiting without Belonging*; zur wichtigen Rolle von Migrantinnen in einer Gesellschaft der Commons auch Hardt/Negri, *Assembly,* S. 96 f.

80 Graeber, *Inside Occupy.*

81 Manning/Massumi, *Thought in the Act.*

82 Graeber, *Inside Occupy,* S. 125.

200 Unterschriften.[83] Sie entschieden sich für ersteren. Durch die Bildung von Kiezteams, die heute neben thematischen Arbeitsgruppen ein wichtiger Bestandteil der Initiative sind, haben sie Mitmachmöglichkeiten für Bewohnerinnen geschaffen, die zugleich die Kampagne für Vergesellschaftung voranbringen und das Bedürfnis der Stadtbewohnerinnen aufgreifen, Teil der Kollektivierung und Organisierung gegen Vertreibung und für die selbstbestimmte Gestaltung ihrer Stadt zu werden. Durch die Organisierung in Kiezteams üben die Bewohnerinnen Praktiken ein und erlangen Fähigkeiten, die für die angestrebte künftige Selbstverwaltung der Wohnungen wichtig sind.

Silke Helfrich hat in Kooperation mit anderen Commons-Forscherinnen und aufbauend auf den Arbeiten des amerikanischen Architekten Christopher Alexander begonnen, aus der Praxis des Commoning Muster zu destillieren, die eine Anleitung im Umgang mit wiederkehrenden Problemen geben.[84] Diese Arbeit wird heute in vielen Gruppen und Projekten fortgesetzt. So entsteht eine »Mustersprache des Commoning«, die Praxiswissen mobilisiert und zugänglich macht. Eines der Muster ist »Rituale des Miteinanders etablieren & pflegen«. Es schlägt »regelmäßige – allmählich selbstverständlich werdende – freudvoll gestaltete Tätigkeiten und Zusammenkünfte« zur Stärkung von Verbundenheit vor. Check-in- und Check-out-Rituale nennt es als Beispiel für eine Form des ritualisierten Miteinanders.[85]

83 Alder, »Ein Gespräch über Organizing bei DWE auf dem Weg zur Vergesellschaftung«.

84 Alexander u.a., *A Pattern Language*; siehe auch Alexander, *The Nature of Order*; allgemein zur Theorie von Mustersprachen siehe Leitner, *Mustertheorie*; Helfrich/Bollier, *Frei, Fair und Lebendig*, S. 80, 95, 319; Euler/Preissing, »Mustersprache des Commoning. Theorie, Methodik, Praxis«.

85 Das Muster »Rituale des Miteinanders etablieren & pflegen« ist Teil von 33 Mustern, die den »Auftakt einer Mustersprache – Commoning oder wie Transformation gelingt« bilden, http://mustersprache.commoning.wiki/view/welcome-visitors/view/downloads-der-mustersprache-des-commoning [16.12.2024].

In manchen Projekten ist die Verpflichtung zur praktischen Mitarbeit eine Voraussetzung für die Mitgliedschaft. Ein Beispiel ist die schon erwähnte Einkaufsgenossenschaft Park Slope, die im gleichnamigen Stadtteil in Brooklyn auch einen Supermarkt betreibt. Mitglied kann nur werden, wer neben der Zahlung eines geringen Beitrittsgelds und Zeichnung eines Genossenschaftsanteils monatlich für zwei Stunden und 45 Minuten einen Arbeitsdienst übernimmt. Die Mitarbeit stärkt nicht nur die Verbundenheit und bildet Gemeinsinn aus,[86] sondern erlaubt der Kooperative, ihre Produkte zu günstigen Preisen anzubieten.[87]

Auch für die interne Organisierung und Entscheidungsverfahren gibt es Muster und Methoden. Zur Verhinderung von Machtkonzentration und um sicherzustellen, dass alle strategisch wichtigen Entscheidungen von der Gesamtheit der Mitglieder getragen werden, setzen viele Assoziationen auf polyzentrische Strukturen vernetzter Kreise, auf Transparenz und Entscheidungsfindung möglichst im Konsens.[88] Umsetzen lässt sich eine polyzentrische Struktur dadurch, dass kleinere Kreise für bestimmte Aufgaben und Themen zuständig sind – bei »Deutsche Wohnen & Co. enteignen« sind das die Kiezteams und die thematischen Arbeitsgruppen. Diese Kreise entsenden Personen in einen größeren »Co-Kreis«, der strategisch wichtige Entscheidungen vorbereitet, die im Plenum diskutiert und getroffen werden.[89]

Assoziationen, die gemeinsame Anliegen auf diese Weise bearbeiten möchten, stoßen immer wieder auf das Problem, dass die oben behandelten gesetzlich vorgegebenen Organisations-

86 Assmann/Assmann, Gemeinsinn.

87 Helfrich/Bollier, *Frei, Fair und Lebendig*, S. 224 ff.

88 Boeke, »Soziokratie. Demokratie wie sie sein könnte«; Strauch, *Soziokratie;* freie Software wie das aus der Occupy-Bewegung hervorgegangene Loomio erlaubt die Umsetzung kollaborativer Entscheidungsfindungsprozesse auch über räumliche Distanz: Loomio Cooperative, »Loomio Cooperative Handbook«.

89 Kusiak, *Radically Legal*, S. 65 f.

formen hierarchische, zentralisierte und auf Repräsentation basierende Strukturen vorsehen, die der angestrebten demokratischen Praxis nicht entsprechen. Sowohl für Verein als auch Genossenschaft sind beispielsweise Vorstände als Exekutivorgane vorgesehen, die in Repräsentation der gesamten Mitgliedschaft Entscheidungen treffen. Binnenverträge und -vereinbarungen sind ein Instrument, mit dem die Mitglieder sich nicht nur auf gemeinsame Ziele und Arbeitsprinzipien verständigen, sondern auch die interne Arbeitsstruktur, -verteilung und Konfliktlösungsverfahren regeln können bis hin zur Frage, wie sich die Mitglieder bei Scheitern des Projekts trennen wollen.[90] Gründungsdokumente wie die Satzung eines Vereins sind notwendige Voraussetzung dafür, dass eine Assoziation als Rechtsperson anerkannt und am Rechtsverkehr teilnehmen also beispielsweise Eigentum erwerben kann. Die Binnenvereinbarung regelt dagegen das Innenverhältnis der Mitglieder zueinander und kann im Streitfall auch die Grundlage für eine Konfliktlösung im Rahmen eines Schiedsverfahrens sein. Sie kann die vom Privatrecht vorausgesetzten hierarchischen und zentralisierten Strukturen an die Anliegen der Mitglieder anpassen und durch entsprechende Verfahren sicherstellen, dass wichtige Entscheidungen durch die gesamte Mitgliedschaft mitgetragen werden und sich Macht nicht in einem kleinen Führungsorgan konzentriert. Inzwischen gibt es viele praktische Beispiele und Beratungsmöglichkeiten für alternative Organisationsstrukturen und deren Umsetzung: Das Mietshäuser Syndikat macht in einem internen Handbuch seinen Mitgliedern Vorschläge für Binnenvereinbarungen. Das von Janelle Orsi gegründete Sustainable Economies Law Centre hat die eigene soziokratische Struktur und Governance ein-

90 AG Beratung, »Sinn, Ziel, Zweck und Form von Binnenverträgen«; siehe auch die Arbeit von Rechtsanwalt Johann Steudle, https://johann-steudle.de/author/johann/ [15.1.2025].

schließlich Verfahrensabläufen und Entscheidungsregeln in einem Wiki veröffentlicht.[91]

Die Berliner AG Beratung, die selbstverwaltete und gleichberechtigt organisierte Vereine, Betriebe, Initiativen und Häuser unterstützt, merkt treffend an, dass Juristinnen sich »hauptsächlich damit aus[kennen], was andere Jurist*innen brauchen, um vor Gericht gegeneinander verhandeln zu können – also mit den Spitzfindigkeiten der Juristerei, in einem Rechtssystem, in dem es darum geht, sich gegeneinander durchzusetzen«, sie häufig jedoch nicht über Kompetenzen in der Ausgestaltung der Regeln kooperativer Zusammenarbeit in Kollektiven verfügen.[92] Dieser Befund könnte sich ändern, wenn mehr Juristinnen wie Janelle Orsi die rechtliche Beratung von Commons als Kulturarbeit verstehen, die auf das Recht selbst zurückwirkt, und wenn kreative Rechtsgestaltung für sozialökologische Transformation, beispielsweise über Law Clinics, stärker Eingang in die juristische Ausbildung findet.[93]

Commons-Public-Partnerships

Commoning und Vergesellschaftung richten sich gegen Privateigentum und die dadurch ermöglichten Herrschafts- und Verwertungsbeziehungen. Positiv zielen sie auf einen »anderen Staat«, einen sozialen Staat mit demokratisierter Gesellschaft, die Freiheit, Sicherheit und Versorgung durch die Teilnahme und Teilhabe der Bewohnerinnen je nach ihren Fähigkeiten und

91 The Policy Wiki, »Sustainable Economies Law Center's Internal Policies«, https://sites.google.com/theselc.org/official-policies/home?authuser=0 [14.12.2024].

92 AG Beratung, »Sinn, Ziel, Zweck und Form von Binnenverträgen«.

93 Orsi, »Three Legal Principles for Organizations Rebuilding the Commons«; Feichtner, »The Law Clinic Transformation Law«; Maria Rosaria Marella versteht Law Clinics als Ausdruck von Commoning, da hier Wissen in nicht hierarchischen Prozessen produziert und mit einer weiteren Gemeinschaft außerhalb der rechtswissenschaftlichen Fakultäten geteilt wird: Marella, »The Commons as a Legal Concept«, S. 72, Fn. 15; Marella/Rigo, »Cliniche legali, commons e giustizia sociale«.

Bedürfnissen ermöglicht.[94] Commons als Beziehungssysteme Gleichrangiger, die Boden als Gemeingut pflegen, verwalten und bewirtschaften, sind ein Ausdruck bewusster Vergesellschaftung.

Die oben beschriebenen Commons-Strukturen kommen nicht ohne »den Staat« aus. Sie nutzen das staatliche Privatrecht für die Etablierung von Organisationen, die rechtlich anerkannt werden, und um Commons gegen Veräußerung und Verwertung zu verteidigen. Dabei dehnen sie die Möglichkeiten des Rechts, hacken es, brechen es manchmal ganz bewusst und wirken so auf transformative Interpretationen und Weiterentwicklungen des Rechts und die rechtliche Anerkennung von Commons hin.[95]

Zunehmend wird heute über Kooperationen zwischen Commons-Assoziationen und Kommunen und Verwaltungen nachgedacht. Sogenannte Commons-Public-Partnerships könnten eine Möglichkeit sein, staatliche Ressourcen und Infrastrukturen für Commons nutzbar zu machen.[96] Denkbar ist finanzielle und infrastrukturelle Unterstützung: Kommunen können Flächen im Erbbaurecht an Commons-Projekte vergeben oder ihre Befugnis zur Enteignung einsetzen, um verlassene Gebäude und Brachflächen für Commons-Projekte nutzbar zu machen und Flächen zu arrondieren, um wie im Hunzikerareal in Zürich ein Nachbarschaftsmodell zu ermöglichen.

Historisch ist das Verhältnis von Staat und Commons kein kooperatives. Unternehmen und Regierungen wirken bis heute bei der Vertreibung von Land, Kolonisation und illegaler Besatzung zusammen.[97] Die Transformation von Land in Waren und

94 Marx/Engels, *Das kommunistische Manifest*; den Zusammenhang mit dem hier vorgestellten Konzept von Commons und Vergesellschaftung verdeutlichend: China Mieville, *A Spectre Haunting*.

95 Marella, »The Commons as a Legal Concept«.

96 Helfrich/Bollier, *Frei, Fair und Lebendig*; Milburn/Russel, *Public-Common Partnerships*; Jerchel/Pape, *Commons-Public Partnerships*; Schubel/Schilderoth, »Commons Public Partnerships als Instrument des städtischen Klimaschutzes«.

97 Siehe Internationaler Gerichtshof, Legal Consequences arising from the Policies and Practices of Israel in the Occupied Palestinian Territory, including East Jerusalem, Gutachten, 19.7.2024.

Kapitalanlagen wäre ohne die Beteiligung des Staates durch die Bereitstellung rechtlicher Infrastrukturen und zwangsbewehrte Rechtsdurchsetzung nicht möglich. Außerdem hängen Staatshaushalte von der finanziellen Beteiligung an den Erträgen von Investoren ab. Daher sind sie häufig blind für den Wert der Commons und daher sind Commons stetig in Gefahr, eingehegt, zerstört und in Privateigentum und Kapital transformiert zu werden. Die Beispiele sind vielfältig und reichen von der Assetisierung des Tiefseebodens zur Versiegelung städtischer Gartenprojekte für den Bau von Parkplätzen.

Commons-Public-Partnerships müssten daher, um Bestand zu haben, auch nachhaltig das Verhältnis von Staat und Gesellschaft transformieren. In einer Partnerschaft wären die Bewohnerinnen nicht nur Nutzerinnen der sozialen Infrastrukturen, sondern auch an ihrem Aufbau und Betrieb beteiligt.[98] Transformatives Potenzial haben vor allem Kooperationen, die aus sozialen Kämpfen hervorgehen und in denen freie Assoziationen von Bewohnerinnen und Nutzern ihre Autonomie behaupten.[99]

In Berlin sind verschiedene solcher Kooperationen aus Kämpfen gegen Privatisierung und für Rekommunalisierung hervorgegangen, darunter die Modellprojekte Rathausblock und Haus der Statistik. In beiden Fällen mobilisierte eine »Multitude« von Berlinerinnen erfolgreich gegen die Privatisierung, zum einen des Dragonerareals in Kreuzberg und zum anderen des Geländes des ehemaligen Hauses der Statistik in unmittelbarer Nähe zum Alexanderplatz.[100] Beide Initiativen führten dazu, dass von der

98 Marella, »The Law of the Urban Common(s)«; Marella, »The Commons as a Legal Concept«.

99 Marella unterscheidet zwischen transformativen Commons und der neoliberalen Delegation der Pflege zerfallender öffentlicher Infrastrukturen an »tugendhafte Bürgerinnen«: Marella, »The Law of the Urban Common(s)«; hierzu auch: Dyk/Haubner, *Community-Kapitalismus.*

100 Vernetzungstreffen Rathausblock (Hg.), *Rathausblock*; Haus der Statistik, *Das Modellprojekt: Initiative und Vision*; zur Besetzung eines Kinopalasts in Rom durch eine »moltitudina pacifica« siehe Marella, »The Commons as a Legal Concept«, S. 66.

Privatisierung Abstand genommen wurde, das Land Berlin Eigentum an den betreffenden Grundstücken erwarb und Kooperationsvereinbarungen mit den Initiativen abschloss. Bei der Kooperation geht es aus Sicht der Initiativen um die »Umgestaltung der Steuerung der städtischen Ressourcen und das Anstoßen von neuen solidarischen Beziehungen«.[101]

Die Initiativen bekommen Mitbestimmungsrechte in der Entwicklung der Areale, bei denen es sich um Gebiete mit gemischten Nutzungen handelt. Außerdem kommen neue Verfahren der Stadtplanung und Projektentwicklung zum Einsatz, die Mitbestimmung statt bloßer Beteiligung gewährleisten sollen. Ein Beispiel ist das integrierte Werkstattverfahren, das im Modellprojekt Haus der Statistik zur Anwendung kam.[102] Es soll das in der Stadtplanung übliche Wettbewerbsverfahren, in dem Planungsbüros miteinander konkurrieren, durch ein diskursives und kooperatives Verfahren ersetzen, sodass unterschiedliche Planerinnen und Projektbeteiligte an den Konzepten mitwirken, Konsens erarbeiten und bei Bedarf die Aufgabenstellung anpassen können. In beiden Projekten wurden Entscheidungsgremien geschaffen, in denen neben der Verwaltung und den zivilgesellschaftlichen Initiativen auch die organisierte Stadtgesellschaft vertreten ist.

Ein Alternativmodell für eine Kooperation zwischen Kommune und Kollektiven von Bewohnerinnen, das mehr Raum für die autonome Wiederaneignung und die Entstehung von Commons lässt, entstand infolge der Besetzung des ehemaligen Asilo Filangieri, einem Gebäude aus dem 16. Jahrhundert im Zentrum Neapels durch Künstler und Wissensarbeiterinnen. Nach Verhandlungen erlaubte die Kommune auf Grundlage des gewohnheitsrechtlichen Grundsatzes des *uso civico* Zugang und Nutzung nicht nur den Besetzerinnen, sondern einer offenen Gemeinschaft. Die Gemeinschaft der Nutzenden verabschiedete eine Er-

101 Vernetzungstreffen Rathausblock (Hg.), *Rathausblock*, S. 37.
102 Haus der Statistik, *Das integrierte Werkstattverfahren.*

klärung, die die Prinzipien der Nutzung darlegt und die im Nachhinein vom Stadtrat rechtlich genehmigt wurde.[103]

Die Kooperation zwischen staatlicher und kommunaler Verwaltung und den kollektivierten Stadtbewohnerinnen birgt nicht nur die Gefahr, dass Projekte kollektiver Wiederaneignung ihre Autonomie und Widerständigkeit verlieren und in bestehende Verwaltungsstrukturen und -verfahren integriert werden. Die Kooperation wird auch dadurch erschwert, dass die beiden Seiten nach unterschiedlichen Logiken und Prinzipien operieren. Die teilweise komplexen institutionellen Strukturen binden die begrenzten Ressourcen der zivilgesellschaftlichen Akteure und erschweren ihnen die Einhaltung ihrer polyzentrischen, transparenten, möglichst offenen und inklusiven Arbeitsweise.[104] Die Verfahrens- und Entscheidungslogik staatlicher und kommunaler Institutionen verlangen häufig schnelle Verfügbarkeiten und Vertreter, die befugt sind, Entscheidungen für ihre Organisation zu treffen. Das Verfahrensrecht vieler sozialer Bewegungen sieht hingegen vor, dass alle strategisch wichtigen Entscheidungen im Plenum getroffen werden, oft auch im Konsensverfahren, also nicht über die erheblichen Bedenken einzelner Mitglieder hinweg. Diese Verfahren folgen einer anderen Logik und Zeitlichkeit als staatliche Verfahren und sind daher häufig schwer mit den etablierten Verwaltungsverfahren vereinbar.[105]

Die Kooperation hat aber auch das Potenzial, Verfahren, Arbeitsweise und Recht der Verwaltung zu ändern. Commons-Public-Partnerships können wie in Barcelona zu Sozialwertbilanzierungen und weiteren Änderungen von Verwaltungsvorschriften und -recht führen, beispielsweise der Änderung der kommuna-

103 Marella, »The Commons as a Legal Concept«, S. 80; Micciarelli, *Path for New Institutions and Urban Commons.*

104 Stadt von Unten, »Auskooperiert«.

105 Holm, »From Protest to Program«; Alder, »Ein Gespräch über Organizing bei DWE auf dem Weg zur Vergesellschaftung«.

len Vergabepraxis, um Commons-Projekte zu fördern und abzusichern.[106]

Verwaltung vergesellschafteter Wohnungsbestände als Gemeingut

Mit der von der Initiative »Deutsche Wohnen & Co. enteignen« angestrebten Vergesellschaftung nach Artikel 15 könnte staatliche Macht für eine großflächige Entprivatisierung eingesetzt werden, die einen Bestand von etwa einer Viertelmillion Wohnungen als Gemeingut rekonstituiert. Für die Verwaltung und Bewirtschaftung dieses Bestands hat die Initiative das Konzept einer Anstalt öffentlichen Rechts ausgearbeitet.[107] Es konkretisiert und operationalisiert die im Grundgesetz nicht näher bestimmten Begriffe des Gemeineigentums und der Gemeinwirtschaft unter Rückgriff auf sozialistische Ideen des Gemeineigentums, auf historische Umsetzungen etwa in der Pariser Kommune[108] und im Hessischen Vergesellschaftungsprojekt nach dem Zweiten Weltkrieg[109] sowie auf die Verwaltung von Wohnungen als Gemeingut in Wien.[110]

Das besondere Potenzial des Projekts liegt nicht nur im Ausmaß der Entprivatisierung. Die von der Initiative vorgeschlagene Struktur lässt unterschiedliche Intensitäten der Partizipation der Bewohnerinnen an Verwaltung und Gestaltung zu – von bewusster Passivität bis zur Selbstverwaltung von Häusern durch die Mieterinnen. Die Bestände werden nicht in bestehende Verwaltungs- und Bewirtschaftungsstrukturen integriert und das Konzept der Initiative sieht sowohl eine wissenschaftliche Begleitung als auch spezifische Stellen für Community-Organizer vor. So werden Einrichtungen und Bedingungen einerseits für die Be-

106 Coma/Aguirre, *Patrimonio Cuidadano Framework for Public-Community Collaboration*.

107 Deutsche Wohnen & Co. enteignen, *Gemeingut Wohnen*.

108 Strack/Hannemann/Ronneberger, *Baustelle Commune*; Ross, *Communal Luxury*.

109 Winter, »Sozialisierung in Hessen 1946–1955«.

110 Deutsche Wohnen & Co enteignen (Hg.), *Vergesellschaftung und Gemeinwirtschaft*; Holm/Gerhardt/Scheller/Gastaminza Vacas, *Keine Profite mit der Miete*.

fähigung der Bewohnerinnen zur aktiven Teilnahme und andererseits für eine Veränderung der Verwaltungskultur geschaffen.

Das Konzept der Initiative sieht konkret vor, dass die Wohnungsbestände an eine Anstalt öffentlichen Rechts »Gemeingut Wohnen« übertragen werden. Die bestehenden landeseigenen Wohnungsgesellschaften sind als Aktiengesellschaften und Gesellschaften mit beschränkter Haftung organisiert. Da diese Organisationsformen regelmäßig auf eine privatnützige Tätigkeit ausgerichtet sind und nur eingeschränkt Mitbestimmung erlauben, kommen sie nicht für eine gemeinwirtschaftliche Verwaltung der Wohnungen als Gemeineigentum in Betracht.

Schon der erwähnte Gesetzesentwurf für ein »Gesetz über die Neuausrichtung der sozialen Wohnraumversorgung in Berlin« hatte die Gründung einer Anstalt öffentlichen Rechts vorgesehen. Anders als die Rechtsform der GmbH erlaubt die Form der Anstalt mehr Freiheit in der Ausgestaltung von Mitbestimmungsmöglichkeiten. Eine Anstalt öffentlichen Rechts wird durch Gesetz geschaffen. Die Initiative »Deutsche Wohnen und Co. enteignen« arbeitet aktuell an diesem Gesetz, das im Falle eines erfolgreichen Gesetzesvolksentscheids die Anstalt öffentlichen Rechts »Gemeingut Wohnen« schaffen würde. Eine Schwachstelle der Konstruktion ist der Umstand, dass die durch Gesetz gegründete Anstalt durch Gesetz auch wieder abgeschafft werden könnte. Dem kann allein dadurch entgegengewirkt werden, dass Artikel 15 GG als Reprivatisierungsverbot interpretiert wird oder die Selbstverwaltung des Bodens als Gemeineigentum in der Berliner Verfassung verankert wird.

Die Mieterinnen, die schon in den Wohnungen wohnen, behalten ihre Verträge. Die Mieten werden auf eine leistbare Höhe festgesetzt. Fortan soll die Vergabe der Wohnungen nach einem gewichteten Losverfahren erfolgen. Alle Berlinerinnen können einen Antrag auf eine Wohnung stellen. Zusätzliche Lose werden bei dringendem Bedarf und an Angehörige marginalisierter Gruppen vergeben. Ein Tauschverfahren ist ebenfalls vorgesehen, um den Umzug in andere Stadtteile zu ermöglichen und auf veränderten Bedarf im Hinblick auf die Wohnungsgröße reagieren zu können.[111]

Die Mitbestimmungsmöglichkeiten der Bewohnerinnen, die Mieterinnen bleiben, werden durch eine Rätestruktur gesichert. Sie folgt dem Grundsatz der Subsidiarität, Mieterinnen sollen also an den Entscheidungen beteiligt werden, die sie selbst betreffen. Vorgesehen sind Siedlungsräte und Gebietsräte, die wiederum Delegierte in einen Gesamtrat entsenden.[112] Letzterer entsendet Vertreterinnen in den Verwaltungsrat der Anstalt. Wenn einzelne Hausgemeinschaften das Zusammenleben im Haus selbstverwaltet gestalten möchten, können zusätzlich auch Häuserräte eingerichtet werden.[113]

Im Verwaltungsrat der Anstalt sind nicht nur die Mieterinnen, sondern auch Beschäftigte, Stadtgesellschaft und der Senat Berlins vertreten. Der Verwaltungsrat erlässt die Satzung der Anstalt sowie Leitlinien. Hier kommt die schon erwähnte Prozesshaftigkeit der Vergesellschaftung zum Ausdruck. Während das Trägergesetz die institutionelle Struktur der Anstalt öffentlichen Rechts festlegt, wird die Ausgestaltung ihrer Arbeit ihren Organen überlassen. In den Leitlinien können beispielsweise Wohnraumbegrenzungen eingeführt werden. Wichtig ist für die gemeinwirtschaftliche Selbstverwaltung, dass die Einflussnahme von Regierung und Parlament auf die Geschäfte der Anstalt begrenzt ist. Zu diesem Zweck haben Mieterinnen fünf und der Berliner Senat nur zwei Sitze im Verwaltungsrat. Die übrigen acht Sitze werden von vier Beschäftigten der Anstalt und vier Vertreterinnen der Stadtgesellschaft besetzt. Auch die Finanzie-

111 Deutsche Wohnen & Co. enteignen, *Gemeingut Wohnen*, S. 15 ff.

112 Ebd., S. 29.

113 Es gibt in den Beständen der landeseigenen Wohnungsunternehmen schon einige selbstverwaltete Häuser: kommunal & selbstverwaltet Wohnen, *Mieter*innen für die Demokratisierung der Wohnraumversorgung*.

rung der Anstalt aus den Mieteinnahmen sichert ihre Unabhängigkeit von der Landesregierung.

Besondere Berücksichtigung finden die Anliegen, Diskriminierung zu bekämpfen und die Bewohnerinnen zur Teilnahme und aktiven Mitgestaltung zu befähigen. Das Konzept sieht hierfür nicht nur Quotenregelungen, sondern auch die Einrichtung eines wissenschaftlichen Dienstes als internes Beratungsgremium vor, der Strukturänderungen vorschlagen und Handlungsempfehlungen für den Verwaltungsrat formulieren kann. Eine Partizipation-und-Antidiskriminierungs-Stelle mit mindestens einem Community-Organizer pro Gebiet soll demokratische Beteiligung durch »aufsuchende und aktivierende Arbeit aktiv fördern«.[114]

Völkerrecht und internationale Organisationen für die Commons

Unzählige Berichte und Rechtsinstrumente internationaler Institutionen sollen der Bekämpfung von Landdegradation, Verschmutzung, Biodiversitätsverlust und der Eindämmung der Auswirkungen des Klimawandels dienen. Zugleich tragen Völkerrecht und internationale Organisationen Mitverantwortung für die Transformation von Boden in Kapitalanlagen. Manche Völkerrechtlerinnen gehen so weit, das Völkerrecht als eine Technologie zu beschreiben, deren Zweck es ist, kapitalistische Verwertung an alle Orte der Welt zu bringen.[115]

Doch auch das Völkerrecht ist ein »Terrain of struggle«. Auf diesem Territorium kämpfen unterschiedliche Akteure um die Verwirklichung ihrer Projekte.[116] Internationale Institutionen, die relativ unabhängig von Regierungen agieren, versuchen mithilfe des internationalen Rechts sozialökologische Transformation zu fördern. Der letzte Bericht des Weltklimarats ist eindeutig in sei-

114 Initiative Deutsche Wohnen & Co. enteignen, *Gemeingut Wohnen*, S. 41.

115 Mattei/Salomon, »From Poverty and Development to People's International Law«.

116 Kennedy, *A World of Struggle*.

ner Aussage, dass der Schutz vor Klimakatastrophen grundlegende gesellschaftliche Veränderungen erfordert. Der Weltbiodiversitätsrat erläutert, dass Wert nicht allein marktwirtschaftlich, sondern in demokratischen Verfahren bestimmt werden sollte.[117] Sonderberichterstatter der Vereinten Nationen kritisieren beständig in ihren Berichten Regierungen für Vertreibungen und illegale Besatzungen unter Verletzung des Selbstbestimmungsrechts der Völker, die mangelhafte Förderung des Rechts auf Stadt und adäquate Wohnung und Verletzungen des Rechts auf Ernährung.[118] Das Völkerrecht gibt ihnen und sozialen Bewegungen eine Sprache, um Ungerechtigkeit anzuprangern, und bietet Argumente für den Abbau staatlicher Macht und die Stärkung von Commons. Internationale Organisationen und Gerichte können Foren für beziehungswahrende Konfliktlösung sein. Kollektive können diplomatische und gerichtliche Verfahren nutzen, um die Einhaltung von Menschenrechten und Selbstbestimmungsrechten einzufordern, und so wenigstens die Aufmerksamkeit der Weltgesellschaft auf ihre Anliegen ziehen.[119] Das Völkerrecht sollte daher nicht leichtfertig aufs Spiel gesetzt werden.

Ein transformatives Völkerrecht würde außerdem Infrastrukturen der Commons stärken[120] und sich aus sozialen Bewegungen speisen. Ein solches Völkerrecht »von unten« hat sich beispielsweise in den UN-Erklärungen zu den Rechten Indigener

117 Weltklimarat, AR6 Synthesis Report: Climate Change 2023; IPBES, »Contrasting Approaches to Values and Valuation. Value Monism vs. Value Pluralism in Policy«, https://www.ipbes.net/contrasting-approaches-values-valuation [19.10.2024].

118 Siehe etwa die Berichte der UN-Sonderberichterstatterin Francesca Albanese zur Menschenrechtssituation in dem von Israel besetzten palästinensischen Gebiet, des UN-Sonderberichterstatters Balakrishnan Rajagopal für das Recht auf angemessene Wohnung und des UN-Sonderberichterstatters Michael Fakhri für das Recht auf Ernährung.

119 Johns, *Connection in a Divided World*; Koskenniemi, »What is International Law For?«.

120 Mattei/Salomon, »From Poverty and Development to People's International Law«.

und den Rechten von Kleinbauern niedergeschlagen.[121] Durch transnationale Vernetzung von Commons-Assoziationen und Kommunen könnten diese machtvolle Akteure werden und über internationale Institutionen die Politik der Verwertung effektiver aufhalten.

Die bestehenden Organisationen und ihr institutionelles Design können, anknüpfend an geologische Rechtsschichten des Gemeinsamen und für den Erhalt von Bewohnbarkeit, weitergedacht werden. Die Meeresbodenbehörde bietet sich dafür besonders an. Das gegenwärtige Momentum des Moratoriums schafft eine neue Offenheit der Institution, Vorschläge für eine Neuausrichtung zu rezipieren. Die Indigenen Aktivistinnen haben ein Gegenrecht auf den Ozean als Wohnstatt in die Behörde getragen. Es sind sowohl konzeptionelle Möglichkeiten als auch eine Bereitschaft der Akteure (zumindest mancher) erkennbar, dieses Recht aufzunehmen und ihm Geltung zu verschaffen. Hilfreich ist dafür, dass im Tiefseebodenrecht so stark wie in keinem anderen völkerrechtlichen Regime das Gemeinsame als Rechtskonzept verankert ist. Durch die jahrzehntelangen Debatten über seine institutionelle Umsetzung besteht ein großer Reichtum an Ideen und institutionellen Designs. Aus diesem können institutionelle Experimente schöpfen, um eine ökologische Verwaltung des Ozeanbodens zu erproben.

Beispielsweise könnten Indigene Juristinnen in die erwähnte Rechts- und Fachkommission der Meeresbodenbehörde aufgenommen werden. Das wäre schon nach geltendem Recht möglich und böte eine effektive Partizipationsmöglichkeit. Das Seerechtsübereinkommen sieht als Teil der institutionellen Struktur der Behörde auch eine Planungskommission vor. Sie sollte den Interessen der rohstofffördernden Staaten Rechnung tragen. Heute könnte sie dazu dienen, Projekte der Rohstoffförderung besser mit dem Anliegen der Kreislaufwirtschaft zu verknüpfen und der

121 Gradoni/Pasquet, »Voice under Domination«; Rajagopal, *International Law from Below*.

Erkenntnis Rechnung tragen, dass planetare Bewohnbarkeit auch planetare Planung erfordert. Soll die extraktive Verwertung enden, kann finanzielle Autonomie heute nicht mehr durch Erträge aus dem Bergbau gesichert werden. Als alternative Finanzierungsquelle kommen Reparationszahlungen für koloniales Unrecht in Betracht.

Die Konzeption, wonach Staaten im Tiefseebodenregime die Funktion von Treuhändern des Gemeinsamen erfüllen sollten, ist gescheitert.[122] Zu stark sind die staatlichen Eigeninteressen an extraktiver Verwertung. Es wäre daher sinnvoll, an Ideen anzuknüpfen, die die Behörde einerseits von Staaten und Regierungen autonomisieren und andererseits demokratische Partizipation unterschiedlicher gesellschaftlicher Gruppen in einer holistischen Organisation für den Ozean stärken wollten. Für das Ozeanregime schlug Elisabeth Mann Borgese ein Kammersystem vor, um Prinzipien partizipativer Demokratie in eine ökologische Verwaltung des Ozeans zu integrieren. Diese sollte Teil eines größeren Systems kooperativer Weltgemeinschaften sein. In ein solches ließen sich auch die funktionalen Einheiten des zu Anfang dieses Kapitels vorgestellten Nachbarschaftsmodells integrieren.

Eine neue Ordnung kann nicht am Reißbrett entworfen werden. Unzählige Einwände sprechen gegen die Realisierbarkeit der hier nur oberflächlich skizzierten Ideen. Und doch mag die unermüdliche Elisabeth Mann Borgese als Vorbild und Ermutigung dienen: In Kooperation von Theorie und Praxis können zunächst utopisch scheinende Ideen konkrete rechtliche Formen gewinnen. Heute inspirieren uns ihre detailliert ausgearbeiteten institutionellen Vorschläge. Morgen schon kann infolge unerwarteter Konstellationen der Moment kommen, mutige Entwürfe für Vergesellschaftungsgesetze und planetare Behörden aus der Schublade zu holen und an ihrer praktischen Umsetzung zu arbeiten.

122 Allgemein zu Souveränität als Treuhandschaft: Benvenisti, »Sovereigns as Trustees of Humanity«.

Literaturverzeichnis

Abendroth, Wolfgang, »Das Grundgesetz – antifaschistischer und sozialer Auftrag«, in: ders. u.a., *Der antifaschistische Auftrag des Grundgesetzes: Eine Waffe der Demokraten. Texte eines Kolloquiums von Antifaschisten zum 25. Jahrestag der Verkündung des Grundgesetzes*, Frankfurt am Main 1974, S. 16–21.

Abi-Saab, Georges, »The Newly Independent States and the Rules of International Law. An Outline«, in: *Howard Law Journal* 8/2 (1962), S. 97–121.

Ackerman, Bruce, »Constitutional Politics / Constitutional Law«, in: *The Yale Law Journal* 99/3 (1989), S. 453–547.

Adamczak, Bini, *Beziehungsweise Revolution. 1917, 1968 und kommende*, Berlin 2017.

Adkins, Lisa / Cooper, Melinda / Konings, Martijn (Übersetzung: Heinemann, Enrico), *Die Asset-Ökonomie. Eigentum und die neue Logik der Ungleichheit*, Hamburg 2024.

Adron, Jeff A. / Ruhl, Henry A. / Johnes, Daniel O. B., »Incorporating Transparency in the Governance of Deep-Seabed Mining in the Area beyond National Jurisdiction«, in: *Marine Policy* 89 (2017), S. 58–66.

AGBeratung, »Sinn, Ziel, Zweck und Form von Binnenverträgen«, https://www.agberatung-berlin.org/binnenvertrag-und-schiedsvereinbarung-als-werkzeuge-der-kollektiven-selbstverwaltung/ [22.12.2024].

Akbar, Amna A., »Non-Reformist Reforms and Struggles over Life, Death, and Democracy«, in: *The Yale Law Journal* 132/8 (2023), S. 2497–2577.

Alder, Tilman Wendelin, »Ein Gespräch über Organizing bei DWE auf dem Weg zur Vergesellschaftung«, in: Pfaff, Tino (Hg.), *Vergesellschaftung und die sozialökologische Frage. Wie wir unsere Gesellschaft gerechter, zukunftsfähiger und resilienter machen können*, München 2024, S. 375–392.

Alessandrini, Donatella, »Global Value Chains, Development and the Long Duree of Trade and Investment Law«, in: *Leiden Journal of International Law* 35/3 (2022), S. 619–640.

Alexander, Christopher, *The Nature of Order*. Bd. 1–4, Berkeley 2002–2004.

Ders. u.a., *A Pattern Language. Towns. Buildings. Construction*, New York 1977.

Anand, Ram Prakash, *New States and International Law*, Delhi 1972.

Ders., *Legal Regime of the Sea-Bed and the Developing Countries*, Leiden 1977.

Ders., »Common Heritage of Mankind. Mutilation of an Ideal«, in: ders., *Studies in International Law and History. An Asian Perspective*, Leiden 2004, S. 180–196.

Anghie, Antony, »The Heart of my Home. Colonialism, Environmental Damage, and the Nauru Case«, in: *Harvard Law Journal* 34/2 (1993), S. 445–506.

Ders., *Imperialism, Sovereignty, and the Making of International Law*, Cambridge 2007.

Armitage, David, »John Locke, Carolina, and the ›Two Treatises of Government‹«, in: *Political Theory* 32/5 (2004), S. 602–627.

Ashworth, Lucian M., »›Mother of the Oceans‹: Maritime Governance as a Template for a New Global Order in the International Thought of Elisabeth Mann Borgese (1918–2002)«, in: *Global Studies Quarterly* 3 (2023), S. 1–10.

Assmann, Aleida / Assmann, Jan, *Gemeinsinn. Der sechste, soziale Sinn*, München 2024.

Auer, Marietta, *Der privatrechtliche Diskurs der Moderne*, Tübingen 2014.

Augustin, Julian, »Nah am Wortlaut, weit in den Folgen: Das BVerwG-Urteil zum gemeindlichen Vorkaufsrecht in sozialen Erhaltungsgebieten«, in: Verfassungsblog, 19. 11. 2021, https://verfassungsblog.de/nah-am-wortlaut-weit-in-den-folgen/ [21. 11. 2024].

Baer, Susanne / Sacksofsky, Ute (Hg.), *Autonomie im Recht – Geschlechtertheoretisch vermessen*, Frankfurt am Main 2018.

Bailey, Saki / Mattei, Ugo, »Social Movements as Constituent Power. The Italian Struggle for the Commons«, in: *Indiana Journal of Global Legal Studies* 20/2 (2013), S. 965–1013.

Barthel, Bettina, »Legal hacking und seine praktischen Dimensionen am Beispiel des Mietshäuser Syndikats«, in: *juridikum* 3 (2020), S. 366–375.

Bauer, Adalbert, *Der Arbeitszwang in Deutsch-Ostafrika*, Würzburg 1919.

Bedjaoui, Mohammed, *Towards a New International Economic Order*, Paris / New York 1979.

Belina, Bernd / Heeg, Susanne, »Wohnen mit Marx«, in: Sablowski, Thomas u. a. (Hg.), *Auf den Schultern von Karl Marx*, Münster 2021, S. 439–451.

Benvenisti, Eyal, »Sovereigns as Trustees of Humanity. On the Accountability of States to Foreign Stakeholders«, in: *American Journal of International Law* 107/2 (2013), S. 295–333.

Berfelde, Rabea / Blumenfeld, Jacob, »Von der Vergesellschaftung zur Planung und wieder zurück«, in: *PROKLA* 54/2 (2024), S. 177–193.

Berlant, Lauren, »The Commons. Infrastructures for Troubling Times«, in: *Environment and Planning D: Society and Space* 34/3 (2016), S. 393–419.

Bernstorff, Jochen von, »Koloniale Herrschaft durch Ambivalenz. Die deutsche Völkerrechtswissenschaft und die Kolonien«, in: Dann, Philipp / Feichtner, Isabel / Bernstoff, Jochen von (Hg.), *(Post)Koloniale Rechtswissenschaft. Geschichte und Gegenwart des Kolonialismus in der deutschen Rechtswissenschaft*, Tübingen 2022, S. 271–296.

Bernt, Matthias / Holm, Andrej (Aut.) / Rosa-Luxemburg-Stiftung (Hg.), *Vergesellschaftung senkt die Miete. Kurzstudie zu den sozialen Effekten einer möglichen Vergesellschaftung von Wohnungen in Berlin*, Online-Studie, Januar 2023, https://www.rosalux.de/fileadmin/rls_uploads/pdfs/Studien/Studie_1-23_Vergesellschaftung.pdf [21. 11. 2024].

Bhagwati, Jagdish, »Introduction«, in: ders. (Hg.), *The New International Economic Order. The North-South Debate*, Cambridge 1977, S. 1–26.

Bhandar, Brenna, *Colonial Lives of Property. Law, Land, and Racial Regimes of Ownership*, Durham 2018.

Birch, Kean, »Rethinking Value in the Bio-Economy. Finance, Assetization, and the Management of Value«, in: *Science, Technology, & Human Values* 42/3 (2017), S. 460–490.

Bley, Helmut, *Kolonialherrschaft und Sozialstruktur in Deutsch-Südwestafrika 1894–1914*, Hamburg 1968.

Blomley, Nicholas, »Enclosure, Common Right and the Property of the Poor«, in: *Social Legal Studies* 17/3 (2008), S. 311–331.

Blume, Jutta, »Privatstadt Próspera verklagt Honduras auf 10,77 Milliarden US-Dollar«, in: *amerika 21*, 25. 12. 2022, https://amerika21.de/2022/12/261791/prospera-klage-honduras [6. 12. 2024].

Boeke, Kees, »Soziokratie. Demokratie wie sie sein könnte«, in: *Sociocracy*, https://www.sociocracy.info/sociocracy-democracy-kees-boeke/ [15. 1. 2025].

Boggs, Carl, »Marxism, Prefigurative Communism, and the Problem of Workers' Control«, in: *Radical America* 11/6 (1977), S. 99–122.

Bollier, David, »The Art of the Legal Hack, as pioneered by Janelle Orsi«, in: *resilience*, 11. 11. 2020, https://www.resilience.org/stories/2020-11-11/the-art-of-the-legal-hack-as-pioneered-by-janelle-orsi/ [18. 11. 2024].

Bommarius, Christian, *Der gute Deutsche. Die Ermordung Manga Bells in Kamerun 1914*, Berlin 2020.

Bönnemann, Maxim, *Rechtsenklaven. Indiens Recht der Sonderwirtschaftszonen*, Tübingen 2023.

Bonnitcha, Jonathan / Brewin, Sarah, *Compensation Under Investment Treaties*, IISD Brief, 16. 12. 2020, https://www.iisd.org/publications/compensation-under-investment-treaties [15. 1. 2025].

Böttcher, Dirk, *Das verkaufte Land. Bauern, Böden und Kapital*, Hamburg 2024.

Botzem, Sebastian / Dobusch, Leonhard, »Financialization as Strategy. Accounting for Inter-Organizational Value Creation in the European Real Estate Industry«, in: *Accounting, Organizations and Society* 59 (2017), S. 31–43.

Boysen, Sigrid, *Die postkoloniale Konstellation. Natürliche Ressourcen und das Völkerrecht der Moderne*, Tübingen 2021.

Brand, Ulrich / Wissen, Markus, *Imperiale Lebensweise. Zur Ausbeutung von Mensch und Natur im globalen Kapitalismus*, München 2017.

Brander, Luke / Gõni, Victoria Guisado, *Report on the Value of Ecosystem Services and Natural Capital of Area*, International Seabed Authority, https://www.isa.org.jm/wp-content/uploads/2023/06/Report-on-Valuation-of-ecosystem-services.pdf [18. 11. 2024].

Brede, Helmut / Dietrich, Barbara / Kohaupt, Bernhard, *Politische Ökonomie des Bodens und der Wohnungsfrage*, Frankfurt am Main 1976.

Brown, Gareth / Milburn, Keir, *Commoning the Public. Translating European New Municipalism to the UK Context*, 2024, https://www.rosalux.de/fileadmin/rls_uploads/pdfs/engl/Commoning_the_Public_March_2024.pdf [18. 10. 2024].

Brunner, Jan / Klingenmeier, Anne / Schubel, Katja, »Vorkaufsrechte gegen Bodenkonzentration und für eine gerechtere Verteilung von Grundeigentum«, in: Feichtner, Isabel u. a. (Hg.), *Stadt – Land – Boden. Verbindende Bodenpolitik zwischen Stadt und Land*, 2025 (im Erscheinen).

Bryde, Brun-Otto, »Artikel 15«, in: Münch, Ingo von u. a. (Hg.), *Grundgesetz-Kommentar*, Bd. II, München 2021.

Buller, Adrienne, *The Value of a Whale. On the Illusions of Green Capitalism*, La Vergne 2022.

Bundeszentrale für politische Bildung, »Vor 115 Jahren: Der Maji-Maji-Aufstand«, https://www.bpb.de/kurz-knapp/hintergrund-aktuell/209829/vor-115-jahren-der-maji-maji-aufstand/ [31. 12. 2024].

Burke, Anthony u. a., »Planet Politics. A Manifesto from the End of IR«, in: *Millennium. Journal of International Studies* 44/3 (2016), S. 499–523.

Caffentzis, George / Federici, Silvia, »Commons Against and Beyond Capitalism«, in: Federici, Silvia, *Re-enchanting the World. Feminism and the Politics of the Commons*, Oakland 2019, S. 85–98.

Casson, Louisa u. a. (Aut.) / Greenpeace International (Hg.), *Deep Trouble. The Murky World of the Deep Sea Mining Industry*, Amsterdam 2020, https://www.greenpeace.org/international/publication/45835/deep-sea-mining-exploitation/ [27. 10. 2024].

Charbonnier, Pierre (Übersetzung: Hemminger, Andrea), Überfluss und Freiheit. Eine ökologische Geschichte der politischen Ideen, Frankfurt am Main 2022.

Chiapello, Eve, »Financialisation of Valuation«, in: *Human Studies* 38/1 (2015), S. 13–35.

Christophers, Brett, *Our Lives in Their Portfolios. Why Asset Managers Own the World*, London 2023.

Coffman, Tom, *Nation Within. The History of the American Occupation of Hawai'i*, London/Durham 2016.

Cohen, Morris, »Property and Sovereignty«, in: *Cornell Law Review* 13/1 (1927).

Coma, Mauro Castro / Aguirre, Laia Forné, *Patrimonio Cuidadano. A Framework for Public-Community Collaboration*, Barcelona 2021.

Communia, *Mit Vergesellschaftung gegen die Ohnmacht*, 26. 9. 2024, https://communia.de/mit-vergesellschaftung-gegen-die-ohnmacht/ [20. 12. 2024].

Communia / BUNDjugend (Hg.), Öffentlicher Luxus, Berlin 2023.

Conrad, Sebastian, »›Eingeborenenpolitik‹ in Kolonie und Metropole. Erziehung zur Arbeit in Ostafrika und Ostwestfalen«, in: ders. / Osterhammel, Jürgen (Hg.), *Das Kaiserreich transnational. Deutschland in der Welt 1871–1914*, Göttingen 2004, S. 107–128.

Cooper, Richard N., »The Oceans as a Source of Revenue«, in: Bhagwati, Jagdish (Hg.), *The New International Economic Order. The North-South Debate*, Cambridge 1977, S. 105–120.

Crane, Rich u. a., »Deep-Sea Mining Poses an Unjustifiable Environmental Risk«, in: *Nature Sustainability* 7 (2024), S. 834–836.

Damler, Daniel, *Wildes Recht. Zur Pathogenese des Effektivitätsprinzips in der neuzeitlichen Eigentumslehre*, Berlin 2010.

Dardot, Pierre / Laval, Christian, *Common. On Revolution in the 21st Century*, London 2019.

Däubler, Wolfgang, »Eigentum und Recht in der BRD«, in: ders. / Sieling-Wendeling, Ulrike / Welkoborsky, Horst (Hg.), *Eigentum und Recht. Die Entwicklung des Eigentumsbegriffs im Kapitalismus*, Neuwied 1976, S. 141–269.

Davis, John, »Origins and Evolution of the Community Land Trust in the United States«, in: ders. (Hg.), *The Community Land Trust Reader*, Cambridge 2010, S. 3–47.

De Angelis, Massimo, *Omnia Sunt Communia. On the Commons and the Transformation to Postcapitalism*, London 2017.

Degen, Kim Jana u. a. (Aut.) / Verein Neustart Schweiz (Hg.), *Nach Hause kommen. Nachbarschaften als Commons*, Baden, Schweiz 2016.

Degens, Philipp / Lapschieß, Lukas, »Kooperationen in der Solidarischen Landwirtschaft. Eine feldtheoretische Perspektive«, in: Kühn, Cornelia (Hg.), *Gemeinwohlorientiert, ökologisch, sozial. Aushandlungen um alternative Wirtschaftspraktiken in der Zivilgesellschaft*, Wiesbaden 2023, S. 189–213.

Dehm, Julia, »Legally Constituting the Value of Nature: The Green Economy and Stranded Assests«, in: Feichtner, Isabel / Gordon, Geoff (Hg.), *Constitutions of Value. Law, Governance, and Political Ecology*, Milton Park in Oxfordshire 2023, S. 255–275.

Deutsche Wohnen & Co enteignen (Hg.), *Vergesellschaftung und Gemeinwirtschaft. Lösungen für die Berliner Wohnungskrise*, Berlin 2020.

Dies., »Chronik«, in: Deutsche Wohnen & Co enteignen (Hg.), *Wie Vergesellschaftung gelingt – Zum Stand der Debatte*, Berlin 2022, S. 23–27.

Dies., »Gesetz zur Überführung von Wohnimmobilien in Gemeineigentum (Vergesellschaftungsgesetz – VergG) (2021)«, in: Deutsche Wohnen & Co enteignen (Hg.), *Wie Vergesellschaftung gelingt – Zum Stand der Debatte*, Berlin 2022, S. 175–198.

Dies., *Gemeingut Wohnen. Eine Anstalt des öffentlichen Rechts für Berlins vergesellschaftete Wohnungsbestände*, Berlin 2023.

Dewey, John (Übersetzung: Hylla, Erich), *Demokratie und Erziehung. Eine Einleitung in die philosophische Pädagogik*, hg. von Jürgen Oelkers, Weinheim 2011.

Dobeson, Alexander / Kohl, Sebastian, »Die neue Bodenfrage«, in: Feichtner, Isabel u.a. (Hg.), *Stadt – Land – Boden. Verbindende Bodenpolitik zwischen Stadt und Land*, 2025 (im Erscheinen).

Doganova, Liliana, *Discounting the Future. The Ascendancy of a Political Technology*, Princeton 2024.

Dopatka, Wilhelm, »Darstellung und Kritik der herrschenden Auslegung von Art. 15 Grundgesetz«, in: Winter, Gerd (Hg.), *Sozialisierung von Unternehmen*, Berlin 1976, S. 155–215.

Drau, Indigo / Klick, Jonna, *Alles für alle*, Stuttgart 2024.

Dreißig, Daniela, »Honduras: Oberster Gerichtshof erklärt ›Privatstädte‹ für verfassungswidrig«, in: *amerika 21*, 26.9.2024, https://amerika21.de/2024/09/271644/honduras-zede-gerichtshof [6.12.2024].

D'Souza, Radha, *What's Wrong with Rights? Social Movements, Law and Liberal Imaginations*, London 2018.

Dies., »Land, People and Places. Double Visions and Corporate Land Ownership«, in: Bartel, Robin / Carter, Jennifer, *Handbook on Space, Place and Law*, Cheltenham 2021, S. 350–364.

Duguit, Léon, *Les transformations générales du droit privé depuis le Code Napoléon*, Paris 1920.

Dyk, Silke van / Haubner, Tine, *Community-Kapitalismus*, Hamburg 2021.

Eijk, Cristian van, »Unstealing the Sky. Third World Equity in the Orbital Commons«, in: *Air and Space Law* 47/1 (2022), S. 25–44.

Eller, Klaas, »Privatrecht in der Wohnungskrise. Soziales Mietrecht und die Verfassung des Wohnungsmarktes«, in: Croon-Gestefeld, Johanna u.a. (Hg.), *Das Private im Privatrecht. Jahrbuch Junge Zivilrechtswissenschaft*, Baden-Baden 2022.

Eslava, Luis / Pahuja, Sundyha, »Between Resistance and Reform. TWAIL and the Universality of International Law«, in: *Trade, Law and Development* 3/1 (2011), S. 103–130.

Euler, Johannes / Preissing, Sigrun, »Mustersprache des Commoning. Theorie, Methodik, Praxis«, in: *Zeitschrift für Gemeinwirtschaft und Gemeinwohl* 45/2 (2022), S. 265–292.

Expertenkommission zum Volksentscheid Vergesellschaftung großer Wohnungsunternehmen, *Abschlussbericht*, Juni 2023, https://www.berlin.de/kommission-vergesellschaftung/downloads/ [3.10.2024].

Feichtner, Isabel, »Rohstoffe und Entwicklung. Entwicklung im Transnationalen Rohstoffrecht«, in: Dann, Philipp / Kadelbach, Stefan / Kaltenborn, Matthias (Hg.), *Entwicklung und Recht*, Baden-Baden 2014, S. 287–340.

Dies., »Förderung des Gemeinsamen Menschheitserbes in der Tiefsee. Wie das rechtliche und institutionelle Design der Meeresbodenverwaltung Rohstoffausbeutung unterstützt und Umverteilung behindert«, in: *Kritische Justiz* 52/1 (2019), S. 10–26.

Dies., »Sharing the Riches of the Sea: The Redistributive and Fiscal Dimension of Deep Seabed Exploitation«, in: *European Journal of International Law* 30/2 (2019), S. 601–633.

Dies., »Mining for Humanity in the Deep Sea and Outer Space. The Role of Small States and International Law in the Extraterritorial Expansion of Extraction«, in: *Leiden Journal of International Law* 32/2 (2019), S. 255–274.

Dies., »Law of Natural Resource Extraction and Money as Key to Understanding Global Political Economy and Potential for Its Transformation«, in: Kjaer, Poul (Hg.), *The Law of Political Economy*, Cambridge 2020, S. 152–180.

Dies., »Helmut Ridder, gesellschaftskritische Rechtswissenschaft und die demokratische Gesamtverfassung. Eine Einleitung«, in: dies. / Wihl, Tim (Hg.), *Gesamtverfassung. Das Verfassungsdenken Helmut Ridders*, Baden-Baden 2022, S. 11–35.

Dies., »Koloniales Wirtschaftsrecht und der Wert der Kolonisation«, in: Dann, Philipp / Feichtner, Isabel / Bernstoff, Jochen von (Hg.), *(Post)Koloniale Rechtswissenschaft. Geschichte und Gegenwart des Kolonialismus in der deutschen Rechtswissenschaft*, Tübingen 2022, S. 189–229.

Dies., »The Law Clinic Transformation Law«, Essay, 18. 9. 2023, The New Institute, https://thenew.institute/en/media/the-law-clinic-transformation-law [15. 1. 2025].

Dies., »Socialization as a Counter-Right to Democratize and Reclaim the Common«, in: Hanusch, Frederic / Katsman, Anna (Hg.), *Seeds for Democratic Futures*, Bielefeld 2024, S. 113—122.

Dies. / Heeg, Susanne / Wihl, Tim, *Juristische Zurechnung von Wohnungsbeständen zu großen Immobiliengesellschaften*, Working Paper, The New Institute, Hamburg 2024 (noch unveröffentlicht).

Dies. / Heeg, Susanne / Wihl, Tim, »›Deutsche Wohnen & Co. enteignen‹ in Berlin (Germany): Socializing Housing at a Large Scale«, in: Russell, Bertie / Bianchi, Iolanda (Hg.), *Radical Municipalism: The Politics of the Common and the Democratization of Public Services*, 2025 (im Erscheinen).

Filser, Andreas / Rehkugler, Heinz, *Marktverhalten und Performance von Wohnungsunternehmen. Gemein- und privatwirtschaftliche Unternehmen im empirischen Vergleich*, Stuttgart 2022.

Fisher, Irving, *The Nature of Capital and Income*, New York 1906.

Ders., *The Rate of Interest. Its Nature, Determination and Relation to Economic Phenomena*, New York 1907.

Fitzmaurice, Andrew, *Sovereignty, Property and Empire. 1500–2000*, Cambridge 2014.

Fleming, John, »The Nationalization of Chile's Large Copper Companies in Contemporary Interstate Relations«, in: *Villanova Law Review* 18/4 (1973), S. 593–-647.

Foner, Eric, *Free Soil, Free Labor, Free Men. The Ideology of the Republican Party before the Civil War*, New York 1970.

Forsthoff, Ernst / Ridder, Helmut, »Wieviel Sozialismus steckt im Deutschen Grundgesetz?«, in: *Wirtschaftswoche* 9, 22.02.1974, S. 52–55.

Fourcade, Marion, »Cents and Sensibility. Economic Valuation and the Nature of ›Nature‹«, in: *American Journal of Sociology* 116/6 (2011), S. 1721–-1777.

França, João (Aut.) / Rosa-Luxemburg-Stiftung (Hg.), *Die PAH: Ein Handbuch*, Madrid 2021.

Freiß, Georg / Laven, Timo, »Vergesellschaftungsverzögerungsgesetz: Teil 2 zum wegweisenden Abschlussbericht der Berliner Expert*innenkommission«, in: Verfassungsblog, 7. 7. 2023, https://verfassungsblog.de/vergesellschaftungsverzogerungsgesetz/ [21. 11. 2024].

Friedmann, Wolfgang, »The Uses of ›General Principles‹ in the Development of International Law«, in: *The American Journal of International Law* 57/2 (1963), S. 279–299.

Froese, Judith, »Artikel 14«, in: Huber, Peter / Voßkuhle, Andreas (Hg.), *Grundgesetz. Kommentar*, Bd. 1, München 2024.

Fülberth, Georg, »Interview mit Helmut Ridder«, in: *konkret*, Teil I: 10/1994, S. 38–43; Teil II: 11/1994, S. 35–42.

Gabor, Daniela / Kohl, Sebastian, *›My Home Is an Asset Class‹. The Financialization of Housing in Europe*, Januar 2022, https://extranet.greens-efa.eu/public/media/file/1/7461 [21. 10. 2024].

Gebel, Titus, *Freie Privatstädte. Mehr Wettbewerb im wichtigsten Markt der Welt*, Berlin 2023.

George, Henry, *Fortschritt und Armut. Eine Untersuchung über die Ursache der industriellen Krisen und der Zunahme der Armut bei zunehmendem Reichtum*, Marburg 2023 (hg. von Dirk Löhr, überarb. Neuauflage von 1880).

Ders., *Social Problems*, Garden City 1883.

Gerstmeyer, Johannes, »Grundeigentum«, in: Schnee, Heinrich (Hg.), *Deutsches Koloniallexikon*, Bd. 2, Leipzig 1920, S. 763–765.

Ders., »Kronland«, in: Schnee, Heinrich (Hg.), *Deutsches Koloniallexikon*, Bd. 2, Leipzig 1920, S. 381–383.

Gibson, Katherine, »Thinking Around What a Radical Geography ›Must Be‹«, in: *Dialogues in Human Geography* 4/3 (2014), S. 283–287.

Gibson-Graham, J. K., »Diverse Economies. Performative Practices for ›Other Worlds‹«, in: *Progress in Human Geography* 32/5 (2008), S. 613–632.
Dies. / Dombroski, Kelly, *The Handbook of Diverse Economies*, Cheltenham/ Northampton 2020.
Gierke, Otto, *Die soziale Aufgabe des Privatrechts. Vortrag gehalten am 5. April 1889 in der Juristischen Gesellschaft zu Wien*, Berlin 1889.
Ginzky, Harald, »Soil Governance at the International, Regional and National Level«, in: Goss, Michael J. / Oliver, Margaret (Hg.), *Encyclopedia of Soils in the Environment (Second Edition)*, London 2023, S. 532–546.
Glatter, Jan / Mießner, Michael (Hg.), *Gentrifizierung und Verdrängung. Aktuelle theoretische, methodische und politische Herausforderungen*, Bielefeld 2021.
Goldmann, Matthias, »›Ich bin Ihr Freund und Kapitän‹. Die deutsch-namibische Entschädigungsfrage im Spiegel intertemporaler und interkultureller Völkerrechtskonzepte«, in: Dann, Philipp / Feichtner, Isabel / Bernstoff, Jochen von (Hg.), *(Post)Koloniale Rechtswissenschaft. Geschichte und Gegenwart des Kolonialismus in der deutschen Rechtswissenschaft*, Tübingen 2022, S. 499–520.
Ders., »The Ambiguity of Colonial International Law. Three Approaches to the Namibian Genocide«, in: *Leiden Journal of International Law* 37/3 (2024), S. 580–607.
Götz, Tobias, *Die Verstaatlichung von Banken*, Baden-Baden 2011.
Gradoni, Lorenzo / Pasquet, Luca, »Voice under Domination: Notes on the Making and Significance of the United Nations Declaration on the Rights of Peasants«, in: *European Journal of International Law* 33/1 (2022), S. 39–64.
Graeber, David, *Toward an Anthropological Theory of Value. The False Coin of Our Own Dreams*, London 2001.
Ders., (Übersetzer: Schmid, Bernhard), *Inside Occupy*, Frankfurt am Main 2012.
Ders., »It is Value that brings Universes into Being«, in: *Journal of Ethnographic Theory* 3/2 (2013), S. 219–243.
Grefe, Christiane / Busse, Tanja, *Der Grund. Die neuen Konflikte um unsere Böden – und wie sie gelöst werden können*, München 2024.
Groß, Thomas, »Die expansive Anwendung der Grundrechte zugunsten von Wirtschaftsunternehmen«, in: *Kritische Justiz* 52/1 (2019), S. 76–91.
Grossarth, Jan, *Bioökonomie und Zirkulärwirtschaft im Bauwesen. Eine Einführung*, Heidelberg 2024.
Grothe, Ewald / Schlegelmilch, Arthur, »›Constitutional Moments‹ in der Geschichte. Eine Einleitung«, in: ders./Schlegelmilch, Arthur (Hg.), *Constitutional Moments*, Hagen 2018, S. 7–9.
Guapizaca Jiménez, Erick, »An Old Dilemma in Deep Seabed Mining. Free, Prior, and Informed Consent of Indigenous Peoples in Areas Beyond National Jurisdiction«, in: *AJIL Unbound* (2024), S. 83–87.

Habermann, Friederike, *Overcoming Exploitation and Externalization*, Milton Park in Oxfordshire 2023.
Habermas, Jürgen, *Protestbewegung und Hochschulreform*, Frankfurt am Main 1969.
Habermas, Rebekka, *Skandal in Togo. Ein Kapitel deutscher Kolonialherrschaft*, Frankfurt am Main 2016.
Halley, Janet / Rittich, Kerry, »Critical Directions in Comparative Family Law. Genealogies and Contemporary Studies of Family Law Exceptionalism«, in: *Journal of Comparative Law* 58/4 (2010), S. 753–775.
Hankings-Evans, Anna, »Imperiale Vorherrschaft in der völkerrechtlichen Entstehungsgeschichte: Die Berliner Westafrika-Konferenz und die völkerrechtliche Konstruktion des ›Anderen‹«, in: Decolonize Berlin / ECCHR (Hg.), *Dekoloniale Rechtswissenschaft und -praxis*, Berlin 2024.
Hanusch, Frederic / Leggewie, Claus / Meyer, Eric, *Planetar denken. Ein Einstieg*, Bielefeld 2021.
Haraway, Donna J. (Übersetzung: Karin Harrasser), *Unruhig bleiben. Die Verwandtschaft der Arten im Chthuluzän*, Frankfurt am Main 2016.
Hardt, Michael / Negri, Antonio (Übersetzung: Atzert, Thomas / Wirthensohn, Andreas), *Assembly. Die neue demokratische Ordnung*, Frankfurt am Main 2018.
Hark, Sabine u. a., »Das umkämpfte Allgemeine und das neue Gemeinsame. Solidarität ohne Identität«, in: *Feministische Studien. Zeitschrift für interdisziplinäre Frauen- und Geschlechterforschung* 33/1 (2015), S. 99–103.
Hartmann, Thomas u. a. (Aut.) / BBSR (Hg.), *Land Ownership Transparency. A Comparison of Seven European Countries*, 2024, https://www.bbsr.bund.de/BBSR/EN/publications/OnlinePublications/2024/bbsr-online-95-2024-dl.pdf?__blob=publicationFile&v=3 [1. 10. 2024].
Harvey, David, *Rebel Cities. From the Right to the Cities to the Urban Revolution*, London 2012.
Haschemi Yekani, Minu, *Koloniale Arbeit. Rassismus, Migration und Herrschaft in Tansania (1885–1914)*, Frankfurt am Main 2019.
Hatje, Armin, Wirtschaftsverfassung im Binnenmarkt, in: Bogdandy, Armin von / Bast, Jürgen (Hg.), *Europäisches Verfassungsrecht*, Heidelberg 2009, S. 801–853.
Haus der Statistik, Redaktion: ZUsammenKUNFT Berlin eG, Bd. 1, Das Modellprojekt: Initiative und Vision, Berlin 2020.
Haus der Statistik, Redaktion: L.I.S.T. GmbH, Bd. 2, Das integrierte Werkstattverfahren, Berlin 2020.
Heeg, Susanne, »Wohnungen als Finanzanlage. Auswirkungen von Responsibilisierung und Finanzialisierung im Bereich des Wohnens«, in: *Suburban* 1/1 (2013), S. 75–99.

Heinrich-Böll-Stiftung / Bund für Umwelt und Naturschutz / TMG – Think Tank for Sustainability, TMG Research gGmbH, *Bodenatlas 2024. Daten und Fakten über eine lebenswichtige Ressource*, Berlin 2024.

Helfrich, Silke / Bollier, David, *Frei, Fair und Lebendig. Die Macht der Commons*, Bielefeld 2019.

Helmreich, Stefan, *Alien Ocean. Anthropological Voyages in Microbial Seas*, Berkeley 2009.

Henkin, Louis, *Law for the Sea's Mineral Resources*, New York 1968.

Hesse, Hermann, *Die Landfrage und die Frage der Rechtsgültigkeit der Konzessionen in Südwestafrika. ein Beitrag zur wirtschaftlichen und finanziellen Entwickelung des Schutzgebietes*, Teil I, Berlin 1906.

Hirsch, Joachim, »Über Reform und Revolution«, http://old.links-netz.de/K_texte/K_hirsch_reformismus.html [19. 12. 2024].

Hoffmann, Friedrich, »Wirtschaftliche Durchdringung«, in: Hatschek, Julius / Strupp, Karl (Hg.), *Wörterbuch des Völkerrechts und der Diplomatie*, Bd. 3, Berlin 1929, S. 541 ff.

Hoffmann, Rhea Tamara, *Divergenz und Transformation*, Baden-Baden 2019.

Hoffrogge, Ralf, »»›Stahlwerk jetzt!‹. Wie die IG Metall 1983 einen großen Teil der Schwerindustrie vergesellschaften wollte – und was wir daraus lernen können«, in: *Analyse & Kritik* 674 (2021), https://www.akweb.de/gesellschaft/wie-die-ig-metall-1983-die-stahlindustrie-vergesellschaften-wollte/ [1. 11. 2024].

Ders., »Das Faire-Mieten-Modell. Vorlage für die Sitzung der Expertenkommission zum Volksentscheid ›Vergesellschaftung großer Wohnungsunternehmen‹ am 13. Januar 2023«, https://www.berlin.de/kommission-vergesellschaftung/downloads/ [20. 12. 2024].

Hohfeld, Wesley Newcomb, »Some Fundamental Legal Conceptions as Applied in Judicial Reasoning«, in: *The Yale Law Journal* 23/1 (1913), S. 16–59.

Holm, Andrej, »Privare heißt rauben. Zur Ökonomie der Wohnungsprivatisierungen«, in: *Z. Zeitschrift marxistische Erneuerung* 21/83 (2010), S. 46–59.

Ders., *Wir Bleiben Alle! Gentrifizierung. Städtische Konflikte um Aufwertung und Verdrängung*, Münster 2010.

Ders., »Von der Mieterstadt zur Stadt der steigenden Mieten«, in: Kotti & Co / beliner bündnis solzialmieter.de (Hg.), *Begleitheft zur Konferenz ›Nichts läuft hier richtig – Konferenz zum Sozialen Wohnungsbau in Berlin‹ am 13. November 2012*, https://kottiundco.wordpress.com/wp-content/uploads/2012/11/konferenz_heft_web_3.pdf [25. 10. 2024].

Ders., »Privatisierungspolitik in Berlin seit 1990«, in: *Arch+* 241 (2020), S. 96–101.

Ders., »From Protest to Program. Berlin's Antigentrification-Movement Since Reunification«, in: Fregolent, Laura / Nel·lo, Oriol, *Social Movements and Public Policies in Southern European Cities*, Basel 2021, S. 33–52.

Ders., *Objekt der Rendite*, Berlin 2023.
Ders. / Alexandri, Georgis / Bernt, Matthias, *Housing Policy under the Conditions of Financialisation. The Impact of Institutional Investors on Affordable Housing in European Cities*, 2023, https://www.sciencespo.fr/ecole-urbaine/sites/sciencespo.fr.ecole-urbaine/files/Rapporthousinghopofin.pdf [21. 10. 2024].
Ders. / Gerhardt, Sebastian / Scheller, David / Gastaminza Vacas, Itziar (Aut.) / Rosa-Luxemburg-Stiftung (Hg.), Keine Profite mit der Miete. Strategien für eine bestandssichernde, nachhaltige und soziale Bewirtschaftung großer Wohnungsbestände, Studien 2/2023, https://www.rosalux.de/fileadmin/rls_uploads/pdfs/Studien/Studien_2-24_Keine_Profite_2.Aufl_web.pdf [15. 1. 2025].
Ders., / Kuhn, Armin, »Häuserkampf und Stadterneuerung«, in: *Blätter für deutsche und internationale Politik* 10/3 (2010), S. 107–115.
Horlitz, Sabine, »Community Land Trusts in den USA. Strukturen und aktuelle Tendenzen«, in: Schönig, Barbara / Kadi, Justin / Schipper, Sebastian (Hg.), *Wohnraum für alle?!*, Bielefeld 2017, S. 281–296.
Dies., »Strategien der Dekommodifizierung«, in: Holm, Andrej / Laimer, Christoph (Hg.), *Gemeinschaftliches Wohnen und selbstorganisiertes Bauen*, Wien 2021, S. 111–122.
Dies., »Auch Nachbarn können mitentscheiden«, in: *ErbbauZ* 4/3 (2023), S. 83–86.

Iaione, Christian, »Governing the Urban Commons«, in: *Italian Journal of Public Law* 7/1 (2012), S. 170–223.
Ince, Onur, *Colonial Capitalism and the Dilemmas of Liberalism*, Oxford 2018.
Ing, Michael David Kaulana, »Hanau Kanaka o Mehelau. The Advent of Humanity in the Kumulipo«, in: *Philosophy East and West – University of Hawai'i Press* 73/3 (2023), S. 634–652.
International Court of Justice, *Certain Phosphate Lands in Nauru (Nauru v Australia). Memorial of the Republic of Nauru*, Bd. 1, Den Haag April 1990.
International Seabed Authority, *Consolidated Regulations and Recommendations on Prospecting and Exploration*, 2015, https://www.isa.org.jm/wp-content/uploads/2022/11/en-rev-2015.pdf [20. 1. 2025].
Ipsen, Hans Peter, »Enteignung und Sozialisierung«, in: *Veröffentlichungen der Vereinigung der deutschen Staatsrechtslehrer* 10 (1951), Berlin, S. 74–119.

Jäckel, Herbert, *Die Landgesellschaften in den deutschen Schutzgebieten. Denkschrift zur Kolonialen Landfrage*, Jena 1909.
Jenks, Wilfred, *Social Justice in the Law of Nations*, Oxford 1970.
Jerchel, Paul / Pape, Judith, *Commons-Public Partnerships. Neue Kooperationsformen für die sozialökologische Transformation*, RIFS Discussion Paper, 2022.

Joerges, Christian, *Zum Funktionswandel des Kollisionsrechts. Die »Governmental Interest Analysis« und die »Krise des Internationalen Privatrechts«*, Tübingen 1971.
Johns, Fleur, *Connection in a Divided World: Rethinking »Community« in International Law*, Den Haag 2024.
Dies., »Rehoming Diplomacy: Privilege and Possibility in the International Law of Diplomatic Relations«, in: *University of Toronto Law Journal* 74/1 (2024), S. 69–93.
Johnson, David u. a., *Periodic Review of the International Seabed Authority pursuant to UNCLOS Article 154. Interim Report 15 May 2016*, https://www.isa.org.jm/wp-content/uploads/2022/06/isba-22a-crp.3-1.pdf [28. 10. 2024].
Jouannet, Emmanuelle, *The Liberal-Welfarist Law of Nations. A History of International Law*, Cambridge 2012.
Jullien, Francois (Übersetzer: Voullié, Ronald), *Das Universelle, das Einförmige, das Gemeinsame und der Dialog zwischen den Kulturen*, Berlin 2009.

Kaho'ohalahala, Solomon u. a., *Submission to the Intersessional Working Group on Intangible Underwater Cultural Heritage*, Mai 2024, https://www.isa.org.jm/wp-content/uploads/2024/06/Submission-UCH-Specific-Indigenous-representatives-organizations.pdf [16. 1. 2025].
Kalama, Wailana, »This Hawaiian Storytelling Chant Is Great Literature Without the Written Word, 16. 11. 2018, https://electricliterature.com/this-hawaiian-storytelling-chant-is-great-literature-without-the-written-word/ [28. 10. 2024].
Karakayali, Serhat, »Across Bockenheimer Landstraße«, in: *Diskus. Frankfurter Student_innenzeitschrift* 54/1 (2015), S. 7–12.
Katz, Ronald, »Financial Arrangements for Seabed Mining Companies. An NIEO Case Study«, in: *Journal of World Trade Law* 13/3 (1979), S. 209–222.
Katzarov, Konstantin, *Théorie de la Nationalisation*, Paris 1960.
Keim, Brandon, »To Save the Deep Ocean, We Should Mine the Moon«, in: *Nautilus*, 31. 8. 2022, https://nautil.us/to-save-the-deep-ocean-we-should-mine-the-moon-238541/ [28. 10. 2024].
Kemmerer, Alexandra, »Der katholische Helmut Ridder«, in: Feichtner, Isabel / Wihl, Tim, *Gesamtverfassung. Das Verfassungsdenken Helmut Ridders*, Baden-Baden 2022, S. 37–64.
Dies., »Die verspätete Rezeption: (Post)Koloniale Rechtswissenschaft zwischen Amnesie und Urteilskraft«, in: Dann, Philipp / Feichtner, Isabel / Bernstoff, Jochen von (Hg.), *(Post)Koloniale Rechtswissenschaft. Geschichte und Gegenwart des Kolonialismus in der deutschen Rechtswissenschaft*, Tübingen 2022, S. 619–646.
Kemper, Andreas, *Privatstädte. Labore für einen neuen Manchesterkapitalismus*, Münster 2022.

Kempny, Simon, »Artikel 14 [Eigentum, Erbrecht, Enteignung]«, in: Brosius-Gersdorf, Frauke (Hg.), *Dreier Grundgesetz-Kommentar*, Bd. 1, Tübingen 2023.

Ders., »Artikel 15 [Vergesellschaftung]«, in: Brosius-Gersdorf, Frauke (Hg.), *Dreier Grundgesetz-Kommentar*, Bd. 1, Tübingen 2023.

Kempter, Klaus, »Against Value(s): Marx, Wertkritik and the Illusions of State, Politics and Law«, in: Feichtner, Isabel / Gordon, Geoff (Hg.), *Constitutions of Value. Law, Governance, and Political Ecology*, Milton Park in Oxfordshire 2023, S. 49–67.

Ders., »Robert Kurz, die ›Wertkritik‹ und die radikale Gesellschaftstheorie oder: Ist Karl Marx doch noch relevant für die Geschichte?«, in: *Werkstatt Geschichte* 72 (2016), S. 65–76.

Kennedy, Duncan, »Neither the Market nor the State. Housing Privatization Issues«, in: Alexander, Gregory S./Skapska, Grazyna, *A Fourth Way? Privatization, Property, and the Emergence of New Market Economies*, New York 1994, S. 253–266.

Ders. / Klare, Karl / Turk, Michael, »A Wagner Act for Tenant Unions«, in: *LPE Blog*, 15. 6. 2023, https://lpeproject.org/blog/a-wagner-act-for-tenant-unions/ [1. 10. 2024].

Kennedy, David / Koskenniemi, Martti, *Of Law and the World. Critcal Conversations on Power, History and Political Economy*, Cambridge 2023.

Kern, Christoph, »§ 553 Gestattung der Gebrauchsüberlassung an Dritte«, in: Stürner, Rolf (Hg.), *Jauernig. Bürgerliches Gesetzbuch. Kommentar*, München 2023.

Kirchhain, Randolph u. a., Report to the International Seabed Authority on the Development of an Economic Model and System of Payments for the Exploitation of Polymetallic Nodules in the Area, 2019, *https://www.isa.org.jm/wp-content/uploads/2022/12/paysysmodel-3jun.pdf* [14. 10. 2024].

Dies., *UPDATE: Report to the International Seabed Authority on the Development of an Economic Model and System of Payments for the Exploitation of Polymetallic Nodules in the Area*, 2020, *https://www.isa.org.jm/wp-content/uploads/2022/12/Nodule-Financial-Payment-System-Report-October-2020-V3.pdf* [15. 10. 2024].

Kirchheimer, Otto, *Die Grenzen der Enteignung. Ein Beitrag zur Entwicklungsgeschichte des Enteignungsinstituts und zur Auslegung des Art. 153 der Weimarer Verfassung*, Berlin 1930.

Kissinger, Henry, *The Law of the Sea. A Test of International Cooperation*, Rede vor der Foreign Policy Association, dem U.S. Council of the International Chamber of Commerce und der the U.N. Association of the U.S.A., New York City, 8. April 1976.

Kittsteiner, Heinz-Dieter, *Naturabsicht und unsichtbare Hand. Zur Kritik des geschichtsphilosophischen Denkens*, Frankfurt am Main 1980.

Kleiber, Wolfgang, »Immobilienbewertung in der Bundesrepublik Deutschland«, in: Francke, Hans-Hermann u.a. (Hg.), *Immobilienmärkte und Immobilienbewertung*, München-Schwabing 2020, S. 381–414.

Kleine, Aya Isabel / Calbet Elias, Laura, »Das Programm ›Patrimonio Cuidadano‹ in Barcelona – Perspektiven einer kooperativen Stadtentwicklung«, in: *Común* 8, 24.11.2023.

Klingenmeier, Anne, »Landwirtschaftliche Lebensgrundlagen erhalten«, in: Pfaff, Tino (Hg.), *Vergesellschaftung und die sozialökologische Frage. Wie wir unsere Gesellschaft gerechter, zukunftsfähiger und resilienter machen können*, München 2024, S. 463–472.

Klinski, Stefan, »Wohnungsmarkt ohne Börsendruck. Zur rechtlichen Machbarkeit von Zugangsbeschränkungen für den Wohnungsmarkt«, in: Verfassungsblog, 25.4.2022, https://verfassungsblog.de/wohnungsmarkt-ohne-borsendruck/ [20.12.2024].

Kocher, Eva / Vetter, Bernd, »Haynstraße bleibt und lebt – seit 50 Jahren. Die rechtlichen Kämpfe und Erfolge der Mietergruppe Haynstraße/Hegestraße in Hamburg«, in: *Kritische Justiz* 56/4 (2023), S. 429–441.

kommunal & selbstverwaltet Wohnen, *Mieter*innen für die Demokratisierung der Wohnraumversorgung*, Berlin 2018, https://kommunal-selbstverwaltet-wohnen.de/2018_kuswo_broschuere.pdf [14.12.2024].

Korsch, Karl, *Was ist Sozialisierung?*, Hannover 1919.

Koskenniemi, Martti, »What is International Law For?« in: Evans, Malcolm (Hg.), *International Law*, Cambridge 2018, S. 28–50.

Ders., *From Apology to Utopia. The Structure of International Legal Argument*, Cambridge 2006.

Kotti & Co / beliner bündnis solzialmieter.de (Hg.), *Begleitheft zur Konferenz ›Nichts läuft hier richtig – Konferenz zum Sozialen Wohnungsbau in Berlin‹ am 13. November 2012*, https://kottiundco.wordpress.com/wp-content/uploads/2012/11/konferenz_heft_web_3.pdf [25.10.2024].

Kotti-Coop e. V. (Hg.), *Re-Kommunalisierung Plus. Modellprojekt am Kottbusser Tor*, Berlin 2018.

Ders., *Re-Kommunalisierung Plus. Modellprojekt am Kottbusser Tor. Phase II*, Berlin 2020.

Kotti & Co, »Merhaba, Salam und schönen guten Tag«, 3. 8.2012,http://kottiundco.net/2012/08/03/merhaba-salam-und-schonen-guten-tag/ [25.10.2024].

Kotti & Co, »Alles muss man selber machen. Multi-Layer-Organizing für eine soziale Wohnraumversorgung in Berlin«, in: *Suburban*, 4/2&3 (2016), S. 121–126.

Kremer, Christoph, »Mieterstreik und Vermieterjustiz«, in: *Kritische Justiz* 7/1 (1974), S. 96–109.

Kring, Jennifer, »Die wirtschaftspolitisch neutrale Eigentumsordnung des Grundgesetzes – Verhältnismäßigkeitsausgleich statt Vermögenswertschutz und ›Vergesellschaftungsmöglichkeit‹ nach Art. 14 Abs. 1, 3 GG«, in: *Kritische Vierteljahreszeitschrift für Gesetzgebung und Rechtswissenschaft* 105/2 (2022), S. 134–186.

Krohn, Günter / Löwisch, Gottfried, *Eigentumsgarantie, Enteignung, Entschädigung. Handbuch für die Praxis*, Köln 1984.

Krüger, Gesine, *Kriegsbewältigung und Geschichtsbewußtsein. Realität, Deutung und Verarbeitung des deutschen Kolonialkriegs in Namibia 1904 bis 1907*, Göttingen 1999.

Kurtze, Bruno, *Die Deutsch-Ostafrikanische Gesellschaft. Ein Beitrag zum Problem der Schutzbriefgesellschaften und zur Geschichte Deutsch-Ostafrikas*, Jena 1913.

Kusiak, Johanna, *Radically Legal. Berlin Constitutes the Future*, Cambridge 2024.

Dies., »Trespassing on the Law: Critical Legal Engineering As a Strategy For Action Research«, in: *Area* 53/4 (2021), S. 603–610.

Laak, Dirk van, *Imperiale Infrastruktur. Deutsche Planungen für eine Erschließung Afrikas 1880 bis 1960*, Paderborn 2004.

Landtag NRW, *Abschlussbericht der Enquetekommission I in der 16. Wahlperiode. Wohnungswirtschaftlicher Wandel und neue Finanzinvestoren in NRW*, Düsseldorf, 2013, https://www.landtag.nrw.de/files/live/sites/landtag-r20/files/Internet/I.A.1/EK/16.WP/EK_I/LT_2013%2003%2025%20Endbericht%20insgesamt-Druckfassung.pdf [21. 10. 2024].

Lange, Pia, *Kurzstudie zu den Möglichkeiten der Länder zur Ausgestaltung der Gesetzgebungskompetenz im Bereich des Wohnungswesens*, Bremen 2024, https://www.linksfraktion.berlin/fileadmin/user_upload/pdfdateien/Studie_Wohnraumbewirtschaftungsgesetz.pdf [30. 9. 2024].

Dies., *Staatliche Wohnraumvorsorge*, Tübingen 2023.

Lapavitsas, Costas, »Financialised Capitalism. Crisis and Financial Expropriation«, in: *Historical Materialism* 17 (2009), S. 114–148.

Latour, Bruno (Übersetzung: Russer, Achim / Schwibs, Bernd), *Kampf um Gaia. Acht Vorträge über das neue Klimaregime*, Berlin 2020.

Ders. (Übersetzung: Russer, Achim / Schwibs, Bernd), *Wo bin ich? Lektionen aus dem Lockdown*, Berlin 2021.

Ders. (Übersetzung: Schwibs, Bernd), *Das terrestrische Manifest*, Berlin 2022.

Ders. / Schultz, Nikolaj (Übersetzung: Schwibs, Bernd), *Zur Entstehung einer ökologischen Klasse. Ein Memorandum*, Berlin 2022.

Lauterpacht, Hersch (Hg.), *Oppenheim's International Law*, 1952.

Laven, Timo, »Vergesellschaftung als Selbstzweck?«, in: *Kritische Justiz* 56/3 (2023), S. 313–325.

Leiter, Andrea, *Making the World Safe for Investment. The Protection of Foreign Property 1922–1959*, Cambridge 2023.

Leitner, Helmut, *Mustertheorie. Einführung und Perspektiven auf den Spuren von Christopher Alexander*, Graz 2007.

Levering, Ralph / Levering, Miriam, *Citizen Action for Global Change. The Neptune Group and Law of the Sea*, New York 1999.

Levin, Lisa / Amon, Diva / Lily, Hannah, »Challenges to the Sustainability of Deep-Seabed Mining«, in: *Nature Sustainability* 3 (2020), S. 784–794.

Leykam, Monika, »›Vonovia hat Vertrauen erschüttert‹«, Interview mit Elias Halbig, in: *Immobilien Zeitung*, 25/2023, S. 3.

Liang, Lawrence, *Guide to Open Content Licenses*, Rotterdam 2004.

Lipton, Eric, »Secret Data, Tiny Islands and a Quest for Treasure on the Ocean Floor«, in: *The New York Times*, 29. 8. 2022.

Lixinski, Lucas, »Integrating Culture, Heritage, and Identity in Deep Seabed Mining Regulation«, in: *AJIL Unbound* 118 (2024), S. 78–82.

Locke, John, *Two Treatises on Government*, London 1689/1690.

Löhr, Dirk, »Entkapitalisierung von Grund und Boden«, in: Feichtner, Isabel u.a. (Hg.), *Stadt – Land – Boden. Verbindende Bodenpolitik zwischen Stadt und Land*, 2025 (im Erscheinen).

Loick, Daniel, *Die Überlegenheit der Unterlegenen. Eine Theorie der Gegengemeinschaften*, Berlin 2024.

Loomio Cooperative, »Loomio Cooperative Handbook«, https://www.loomio.coop/index.html [22. 12. 2024].

Louis, Renee Pualani, »Indigenous Hawaiian Cartographer. In Search Of Common Ground«, in: *Cartographic Perspectives* 48 (2004), S. 7–23.

Low, Sam, *Hawaiki Rising*, Hawaii, West Oahu 2018.

Lowenhaupt Tsing, Anna (Übersetzung: Höfer, Dirk), *Der Pilz am Ende der Welt. Über das Leben in den Ruinen des Kapitalismus*, Berlin 2018.

Mann Borgese, Elisabeth, *Lecture on the Ocean Regime*, 1969, Elisabeth Mann Borgese Archives, Dalhousie University. MS-2-744. Box 139, Folder 16.

Mann Borgese, Elisabeth, »The Enterprises. A Proposal to Reconceptualise the Operational Arm of the International Seabed Authority to Manage the Common Heritage of Mankind«, in: *International Ocean Institute Occasional Papers* 6 (1978).

Manning, Erin / Massumi, Brian, *Thought in the Act. Passages in the Ecology of Experience*, Minnesota 2014.

Manuel, George / Posluns, Michael, *The Fourth World. An Indian Reality*, Minneapolis 2019.

Marella, Maria Rosaria / Rigo, Enrica, »Cliniche legali, commons e giustizia sociale«, in: *Parolechiave* 53 (2015), S. 181–194.

Dies., »The Commons as a Legal Concept«, in: *Law and Critique* 28/1 (2017), S. 61–68.

Dies., »The Law of the Urban Common(s)«, in: *South Atlantic Quarterly* 118/4 (2019), S. 877–893.

Margulis, Lynn, *Symbiotic Planet. A New Look at Evolution*, New York City 1999.

Maruschke, Robert, *Community Organizing. Zwischen Revolution und Herrschaftssicherung*, Münster 2014.

Marx, Karl, »Das Kapital. Kritik der politischen Ökonomie. Bd. 3. Der Gesamtprozess der kapitalistischen Produktion«, in: *MEW*, Bd. 25, Berlin 1964.

Ders., »Theorien über den Mehrwert«, in: *MEW*, Bd. 26.3, Berlin 1968.

Ders. / Engels, Friedrich, *Das kommunistische Manifest*, London 1848.

Marzal, Toni, »Quantum (In)Justice: Rethinking the Calculation of Compensation and Damages in ISDS«, in: *The Journal of World & Trade* 22/2 (2021), S. 24–312.

Massumi, Brian, *99 Theses on the Revaluation of Value. A Postcapitalist Manifesto*, Minneapolis 2018.

Mattei, Ugo / Albanese, Rocco Alessio / Fisher, Ryan J., »Commons as Possessions. The Path to Protection of the Commons in the ECHR System«, in: *European Law* 25/3 (2019), S. 230–250.

Mattei, Ugo / Salomon, Margot E., »From Poverty and Development to People's International Law«, in: Buchanan, Ruth / Eslava, Luis / Pahuja, Sundhya (Hg.), *The Oxford Handbook of International Law and Development*, Oxford 2023, S. 733–788.

Medwedski, Sonja, *Die Stimme des Bodens. Alles über unseren sonst so stillen Nachbarn*, Heidelberg 2022.

Meijer, Maarten, »On the European Union's Epistemologies of Soils' Resourcefulness, or: Why Land and Soil Are Not the Same«, in: Anderl, Felix, *Epistemologies of Land*, London 2024, S. 145–163.

Menke, Christoph, *Kritik der Rechte*, Berlin 2018.

Meretz, Stefan, »Keimform und gesellschaftliche Transformation«, https://www.streifzuege.org/2014/keimform-und-gesellschaftliche-transformation/ [25. 10. 2024].

Mero, John L., *The Mineral Resources of the Sea*, Bd. 1, Amsterdam 1965.

Meyer, Guido (Hg.), *Handbuch Immobilienwirtschaftsrecht*, München 2022.

Meyer, Tirza, *Elisabeth Mann Borgese and the Law of the Sea*, Leiden 2022.

Micciarelli, Giuseppe, *Path for New Institutions and Urban Commons. Legal and Political Acts for the Recognition of Urban Civic and Collective Use Starting from Naples*, Urbact 2021, https://archive.urbact.eu/sites/default/files/path_for_new_institutions_and_urban_commons_-_giuseppe_micciarelli_3.pdf [15. 01. 2025].

Ders., »Hacking the Legal. The Commons Between the Governance Paradigm and Inspirations Drawn from the ›Living History‹ of Collective Land Use«, in: Savini, Federico / Ferreira, António / Schönfeld, Kom von (Hg.), *Post-Growth Planning: Cities Beyond the Market Economy*, London 2022, S. 112–125.

Mickelson, Karin, »The Maps of International Law. Perception of Nature in the Classification of Territory«, in: *Leiden Journal of International Law* 27/3 (2014), S. 621–634.

Miethe, Jakob / Trautvetter, Christoph, *Anonymes Immobilienvermögen und internationale Besitzketten. Eine Analyse von Eigentümerstrukturen am deutschen Immobilienmarkt anhand von administrativen Daten auf fünf Bundesländern und Städten*, 2022, https://www.jakobmiethe.net/paper/MietheTrautvetter_Eigentumsanalyse.pdf [3.10.2024].

Mieville, China, *A Spectre, Haunting. On the Communist Manifesto*, London 2022.

Miles, Kate, *The Origins of International Investment Law*, Cambridge 2013.

Milburn, Keir / Russel, Bertie T, *Public-Common Partnerships. Building New Circuits of Collective Ownerships*, Report Common Wealth, 2019, https://cdn.prod.website-files.com/62306a0b42f386df612fe5b9/637d64a5c122ca1b42b8e43f_Public-Common%20Partnerships.pdf [14.12.2024].

Möller, Regina / Rische, Hannes / Hagemeier, Martin (Aut.) / Miethäuser Syndikat GmbH (Hg.), *Keine Profite mit der Miete. Sozialer und bezahlbarer Wohnraum für alle*, Freiburg 2021.

Mommsen, Wolfgang, *Großmachtstellung und Weltpolitik. Die Außenpolitik des Deutschen Reiches 1870–1914*, Frankfurt am Main 1993.

Morgera, Elisa / Lily, Hannah, »Public Participation at the International Seabed Authority. An International Human Rights Law Analysis«, in: *Review of European, Comparative and International Environmental Law* 31/3 (2022), S. 374–388.

Morozov, Evgeny, »Digital Socialism?«, in: *New Left Review* 116 (2019), S. 33–67.

Moscardini, Margherita, *The Fountains of Za'atari. Inhabiting without Belonging*, Macerata 2021.

Muniesa, Fabian, »Financial Value, Anthropological Critique, and the Operations of the Law«, in: Feichtner, Isabel / Gordon, Geoff (Hg.), *Constitutions of Value. Law, Governance, and Political Ecology*, Milton Park in Oxfordshire 2023, S. 169–180.

Murray, John / Renard, Alphonse Françoise, *Deep-sea Deposits. Report of the Scientific Results of the Voyage of H.M.S. Challenger During the Years 1873–1876*, London 1891.

Neitzel, Noah, »Vermögensbindung und Nachhaltigkeit«, in: *Kritische Justiz* 55/4, (2022), S. 479–493.

Ders., *Wohnraum denen, die drin wohnen? Rechtliche Ansätze zur Schaffung und Erhaltung von Wohnraum-Commons* (unveröffentlichte Dissertation 2023).

Neuling, Matthias, *Auf fremden Pfaden. Ein Leitfaden der Rechtsformen für selbstverwaltete Betriebe und Projekte*, Berlin 1985.

Nuss, Sabine, *Wessen Freiheit, welche Gleichheit?. Das Versprechen einer anderen Vergesellschaftung*, Berlin 2024.

Obeng-Odoom, Franklin, *The Commons in the Age of Uncertainty. Decolonizing Nature, Economy, and Society*, Toronto 2021.

O'Hara, Clearwen, »Consensus Decision-Making and Democratic Discourse in the General Agreement on Tariffs and Trade 1947 and World Trade Organisation«, in: *London Review of International Law* 9/1 (2021), S. 37–68.

Orléan, André, *The Empire of Value. A New Foundation for Economics*, Cambridge 2023.

Orsi, Janelle, »Three Legal Principles for Organizations Rebuilding the Commons«, in: Scanlan, Melissa K. (Hg.), *Law and Policy for a New Economy*, Cheltanham, Northampton 2017, S. 119–136.

Ostrom, Elinor, »Beyond Markets and States. Polycentric Governance of Complex Economic Systems« (Nobelpreisrede vom 8. Dezember 2008), https://www.nobelprize.org/prizes/economic-sciences/2009/ostrom/lecture/ [19.12.2024].

Öszu, Umut, *Completing Humanity. The International Law of Decolonization, 1960–82*, Cambridge 2023.

Otto, Volker, *Das Staatsverständnis des Parlamentarischen Rates. Ein Beitrag zur Entstehungsgeschichte des Grundgesetzes für die Bundesrepublik Deutschland*, Düsseldorf 1971.

Pahuja, Sundhya, *Decolonising International Law. Development, Economic Growth and the Politics of Universality*, Cambridge 2011.

Dies., »Laws of Encounter: a Jurisdictional Account of International Law«, in: *London Review of International Law* 1/1 (2013), S. 63–98.

Papadopoulos, Dimitris, *Experimental Practice*, Durham, North Carolina 2018.

Papier, Hans-Jürgen / Shirvani, Fouroud, »Art. 14 GG (Eigentum, Erbrecht und Enteignung)«, in: Dürig, Günter / Herzog, Roman / Scholz, Rupert, Grundgesetz, Kommentar, 83. EL, München 2018.

Parvus, Alexander, *Die Kolonialpolitik und der Zusammenbruch*, Leipzig 1907.

Pecoraro, Alberto, *Deep Seabed Mining in the Area: Investment Protection and the Common Heritage of Mankind*, Antwerpen (unveröffentlichte Dissertation 2023).

Pelluchon, Corine, *Das Zeitalter des Lebendigen. Eine neue Philosophie der Aufklärung*, Darmstadt 2021.

Pestel Institut, *Bauen und Wohnen 2024 in Deutschland*, Studie beauftragt vom Verbändebündnis »Soziales Wohnen«, Hannover 2024, https://mieterbund.de/themen-und-positionen/studien/pestel-institut-bauen-und-wohnen-2024-in-deutschland/ [5.12.2024].

Petersen, Sven / Haeckel, Matthias / Steffen, Jan / Kersten, Christoph, *Mineralische Rohstoffe aus der Tiefsee. Entstehung, Potential und Risiken*, GEOMAR 2019, https://www.geomar.de/fileadmin/content/service/presse/public-pubs/rohstoffbroschuere.pdf [9.10.2024].

Petrescu, Doina u. a., »Calculating the Value of the Commons. Generating Resilient Urban Futures«, in: *Environmental Policy and Governance* 31/3 (2020), S. 159–174.
Pfaff, Tino (Hg.), *Vergesellschaftung und die sozialökologische Frage. Wie wir unsere Gesellschaft gerechter, zukunftsfähiger und resilienter machen können*, München 2024.
Pickens, Chris u. a., »From What-if to What-now: Status of Deep-sea Mining Regulations and Underlying Drivers for Outstanding Issues«, in: *Marine Policy* 169 (2024).
Pistor, Katharina, *Der Code des Kapitals. Wie das Recht Reichtum und Ungleichheit schafft*, Berlin 2020.
Pourian, Heike, *Wenn wir wieder wahrnehmen. Wach und spürend den Krisen unserer Zeit begegnen*, 2022.
Prey, Marieke / Steinfeld, Jana, »Wohnungspolitische Alternativen«, in: Holm, Andrej (Hg.), *Wohnen zwischen Markt, Staat und Gesellschaft. Ein sozialwissenschaftliches Handbuch*, Hamburg 2021, S. 209–232.

Quirk, Joe, *Seasteading. How Floating Nations Will Restore the Environment, Enrich the Poor, Cure the Sick, and Liberate Humanity from Politicians*, New York 2017.

Radin, Margaret Jane, *Contested Commodities*, Cambridge 1996.
Rajagopal, Balakrishnan, *International Law from Below. Development, Social Movements and Third World Resistance*, Cambridge 2003.
Ranganathan, Surabhi, *Strategically Created Treaty Conflicts and the Politics of International Law*, Cambridge 2014.
Dies., »Global Commons«, in: *European Journal of International Law* 27/3 (2016), S. 693–717.
Dies., »Manganese Nodules«, in: Hohmann, Jessie / Joyce, Daniel (Hg.), *International Law's Objects*, Oxford 2018, S. 272–283.
Dies., »Ocean Floor Grab«, in: *European Journal of International Law* 30/2 (2019), S. 573–600.
Dies., »The Participatory Scope of the Common Heritage Principle«, in: *AJIL Unbound* 118 (2024), S. 88–92.
Rathenau, Walther, »Erwägungen über die Erschließung des Deutsch-Ostafrikanischen Schutzgebietes« (1907/1908), in: Jaser, Alexander (Hg.), *Walther Rathenau. Schriften der Wilhelminischen Zeit 1885–1914*, Düsseldorf 2015, S. 573–629.
Readhead, Alexandra / Lassourd, Thomas / Kuteken, Juliana, *Report on the Proposed Payment Regimes for Deep Sea Mining. Sponsoring State Taxes and the Taxation of Capital Gains*,IGF Intergovernmental Forum on Mining, Minerals, Metals and Sustainable Development 2023, https://www.isa.org.jm/wp-

content/uploads/2023/05/IGF_Draft_Report_Deep_Sea_Mining_Payment_Regime.pdf [13. 10. 2024].

Rechnungshof von Berlin, *Bericht zu den Auswirkungen einer Vergesellschaftung großer Wohnungsunternehmen auf den Landeshaushalt*, Berlin 2024.

Redecker, Eva von, *Revolution für das Leben. Philosophie der neuen Protestformen*, Frankfurt am Main 2020.

Dies., *Bleibefreiheit*, Frankfurt am Main 2023.

Ridder, Helmut, »Enteignung und Sozialisierung«, in: *Veröffentlichungen der Vereinigung der deutschen Staatsrechtslehrer* 10 (1951) Berlin, S. 124–147.

Ders., *Die soziale Ordnung des Grundgesetzes. Leitfaden zu den Grundrechten einer demokratischen Verfassung*, Wiesbaden 1975.

Riehl, Torben / De Smet, Bart, »Macrostylis Metallicola Spec. Nov. – An Isopod with Geographically Clustered Genetic Variability from a Polymetallic-Nodule Area in the Clarion-Clipperton Fracture Zone«, in: *Peer J*, 8:e8621 (2020).

Ring, Viktor, *Deutsche Kolonialgesellschaften*, Berlin 1887.

Rittstieg, Helmut, *Eigentum als Verfassungsproblem. Zu Geschichte und Gegenwart des bürgerlichen Verfassungsstaates*, Darmstadt 1975.

Rojas, Andrés / Phillips, Freedom-Kai, »Effective Control and Deep Seabed Mining. Toward a Definition«, in: Centre for International Governance Innovation (Hg.), *Liability Issues for Deep Seabed Mining Series* 7, Waterloo 2019, https://www.cigionline.org/static/documents/documents/Deep%20Seabed%20Paper%20No.7_0.pdf [17. 10. 2024].

Röling, Bernard, *International Law in an Expanded World*, Amsterdam 1960.

Romer, Paul (Aut.) / Center for Global Development (Hg.), *Technologies, Rules, and Progress. The Case for Charter Citites*, Washington 2010.

Ross, Kristin, *Communal Luxury. The Political Imaginary of the Paris Commune*, New York 2015.

Rothemann, Armin, *Charter Cities. Eine Untersuchung von innerstaatlicher Umsetzungspraxis und völkerrechtlicher Beteiligungsmodalitäten anhand der Regiones Especiales de Desarollo in der Republik Honduras*, Berlin 2022.

Ruzzene, Maurizio, »Forms of Money Power and Measure of Economic Value. Time based Credit for Care and Commons Economics«, in: *International Journal of Community Currency Research* 22 (2018), S. 39–55.

Sachverständigengruppe »Weltwirtschaft und Sozialethik« (Aut.) / Kommission Weltkirche der Deutschen Bischofskonferenz (Hg.), *Ernährungssicherheit, Klimaschutz und Biodiversität: Ethische Perspektiven für die globale Landnutzung. Eine interdisziplinäre Studie im Rahmen des Dialogprojektes zum weltkirchlichen Beitrag der katholischen Kirche für eine sozial-ökologische Transformation im Lichte von Laudato si'*, Bonn 2024.

Sahlins, Marshall, *Stone Age Economics*, Chicago / New York 1972.

Ders., »Infrastructuralism«, in: *Critical Inquiry* 36/3 (2010), S. 371–385.
Salami, Minna (Übersetzung: Dinçer, Yasemin), *Sinnliches Wissen. Eine Schwarze feministische Perspektive für alle*, Berlin 2021.
Saros, Daniel E., *Information Technology and Socialist Construction. The End of Capital and the Transition to Socialism*, London 2014.
Schachter, Oscar, *Sharing the World's Resources*, New York 1977.
Schack, Friedrich, *Das deutsche Kolonialrecht in seiner Entwicklung bis zum Weltkriege. Die allgemeinen Lehren. Eine berichtende Darstellung der Theorie und Praxis nebst kritischen Bemerkungen*, Hamburg 1923.
Schill, Stephan, *The Multilateralization of International Investment Law*, Cambridge 2009.
Schilling-Vacaflor, Almut, »Norm Contestation and (Non-)Compliance: The Right to Prior Consultation and FPIC in the Extractive Industries«, in: Feichtner, Isabel / Krajewski, Markus / Roesch, Ricarda (Hg.), *Human Rights in the Extractive Industries*, Berlin 2019, S. 311–337.
Schindler, Felix, »Immobilien als Bestandteil von Vermögensportfolios«, in: Francke, Hans-Hermann u.a. (Hg.), *Immobilienmärkte und Immobilienbewertung*, München 2020, S. 291–332.
Schlag, Pierre, »How to Do Things with Hohfeld«, in: *Law and Contemporary* 78/1&2 (2015), S. 185–234.
Schneegans, Patrick, »Franz Wieacker (1908–1994). Kontinuitäten und Zäsuren in einer Juristenkarriere«, in: *Göttinger Rechtszeitschrift* 6/10 (2023), S. 26–34.
Schneider, Sebastian, »Vom Beschlusstext zum Gesetzesentwurf – Das Vergesellschaftungsgesetz der Initiative (2002)«, in: Deutsche Wohnen & Co enteignen (Hg.), *Wie Vergesellschaftung gelingt – Zum Stand der Debatte*, Berlin 2022, S. 199–203.
Schollmeier, Jana, *Die Gewährleistung von angemessenem und bezahlbarem Wohnraum als Verfassungsfrage*, Baden-Baden 2020.
Schrijver, Nico, *Sovereignty over Natural Resources*, Cambridge 1997.
Schubel, Katja / Schilderoth, Tim, »Commons Public Partnerships als Instrument des städtischen Klimaschutzes«, in: Valentiner, Dana-Sophia (Hg.), *Klimaschutz und Städte*, Baden-Baden 2023, S. 229–248.
Dies., »Demokratisierung städtischen Raums. Ein Recht für Urban Commons, in: Sturn, Richard / Klüh, Ulrich (Hg.), *Commons-Ökonomie. Nachhaltig, resilient, effizient*, Jahrbuch Normative und institutionelle Grundfragen der Ökonomik, Bd. 21, Marburg 2024, S. 263–284.
Schüwer, Dietmar u.a. (Aut.) / Umweltbundesamt (Hg.), *Dekarbonisierung der industriellen Produktion (DekarbInd)*, 2022.
Scott, James, *Two Cheers for Anarchism*, Princeton 2012.
Shaxson, Nicholas, *Treasure Islands. Tax Havens and the Men who Stole the World*, London 2011.

Sichtermann, Barbara / Sichtermann, Kai, *Das ist unser Haus. Eine Geschichte der Hausbesetzung*, Berlin 2017.
Singh, Pradeep, »›What If‹ Revisited. Open legal Questions in Light of the Two-Year Rule at the International Seabed Authority«, Research Institute for Sustainability (RIFS) 2023, https://www.rifs-potsdam.de/sites/default/files/2023-03/RIFS%20Discussion%20Paper%20-%20What%20If%20Revisited_0.pdf [18.10.2018].
Slobodian, Quinn (Übersetzung: Gebauer, Stephan), *Kapitalismus ohne Demokratie. Wie Marktradikale die Welt in Mikronationen, Privatstädte und Steueroasen zerlegen wollen*, Berlin 2023.
Smith, Neil, »Gentrification and Uneven Development«, in: *Economic Geography* 58/2 (1982), S. 139–155.
Sommer, Felicitas, *Äcker und Daten. Eine Ethnographie der Landrechte im Spiegel(kabinett) staatlicher Register* (unveröffentlichte Dissertation 2022).
Dies., »Wie intransparent ist Grundeigentum in Deutschland«, in: Feichtner, Isabel u.a. (Hg.), *Stadt – Land – Boden. Verbindende Bodenpolitik zwischen Stadt und Land*, 2025 (im Erscheinen).
Sornarajah, Muthucumaraswamy, »The Battle Continues: Rebuilding Empire through Internationalization of State Contracts« in: Bernstorff, Jochen von / Dann, Philipp, *The Battle for International Law*. South-North Perspectives on the Decolonization Era, Oxford 2019, S. 175–197.
Ders., *The International Law on Foreign Investment*, Cambridge 2010.
Stadt von Unten, »Auskooperiert – Warum Stadt von Unten das Kooperationsverfahren zum Dragonerareal verlässt«, 31.12.2021, https://stadtvonunten.de/auskooperiert-warum-stadt-von-unten-das-kooperationsverfahren-zum-dragonerareal-verlaesst/ [13.12.2024].
Staggs-Kelsall, Michelle, »Disordering International Law«, in: *European Journal of International Law* 33/3 (2022), S. 729–759.
Starhawk, »20 Years Later: How We Really Shut Down the WTO«, 29.11.2019, https://starhawk.org/20-years-later-how-we-really-shut-down-the-wto/ [14.12.2024].
Dies., *The Empowerment Manual. A Guide for Collaborative Groups*, Gabriola Island, BC 2011.
Steininger, Silvia / Bernstorff, Jochen von, »Who Turned Multinational Corporations into Bearers of Human Rights? On the Creation of Corporate ›Human‹ Rights in International Law«, in: Venzke, Ingo / Heller, Kevin Jon, *Contingency in International Law: On the Possibility of Different Legal Histories*, Oxford 2021, S. 281–296.
Stern, Fritz (Übersetzung: Weith, Otto), *Gold und Eisen. Bismarck und sein Bankier Bleichröder*, München 2011.
Stoll, Peter-Tobias, »Continental Shelf« (zuletzt aktualisiert im September 2008), in: Peters, Anne / Wolfrum, Rüdiger (Hg.), *Max Planck Encyclopedias*

of Public International Law (MPEPIL), Online-Ausgabe, Oxford University Press, https://opil.ouplaw.com/display/10.1093/law:epil/9780199231690/law-9780199231690-e1152?rskey=aQA6OI&result=1&prd=MPIL [11. 10. 2024].

Strack, Laura / Hannemann, Moritz / Ronneberger, Klaus, *Baustelle Commune – Henri Lefebvre und die urbane Revolution von 1871*, Hamburg 2023.

Strauch, Bettina, *Soziokratie. Organisationsstrukturen zur Stärkung von Beteiligung und Mitverantwortung des Einzelnen in Unternehmen, Politik und Gesellschaft*, München 2022

Stupka, Jenny, »Konflikte ohne Ende?«, in: *Luxemburg* 1 (2024), S. 116–121.

Sweetman, Andrew K. u. a., »Evidence of Dark Oxygen Production at the Abyssal Seafloor«, in: *Nature Geoscience* 17 (2024), S. 737–739.

Tetzlaff, Rainer, *Koloniale Entwicklung und Ausbeutung. Wirtschafts- und Sozialgeschichte Deutsch-Ostafrikas 1885–1914*, Berlin 1970.

Teubner, Gunther, »Zum transsubjektiven Potential subjektiver Rechte. Gegenrechte in ihrer kommunikativen, kollektiven und institutionellen Dimension«, in: Fischer-Lescano, Andreas / Franzki, Hannah / Horst, Johan, *Gegenrechte. Recht jenseits des Subjekts*, Tübingen 2018, S. 357–375.

Ders., »The Constitution of Non-Monetary Surplus Values«, in: Feichtner, Isabel / Gordon, Geoff (Hg.), *Constitutions of Value. Law, Governance, and Political Ecology*, Milton Park in Oxfordshire 2023, S. 31–48.

Ders., »My Numerous Detours – Toward Private Law as Society's Constitution«, in: *Rechtssoziologie* 44/1 (2024), S. 213–240.

Thiele, Torsten / Damian, Hans-Peter / Singh, Pradeep, *A Comprehensive Approach to the Payment Mechanism for Deep Seabed Mining*, IASS Policy Brief 1/2021.

Tietz, Andreas / Hubertus, Lena, *Erweiterte Untersuchung der Eigentumsstrukturen von Landwirtschaftsfläche in Deutschland. Ergebnisse der deskriptiven Analyse*, Braunschweig 2024.

Ders. / Neumann, Richard / Volkenand, Steffen, *Untersuchung der Eigentumsstrukturen von Landwirtschaftsfläche in Deutschland*, Braunschweig 2021.

Trautvetter, Christoph / Garcia-Landa, Adrian, *Wem zahle ich eigentlich Miete? Den finanzialisierten Immobilienmarkt verstehen. Ein Recherchehandbuch für Mieter*innen*, Berlin 2019.

Ders., *Wem gehört die Stadt? Analyse der Eigentümergruppen und ihrer Geschäftspraktiken auf dem Berliner Immobilienmarkt*, Studie im Auftrag der Rosa-Luxemburg-Stiftung, Berlin 2020.

Ders. / Knechtel, Sarah, *Wem gehört die Stadt? Teil 2. Eigentümergruppen und ihre Geschäftspraktiken in sechs deutschen Städten*, Studie im Auftrag der Rosa-Luxemburg-Stiftung, Berlin 2023.

Treue, Wolfgang, *Die Jaluit-Gesellschaft. Ein Beitrag zur Kolonial- und Verwaltungsgeschichte in der Epoche des deutschen Kaiserreichs*, Berlin 1976.

Treves, Tullio, »Law of the Sea«, in: Peters, Anne / Wolfrum, Rüdiger (Hg.), *Max Planck Encyclopedias of Public International Law (MPEPIL)*, Online-Ausgabe, Oxford University Press, https://opil.ouplaw.com/display/10.1093/law:epil/9780199231690/law-9780199231690-e1186?rskey=xDrPas&result=8&prd=MPIL [10. 10. 2024].

Tügel, Nelli / Arps, Jan-Ole (Aut.) / Rosa-Luxemburg-Stiftung (Hg.), »Enteignung schafft keine einzige Wohnung«. Mythen und Fakten zur Vergesellschaftung von Wohnraum, Berlin 2022.

Uffer, Sabina, »The Uneven Development of Berlin's Housing Provision. Institutional Investment and Its Consequences on the City and Its Tenants«, in: Bernt, Matthias / Grell, Britta / Holm, Andrej (Hg.), *The Berlin Reader. A Compendium on Urban Change and Activism*, Bielefeld 2013, S. 155–170.

Dies. »Wohnungsprivatisierung in Berlin. Eine Analyse verschiedener Investitionsstrategien und deren Konsequenzen für die Stadt und ihre Bewohner«, in: Holm, Andrej (Hg.), *Reclaim Berlin. Soziale Kämpfe in der neoliberalen Stadt*, Berlin/Hamburg 2014, S. 64–82.

Unger, Knut, »Mehr Miete für die Dividende. Gestärkt durch den Verkauf von 4.500 Wohnungen setzt Vonovia auf noch höhere Mieten«, 6. 5. 2024, https://www.rosalux.de/news/id/51982/mehr-miete-fuer-die-dividende [14. 10. 2024].

Unger, Roberto Mangabeira, *What Should Legal Analysis Become?*, New York City 1996.

Van Dover, Cindy, *The Ecology of Deep-Sea Hydrothermal Vents*, Princeton 2000.

Vanuxem, Sarah, *La Propriété de la Terre*, Paris 2022.

Vermeule, Adrian, *Common Good Constitutionalism*, Hoboken 2022.

Ders., »Beyond Originalism. The Dominant Conservative Philosophy for Interpreting the Constitution Has Served Its Purpose, and Scholars Ought to Develop a More Moral Framework«, in: *The Atlantic*, 31. 3. 2020.

Vernetzungstreffen Rathausblock (Hg.), *Rathausblock. Ein Modellprojekt, selbstverwaltet und kommunal*, Berlin 2019.

Vitzthum, Wolfgang Graf, »Die Bemühungen um ein Régime des Tiefseebodens. Das Schicksal einer Idee«, in: *Zeitschrift für ausländisches öffentliches Recht und Völkerrecht* 38 (1978), S. 745–800.

Ders. (Hg.), *Die Plünderung der Meere*, Frankfurt am Main 1981.

Vogel, Hans-Jochen, *Mehr Gerechtigkeit! Wir brauchen eine neue Bauordnung – nur dann wird auch Wohnen wieder bezahlbar*, Freiburg 2019.

Wahsner, Roderich, »Bemerkungen zu Artikel 15 GG«, in: Abendroth, Wolfgang u. a., *Der Kampf um das Grundgesetz. Über die politische Bedeutung der Verfassungsinterpretation*, Frankfurt am Main 1977, S. 139–157.

Waldhoff, Christian, »Kolonial-Finanzverfassung. Die Finanzierung der deutschen Kolonien und deren Rückwirkungen auf die Verfassung des Kaiserreichs«, in: Dann, Philipp / Feichtner, Isabel / Bernstoff, Jochen von (Hg.), *(Post)Koloniale Rechtswissenschaft. Geschichte und Gegenwart des Kolonialismus in der deutschen Rechtswissenschaft*, Tübingen 2022, S. 6–91.

Watson, Irene, *Aboriginal Peoples, Colonialism and International Law. Raw Law*, London 2014.

Watt, Donald Cameron, »First Steps in the Enclosure of the Oceans. The Origins of Truman's Proclamation on the Resources of the Continental Shelf, 28 September 1945«, in: *Marine Policy* 3/3 (1979), S. 211–224.

Weber, Andreas, *Enlivenment. Towards a Fundamental Shift in the Concepts of Nature, Culture and Politics*, Heinrich-Böll-Stiftung, Berlin 2013.

Wehser, Eckart, »Völkerrechtswidrige Verstaatlichung der Kupferminen in Chile?«, in: *Juristenzeitung* 29/4 (1974), S. 11–123.

Weiler, Joseph, »The Geology of International Law – Governance, Democracy and Legitimacy«, in: *Zeitschrift für ausländisches öffentliches Recht und Völkerrecht* 64 (2004), S. 547—562.

Weltbank, *Pacific Possible. Long-term Economic Opportunities and Challenges for Pacific Island Countries*, 2017, https://documents1.worldbank.org/curated/en/168951503668157320/pdf/Pacific-Possible-long-term-economic-opportunities-and-challenges-for-Pacific-Island-Countries.pdf [17.10.2024].

Wesche, Thilo, *Die Rechte der Natur*, Berlin 2023.

Wieacker, Franz, *Bodenrecht*, Hamburg 1938.

Ders., *Das Sozialmodell der klassischen Privatrechtsgesetzbücher und die Entwicklung der modernen Gesellschaft. Vortrag gehalten vor der Juristischen Studiengesellschaft in Karlsruhe am 12. Dezember 1952*, Heidelberg 1953. Wieder abgedruckt in: Grundmann, Stefan / Micklitz, Hans-W. / Renner, Moritz (Hg.), *Privatrechtstheorie*, Tübingen 2015, S. 832–859.

Wiethölter, Rudolf, *Rechtswissenschaft*, Basel / Frankfurt am Main 1986.

Ders., »Materialisierungen und Prozeduralisierungen von Recht« (1984). Wieder abgedruckt in: Zumbansen, Peer / Amstutz, Marc (Hg.), *Recht in Recht-Fertigungen*, Berlin 2014, S. 423–446.

Wihl, Tim, »Zur Nichtigkeit des Berliner Mietendeckels. Erste Anmerkungen zu einem eklatanten Fehlurteil«, in: Verfassungsblog, 15.1.2021, https://verfassungsblog.de/zur-nichtigkeit-des-berliner-mietendeckels/ [25.10.2024].

Ders., »Vergesellschaftung als juristische Kategorie«, in: Angebauer, Niklas / Blumenfeld, Jacob / Wesche, Timo (Hg.), *Umkämpftes Eigentum*, Berlin 2025 (im Erscheinen).

Winter, Gerd, »Sozialisierung in Hessen 1946–1955«, in: *Kritische Justiz* 7/2 (1974), S. 157–175.

Ders., »Sozialisierung und Mitbestimmung in Hessen 1946–1955«, in: Winter, Gerd (Hg.), *Sozialisierung von Unternehmen. Bedingungen und Begründungen. Vier rechts- und wirtschaftswissenschaftliche Studien*, Frankfurt am Main 1976, S. 121–153.

Wöhle, Claudia B., »Moderne Immobilienbewertung mithilfe der Discounted Cashflow-Verfahren«, in: Francke, Hans-Hermann u. a. (Hg.), *Immobilienmärkte und Immobilienbewertung*, München 2020, S. 415–464.

Wolff, Martin, »Reichsverfassung und Eigentum«, in: *Festgabe der Berliner juristischen Fakultät für Wilhelm Kahl*, Berlin 1923.

Wright, Erik Olin, *Envisioning Real Utopias*, New York City 2010.

Young, Kanalu G. Terry, *Rethinking the Native Hawaiian Past*, New York 2024.

Zimmerer, Jürgen / Zeller, Joachim (Hg.), *Völkermord in Deutsch-Südwestafrika. Der Kolonialkrieg (1904–1908) in Namibia und seine Folgen*, Berlin 2004.

Zimmermann, Patrick / Brischke, Lars-Arvid / Bierwirth, Anja / Buschka, Michael, »Unterstützung von Suffizienzansätzen im Gebäudebereich«, in: *BBSR-Online-Publikationen*, https://www.bbsr.bund.de/BBSR/DE/veroeffentlichungen/bbsr-online/2023/bbsr-online-09-2023-dl.pdf?__blob=publicationFile&v=2 [13. 12. 2024].

Zumbansen, Peer / Amstutz, Marc (Hg.), *Recht in Recht-Fertigungen. Ausgewählte Schriften von Rudolf Wiethölter*, Berlin 2014.

Danksagung

Viele Begegnungen und Orte haben meine Suche nach transformativer Recht-Fertigung und kooperativer Wissenschaft bereichert. Silke Helfrich forderte mich heraus, Tiefseebodenrecht und Commons zusammenzudenken. Ihre Einladung zur Commons-Sommerschule hat mich nach Bechstedt in Thüringen geführt, wo ich weiter über Verortung und widerständige Verbindungen nachdenke. The New Institute in Hamburg gab mir die Möglichkeit, mit Stefan Gruber, Susanne Heeg, Katja Schubel, Felicitas Sommer und Tim Wihl zu Vergesellschaftung und Commons zu arbeiten. Auch dieses Buch ist für Noa. Zugleich ist es Frederika Haug, Anne Klingenmeier, Gesine Langlotz, Sebastian Schneider und Armin Rothemann gewidmet – für euren Einsatz für gerechtere (Boden-)Beziehungen. Ich danke Alexandra Kemmerer für die kritische Lektüre und wichtigen Hinweise, Dorothea Speier und Joshua Süßmann für die Unterstützung mit Recherche und Fußnoten, Isabell Trommer und der Hamburger Edition für die Aufnahme in die kleine reihe.